イヴの総て
All About Eve

スクリーンプレイ

この映画について

　ブロードウェイのスター、マーゴ・チャニングは女優として微妙な時期にさしかかっていた。純情な若い娘を演じるにはかなり厳しい年齢を迎えていたのだ。しかも未婚で、これからの人生を独りで歩んでいくことへの強い不安も感じていた。そんなとき、彼女を崇拝するイヴという名の若い女性が目の前に現れる。年齢とともに気弱になりつつある女優は、慕ってくる彼女の厚い想いと、彼女が語る悲しい過去に心動かされ、暖かい手をさしのべる。秘書として、そして友人としてイヴは完璧だった。誰一人としてその献身的な態度の裏に、恐ろしい真実が隠されていようとは夢にも思わなかった。全てをうそで固めたイヴは、欲しいものを手に入れるためならいかなることも辞さない卑劣な女性だったのだ。偽りの謙虚さと見せかけの誠実さを武器にして、やがてマーゴから全てを奪い取ろうと悪魔的な陰謀を企て始める。彼女のキャリア、彼女の恋人、そし

て彼女の人生そのものまでも。

　演劇界と、一見華やかに見えるショービジネスの暗い影の部分にスポットをあてた『イヴの総て』(*All About Eve*, 1950) は、まるで原作が舞台劇でもあるかのようなセリフ中心の深刻なドラマだが、実際には1946年5月号の『コスモポリタン』誌に掲載されたメリー・オア (Mary Orr, 1910-2006) の短編小説 The Wisdom of Eve がもとになっている。ブロードウェイで *The Two Mrs. Carrolls* (1943) に出演していたオーストリアの女優エリザベス・バーグナー (Elisabeth Bergner, 1897-1986) の身に降りかかった不幸な出来事を土台に書き上げられた作品である。オアは最初、この物語をハリウッドに売り込んだが、どこも興味を示さなかったため、ラジオドラマに脚色した。1949年1月24日、NBC の Radio City Playhouse で放送されたこのドラマをたまたま聞いた20世紀フォックスのある編集員が早速、原作を取り寄せストーリーを要約し、マンキーウィッツ (Joseph L. Mankiewicz, 1909-93) に手渡したのだ。演劇界に関する映画の製作を考えていた彼は、次作品の候補として社長のザナック (Darryl F. Zanuck, 1902-79) に提案する。マンキーウィッツは、それまでの脚本家としての実績と、まもなく彼にアカデミー賞監督賞ならびに脚本賞をもたらすことになる『三人の妻への手紙』(*A Letter to Three Wives*, 1949) の成功により、フォックス社内で優位な立場に立っていたことから、この提案はすぐさま受け入れられ、映画化権が購入された。1949年の初秋、期待に胸を躍らせながらマンキーウィッツはサンタバーバラ近くの牧場に出かけ、一気に82ページの脚本を書き上げる。この時のタイトルは *Best Performance* だったが、その後、マーゴ役としてスーザン・ヘイワード (Susan Hayward, 1917-75) を念頭において、若干の修正を加えるとともに、*All About Eve* へと改題した。完成した脚本を一読したザナックはその出来栄えに満足したが、当時32歳のヘイワードがマーゴを演じるには若すぎると主張して、アカデミー

賞女優クローデッド・コルバート（Claudette Colbert, 1903-96）に変更する。イヴについては、最も有力な候補として名が挙がったのがジーン・クレイン（Jeanne Crain, 1925-2003）だったが、たまたま妊娠したことから、アン・バクスター（Anne Baxter, 1923-85）が選ばれた。彼女は脇役を演じてキャリアを積み、『剃刀の刃』（The Razor's Edge, 1946）でアカデミー賞助演女優賞をモノにするまでに至った実力の持ち主だった。映画の中でマーゴの一挙一動を模倣し、やがて若きマーゴへと変身していくことから、コルバートに似ていることも彼女に白羽の矢が立てられたもう１つの大きな理由であった。

　1950年４月、サンフランシスコでの撮影開始が決定された。だが、不幸にもその直前に、Three Came Home（1950）の撮影で最終段階を迎えていたコルバートが、けんかのシーンで負傷して、出演が不可能になってしまったのだ。焦ったザナックは舞台女優ガートルード・ローレンス（Gertrude Lawrence, 1898-1952）に交渉するが、彼女の代理人がマーゴの喫煙と飲酒のシーンをカットすること、さらにはパーティの場面で彼女に歌わせるよう要求してきたため、交渉は決裂する。捨て鉢になった彼は、Payment on Demand（1951）の撮影を終えようとしていたベティ・デイビス（Bette Davis, 1908-89）に電話を入れた。かつては彼女のスポンサーだったが、就いたばかりのアカデミー協会会長職を２か月で放り出したことから不仲になっていたのである。一方、デイビスもいたずら電話だと思ったが、ザナック本人であることを知り、驚きながらも話を聞いて、出演を快諾した。「私はこの脚本を読

み終えると、この上なくウキウキした気分になった」と彼女は自伝で述べている。とはいえ、このときはまだマーゴがデイビスの生涯で最高の役となり、この出演がその後の人生を大きく変えることになろうとは知る由もなかったのである。

　サンフランシスコへ発つ直前に夫William Grant Sherry（1914-95）と激しく言い争い、声を枯らして撮影に臨んだ彼女は、映画の中で恋人役ビルを演じるゲイリー・メリル（Gary Merrill, 1915-90）と恋に落ち、撮影が終わる頃には恋人となり、映画が完成し公開される頃に結婚した。このタイムリーな話題はいやが上にも『イヴの総て』に対する人々の関心を大いに高めた。だが、それ以上に、マッカーシズムが最高潮に達し、赤狩りの恐怖が国中を震え上がらせていた暗黒の時代にスクリーンに描き出された陰鬱な世界と目に見えぬ不安と恐怖、そしてそうした邪悪さに対抗すべく団結し、結ばれていくマーゴたちの固い友情と信頼の絆が、ハリウッド関係者のみならず、アメリカの大衆の心をつかみ、揺さぶったのだ。1951年3月29日、ハリウッド大通りのRKOパンテイジス劇場で挙行された第23回アカデミー授賞式で『イヴの総て』(All About Eve, 1950)が史上初となる14部門にノミネートされ、作品賞、助演男優賞、監督賞、脚本賞(脚色)、録音賞、衣裳デザイン賞(白黒)の6部門で受賞したばかりか、ザナックにアーヴィング・タルバーグ記念賞が授与されたのも当然の結果だったといえるだろう。

　　曽根田　憲三（相模女子大学教授）

ブロードウェイについて

　本作『イヴの総て』が紹介されるとき、必ずといっていいほど登場する形容詞が、「内幕物」の傑作、あるいは草分け的存在といった言葉であろう。大女優マーゴと、彼女にあこがれて都会へとやってきたイヴ・ハリントン。そして、2人をとりまく舞台演劇界の人々。彼らが織りなすのは、過剰な自己顕示欲、謀略と裏切り、いささか陳腐にはなるが、愛憎入り混じるブロードウェイの内幕そのものなのかもしれない。

　Broadway。そのまま直訳すれば、どこの町にもある「広い道」であるが、誰もが思い浮かべるのは、アメリカ・ニューヨークの「あの通り」であろう。ロンドン・ウエストエンドと並んで世界のミュージカルの中心地となっているブロードウェイは、ニューヨークを南北に縦断する通りの名前である。ただし、全長約20 kmのこの通りが碁盤目状の街路を斜行し7番街と交差するタイムズ・スクウェア周辺こそが、一般に我々が想像する

シアター・ディストリクト、いわゆる「劇場街」である。

このエリアには40軒ほどの劇場が集中し、夜になればネオンがきらめき華やかな雰囲気に包まれる。各劇場では、『オペラ座の怪人』や『シカゴ』といった世界中の誰もが知っている定番のロングラン公演中のものから、アニメーション映画を舞台化した意欲作まで、バラエティに富んだミュージカルやショーが上演されている。

もっとも、それらの劇場のなかでブロードウェイに直接面している劇場は、Palace Theatre などごくわずかであり、多くの劇場はブロードウェイと交差する通り沿いに位置している。また、周辺地域に位置し座席数500未満の比較的小規模の劇場は「オフ・ブロードウェイ」と呼ばれ、ブロードウェイ・ミュージカルに比べ実験的な演目が上演されることも少なくない。最近では、「オフ・オフ・ブロードウェイ」というさらに小規模の劇場も増えつつある。すなわち、ブロードウェイという言葉は、単なる通りの名前ではなく、舞台演劇界そのものを指しているといえよう。

当然のことながら、ブロードウェイ・ミュージカルは、世界中からニュ

ーヨークを訪れる観光客にとっても滞在中の楽しみのひとつである。昔も今も「ニューヨークへ行ったらとりあえずブロードウェイでミュージカル観賞」という日本人観光客は数多い。

比較的有名な演目であれば、送迎付きのオプショナルツアーとして申し込むこともできるし、最近では、日本語ウェブサイトからも幅広い演目のチケットを購入することができる。もちろん、現地に行けば劇場の窓口や街頭のチケット売り場で購入することも可能である。チケット代金は、20ドル程度から100ドル程度までが一般的で、定価チケット以外にディスカウント・チケットも販売されている。

観劇の際は、夕刻前の軽食か少し早めの夕食をとることをお勧めしたい。なぜなら夜間公演の場合、多くの公演は午後8時に開演し、休憩を挟みつつ2時間程度というのが一般的だからである。また、同時通訳があるわけではないので、これから観る演目について、少なくとも大まかなあらすじは事前に知っておきたい。というのも、比較的落ち着いた雰囲気の演目の場合、旅の疲れと早めの夕食の満腹感、耳慣れない英語のセリフ回しのせいで、せっかくの本場のミュージカル上演の大半を夢の中で過ごしてしまう観光客も、残念ながら、ちらほらと見受けられるのだ。

もっとも、そんなときには華やかな舞台の裏側、愛憎渦巻く『イヴの総て』の世界を想起されたい。眩しく輝く眼前の舞台の「内幕」に、果たしてどのようなドラマが隠されているのだろうか。眠気もきっと解消されるに違いない。

鈴木　涼太郎（相模女子大学専任講師）

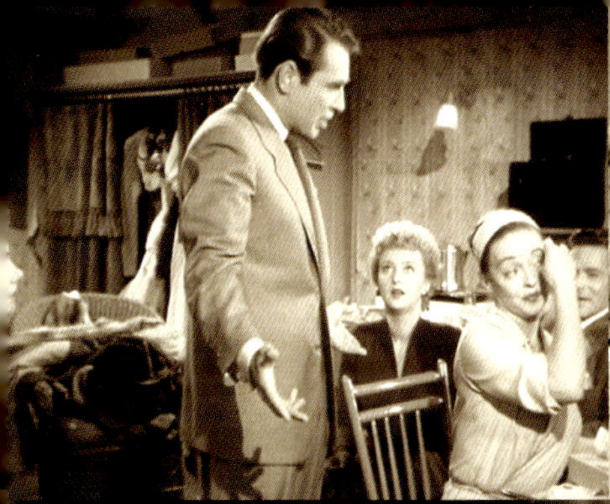

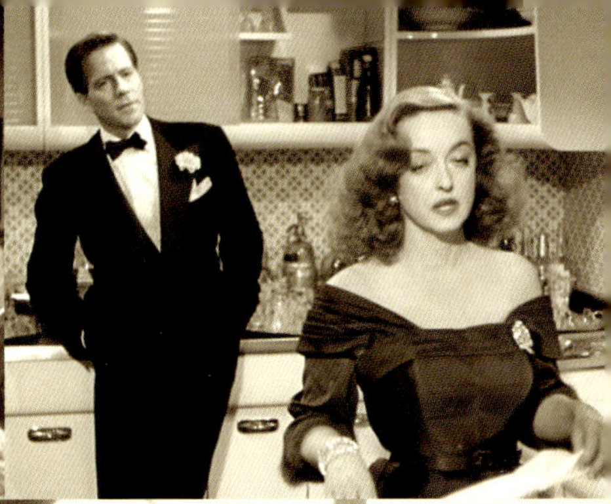

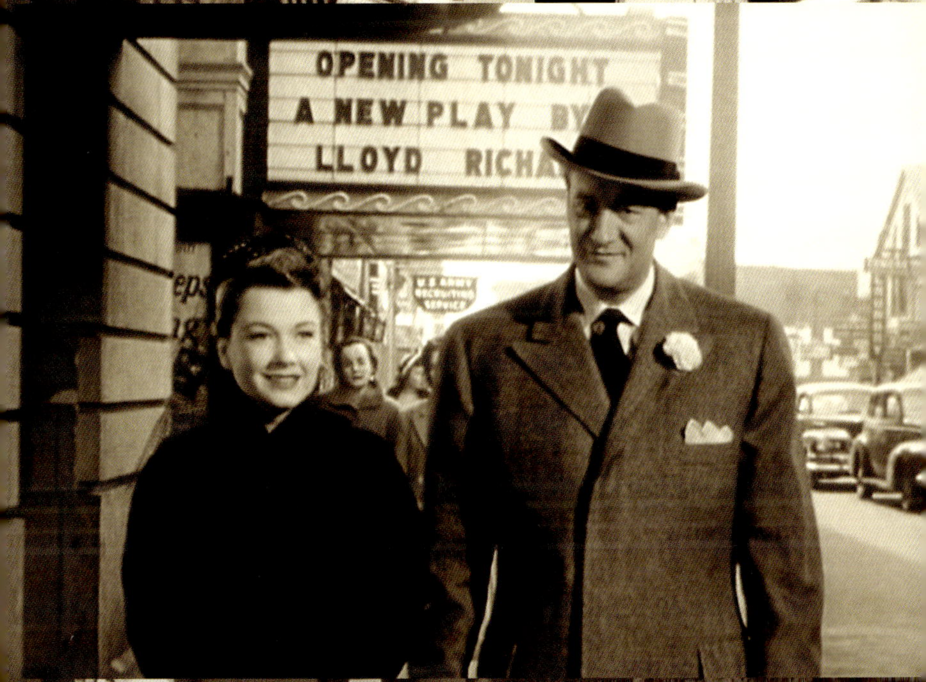
OPENING TONIGHT
A NEW PLAY
LLOYD

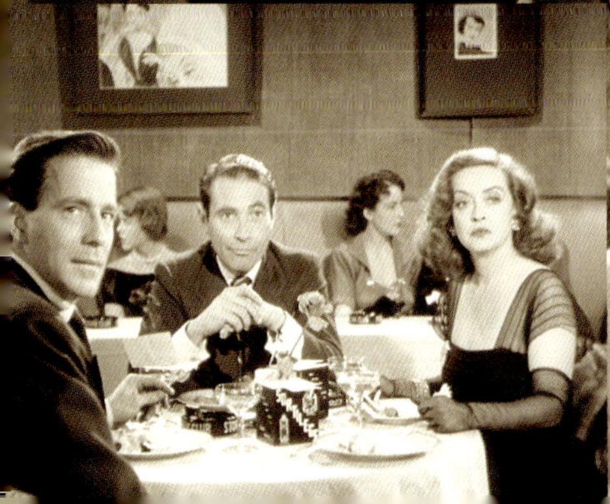

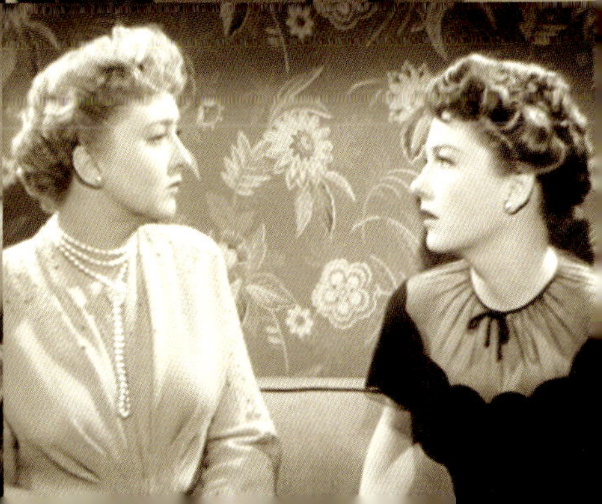

Bette Davis / ベティ・デイビス

1908年4月5日マサチューセッツ州生まれ、1989年10月6日没。1929年にブロードウェイデビューするが、映画女優の道を選びユニバーサル映画に雇われる。1931年に『姉妹小町』で映画デビューするも、ユニバーサルでは成功作に恵まれなかったため、ワーナー・ブラザースに移籍する。移籍後の彼女の成功作は数知れず、『青春の抗議』(35) と『黒蘭の女』(38) でアカデミー賞主演女優賞を獲得した。(詳細は、p.28のコラムへ)

Celeste Holm
セレスト・ホーム

1917年4月29日ニューヨーク市生まれ。ブロードウェイの舞台にいくつか出演した後に、1946年20世紀フォックスと契約し、映画デビューを果たした。翌年に出演した『紳士協定』(47) では、アカデミー賞助演女優賞を受賞した。本作に出演した後は、映画よりも舞台に多く出演している。ほかに『蛇の穴』(48) や『上流社会』(56) などに出演。

Gary Merrill
ゲイリー・メリル

1915年8月2日コネチカット州生まれ、1990年3月5日没。1944年に映画デビュー。『頭上の敵機』(49) や本作に出演するなど、彼の映画キャリアは前途有望だと思われていたが、後の作品は脇役が多かった。本作で共演したベティ・デイビスと結婚し、2人の養子を取ったが後に離婚した。ほかに『暁前の決断』(51) や『ある戦慄』(67) などに出演。

Anne Baxter / アン・バクスター

1923年5月7日インディアナ州生まれ、1985年12月12日没。13歳の頃にブロードウェイデビュー。17歳で20世紀フォックスと7年契約を結び『20 Mule Team』(40)で映画デビュー。『剃刀の刃』(46)でアカデミー賞助演女優賞を獲得、本作ではベティ・デイビスと共にアカデミー賞主演女優賞にノミネートされるも受賞はならなかった。ほかに『帰郷』(48)、『偉大なるアンバーソン家の人々』(42)、『十戒』(56)などに出演。

George Sanders
ジョージ・サンダース

1906年7月3日ロシア・サンクトペテルブルグ生まれ、1972年4月25日没。1929年に英国で映画デビュー。英国で数本の映画に出演した後、ハリウッドに行き20世紀フォックスと契約を結ぶ。本作で冷徹で辛辣な批評家を演じ、アカデミー賞助演男優賞を受賞。ほかに『レベッカ』(40)や『ドリアン・グレイの肖像』(45)などに出演。

Hugh Marlowe
ヒュー・マーロウ

1911年1月30日ペンシルバニア州生まれ、1982年5月2日没。1930年頃から舞台に出演し始める。映画だけでなく、舞台、テレビ、声優などの活動も行っていた。映画では準主役、脇役の出演が多かった。ゲイリー・メリルとは今作品だけでなく『頭上の敵機』(49)でも共演している。ほかに『若草の頃』(44)や『地球の静止する日』(51)などに出演。

この映画の英語について

　映画の英語については様々な視点で捉えることが可能だが、この映画に関してはナレーションを含めた叙述表現の豊かさと発話の巧妙さという２つの視点を紹介したい。物語は演劇界の舞台裏をテーマとしており、田舎から出てきた女優志望のイヴが大女優のマーゴに近づき、手段を選ばず周囲の人を利用することでスターの座を手中にするというものである。

　映画は、演劇界最高のサラ・シドンズ賞の授賞式を描写するナレーションで始まる。相手とのやり取りがある会話と異なり、ナレーションはどちらかというと書き言葉に近く、無駄がなく密度の濃い表現に満ちている。映画の所々に現れる、劇作家の妻カレンや批評家ドゥイットのナレーションは、小説の朗読を聞いているようで、その格調高い英語に触れることは英語のリスニング力と表現力の向上に役立つだろう。

　イヴのセリフに焦点を当てるなら、初めてマーゴに会った日にイヴは自分の身の上話をする。後でそれが全くの作り話であることがわかるのだが、少なくともそこでは相手の同情を引き、マーゴの涙さえも誘うような感動的な叙述表現となっている。また映画の最後のほうで再び授賞式のシーンに戻り、そこでサラ・シドンズ賞を受賞したイヴがスピーチをする。そのスピーチも実は心にもない狂言

なのだが、何も知らない聴衆には拍手喝采を浴びる名スピーチである。身の上話もスピーチも、イヴに扮して真似ることで英語の表現力を鍛える格好のレシテーション用教材になるだろう。

　発話の巧妙さという点でも、やはりイヴの言葉に学ぶところが多い。イヴが周囲の人たちの気持ちをつかむことができた秘訣は、自分を相手より低い所に置く謙虚さと相手をさり気なく満足させる気遣いである。それはイヴの言葉の節々に見られる。イヴが最初にカレンに話しかけたときの、"I hope you don't mind my speaking to you?" "It took every bit of courage I could raise." という発話や、カレンにマーゴの代役をお願いしたときの "Isn't it awful? I'm about to ask you for another favor, after all you've done already." という丁寧な依頼もその一例である。その謙虚さや気遣いがすべて計算されたものであったことにゾッとさせられるのだが、言葉の使い方がいかに大きな影響力を人に与えるのかを教えてくれる良い例であり、そこにこの映画の面白さがあるともいえる。

　ここではイヴのセリフを主に扱ったが、登場人物は皆、演劇に関係する人たちであることから、それぞれのセリフは長く雄弁で凝ったものになっている。発音も明瞭で、言葉の比重が大きい映画であるため、リスニング用教材としても最適である。登場人物の個性豊かな表現力を味わうのに本書が大いに役立つことを願っている。

羽井佐　昭彦（相模女子大学教授）

スクリーンプレイ・シリーズについて

【スクリーンプレイ・シリーズとは？】

名作映画完全セリフ集『スクリーンプレイ・シリーズ』は、映画のセリフとト書き（シーンの説明）を完全に英語および日本語で文字化したもので、映画をバイリンガルな読物として楽しむことができ、また英会話学習にも利用できるシリーズの名称です。

【スクリーンプレイ・シリーズの特徴】

◆ 映画のすべてのセリフを、可能な限り正確に英文化しています。そのため発音上の短縮や連結、また文法違反もそのまま表記しています。

◆ 映画を読み物として楽しめるように、シーンの説明を表すト書きを、映画台本にあるカメラワークなどの無駄な説明を省き、簡潔に表示・編集しています。

◆ ト書きは、ビデオ・DVDなどと併用して英語学習をしやすいようにイタリック体で表記しているので、読み飛ばすことも可能です。

◆ 映画のセリフおよびト書き部分を、省略翻訳ではなく、全文を完全に日本語対訳しています。訳は対訳性を重視し、あまり意訳をしていません。

◆ 左頁には、英語初級者でも辞書を引かなくても意味がわかるように、セリフやト書き部分から幅広く選択した語句の日本語訳を表示しています。

◆ 右頁には、セリフやト書きの特別な言い回し・俗語・固有名詞などの詳しい解説や例文、英語訳などがついています。解説のある語句・文章は左頁に ● で示されます。

◆ 映画を10のチャプターに分けて編集し、チャプターごとにDVDの時間表示をしていますので、観たい場面を探しやすくなっています。

◆ 映画のこぼれ話や俳優の紹介など、映画に関するコラムを数ヶ所に掲載しています。

【映画をベースにした英語・英会話学習の特徴】

・(楽しく) 好きな映画を選択することで、英語・英会話学習が根本的に楽しくなります。
・(継続的) 映画を観るときと同じように、復習が、無理なく何回でもできるようになります。
・(実践的) 映画の英語は、実際の日常会話ですから、学習は限りなく実践的となります。
・(印象的) 記憶力に頼らず一つひとつの言葉が状況、背景とともに印象的に学習できます。
・(現実的) 決まり文句、スラング、ジョーク、ユーモア、現代用語など今すぐ使える英語が学べます。
・(目的別) 同種の映画を複数選択すれば、ビジネスなど目的別の集中英語学習が可能です。
・(段階的) 選択映画の難易度レベルを合わせれば、個人の能力別かつ段階的に学べます。
・(個人的) 特定の先生や教室を必要とせず、いつでも、どこでも、自分一人で学べます。
・(文法も) 会話だけでなく、単語、熟語、文型、構文など、英文法も効果的に学べます。
・(読解も) 優秀な映画シナリオは本来、最高の芸術作品であり、英文読解の学習に最適です。
・(文化も) 映画を通して世界の異文化、歴史、民族、風土、政治経済、思想も学べます。

クラシック・スクリーンプレイ DVD について

【クラシック・スクリーンプレイ DVD とは？】

クラシック・スクリーンプレイに付属している DVD の名称であり、映画全編が収録されています。音声は英語のみ収録されており、字幕は日本語・英語ともについておりません。

【なぜ字幕がついていないの？】

学習者が英語のセリフを頭の中で日本語に訳すことなく、英語のまま理解できるようになることを目的としているからです。字幕なしの DVD を使って生きた英語をそのまま理解しようと努め、くりかえし学習することで、リスニング力強化の効果が高まります。

【クラシック・スクリーンプレイ DVD の使い方】

DVD をプレーヤーに入れると、スクリーンプレイの商標、「おことわり」が表示された後、「メイン・メニュー画面」が表示されます。

【メイン・メニュー画面】

◆本編再生
ここを選択すると映画本編が冒頭から始まります。

◆チャプター
ここを選択すると、チャプター・メニュー画面が表示されます。

【チャプター・メニュー画面】

◆チャプターの選択
本書で分けた 10 のタイトルに対応しています。各タイトルを選択すると、該当箇所から映画が始まります。

◆メイン・メニュー
メイン・メニュー画面に戻ります。

リスニング難易度表

　スクリーンプレイ編集部が独自に採点したこの映画の「リスニング難易度」評価一覧表です。リスニングのポイントを9つの評価項目に分け、通常北米で使われている会話を基準として、それぞれの項目を5段階で採点。また、その合計点により、映画全体のリスニング難易度を初級・中級・上級・最上級の4段階で評価しました。評価の対象となったポイントについては、コメント欄で簡単に紹介されています。英語を学ぶ際の目安として参考にしてください。なお、映画全体の英語に関する詳しい説明につきましては、「この映画の英語について」をご参照ください。

評価項目	易 → 難	コメント
会話スピード Conversation Speed	Level 2	平均的だが、時折速くなる箇所がある。
発音の明瞭さ Pronunciation Clarity	Level 2	明瞭で理解しやすい。
アメリカ訛 American Accent	Level 2	上流階級からニューヨーク訛りまでさまざまなアメリカ訛りが見られる。
外国訛 Foreign Accent	Level 2	数人の登場人物にフランス語訛りが見られる。
語彙 Vocabulary	Level 3	難解ではないが、今日では使われない語彙や句が出てくる。
専門用語 Jargon	Level 1	特に見られない。
ジョーク Jokes	Level 1	特に見られない。
スラング Slang & Vulgarity	Level 1	特に見られない。
文法 Grammar	Level 3	平均的であるが、古い文法が少し見られる。

各登場人物特有のユニークなアクセントや話し方が見られるが、会話スピードは平均的であるため読者は容易に慣れることができるだろう。また、演劇に関する映画であることから雄弁で凝ったセリフが多いが、それらの発音は明瞭で理解しやすいためリスニング用教材として最適である。

| TOTAL SCORE : **17** | 9〜16 = 初級 | 17〜24 = 中級 | 25〜34 = 上級 | 35〜45 = 最上級 |

ALL ABOUT EVE ™

CONTENTS

1. The Sarah Siddons Award　サラ・シドンズ賞 ……………… 18

2. Eve Harrington　イヴ・ハリントン ……………………… 30

3. Margo's Attendant　マーゴの付き人 ………………… 56

4. Smell of Disaster　惨事のにおい ……………………… 74

5. A Promise　約束 ……………………………………… 102

6. Understudy　代役 …………………………………… 126

7. The Shubert　シューバート劇場 …………………… 148

8. Cora　コーラ ………………………………………… 170

9. You Belong to Me　君は私のものだ ………………… 198

10. Succession　継承 …………………………………… 226

コラム
ブロードウェイについて …………………………………… 6
ベティ・デイビスについて ………………………………… 28
『イヴの総て』が映し出す暗い影 ……………………… 196
『イヴの総て』の魅力について ………………………… 224

【時間表示について】
当書の各章の冒頭に印刷してある時間は、その映画シーンをサーチ(頭出し)するための「目安」として表示しています。
【TIME】は映画の開始時点を [00:00:00] (ゼロ点) とした上での通過時間を表示しています。但し、クラシック・スクリーンプレイDVD以外のDVDやビデオなどで映画をご覧いただく場合、おのおのご使用の機種により多少の誤差がある場合がありますので、ご注意ください。この場合、「□□□…欄」にご使用機種の独自のカウンター番号をご記入ください。

The Sarah Siddons Award

INT. DINING HALL OF THE SARAH SIDDONS SOCIETY - NIGHT - A trophy sits among a bouquet of flowers. The engraving on the plaque reads, "The Sarah Siddons Award for Distinguished Achievement in the Theater. Miss Eve Harrington." ADDISON DEWITT narrates, describing the ceremony.

ADDISON : (v.o.) The Sarah Siddons Award for distinguished achievement is perhaps unknown to you. It has been spared the sensational and commercial publicity that attends such questionable honors as the Pulitzer Prize and those awards presented annually by that film society.

Behind the trophy stands the CHAIRMAN giving a speech at the head table. Near him sits EVE HARRINGTON in a beautiful gown, and some men listening intently, while one looks away. The hall, clad with large portraits of famous members on the walls, is filled with society members dressed in suits and gowns. Cigarette smoke from some guests rises through the crowded room.

ADDISON : (v.o.) The distinguished-looking gentleman is an extremely old actor. Being an actor, he will go on speaking for some time. It is not important that you hear what he says. However, it is important that you know where you are and why you are here. This is the dining hall of the Sarah Siddons Society. The occasion is its annual banquet and presentation of the highest honor our theater knows. The Sarah Siddons Award for Distinguished Achievement.

dining hall	宴会場
Sarah Siddons	サラ・シドンズ
a bouquet of flowers	花束
engraving	彫り文字
plaque	飾り板, 額
distinguished achievement	優れた功績
the theater	演劇界
narrate	述べる, 語り手を務める
be unknown to...	～に知られていない
spare	控える, (苦労など)をかけないようにする
sensational	扇情的な, 世間を沸かせる
publicity	宣伝, 広告
attend	～を伴う, 付随する
questionable	疑わしい
the Pulitzer Prize	ピュリツァー賞
awards	賞
annually	毎年行われる
head table	メインテーブル, 上座のテーブル
intently	熱心に
clad with...	～で覆われた
distinguished-looking	立派な容貌の, ひときわ目立った顔つきの
go on	～し続ける
for some time	しばらくの間, かなりの間
occasion	重要な行事, 儀式, 祭典
banquet	饗宴, 晩餐会, 宴会

サラ・シドンズ賞

TIME　00：00：00
☐☐☐☐☐☐

屋内－サラ・シドンズ協会のダイニングホール－夜－花束の中にトロフィーが置かれている。飾り板には次のように刻まれている。「演劇における優れた功績に対するサラ・シドンズ賞。ミス・イヴ・ハリントンへ」。アディソン・ドゥイットがセレモニーについて説明しながら語り手を務める。

アディソン：（画面外）優れた功績に対するサラ・シドンズ賞はおそらく皆さんはご存じないだろう。ピュリツァー賞や例の映画協会が毎年贈る賞のような疑わしい栄誉につきものの煽情的で商業主義的な宣伝は控えてきたからだ。

トロフィーの後ろに会長が立ち、上座のテーブルでスピーチをしている。彼のそばに美しいガウンを着たイヴ・ハリントンが座っており、熱心に耳を傾ける男性もいるが、1人はほかを向いている。有名なメンバーの大きな肖像画で壁が覆われたホールは、スーツとガウンをまとった協会のメンバーでいっぱいである。一部の来賓が吸うタバコの煙が混雑した部屋中で立ち上っている。

アディソン：（画面外）この立派な容貌の紳士は極めて高齢の俳優である。俳優であるから、彼はまだしばらくは話し続けるだろう。彼の話を聞いたところで大したことはない。しかし、今、自分がどこにいて、なぜここにいるかを知ることは重要だ。ここはサラ・シドンズ協会のダイニングホールだ。行事は毎年恒例の晩餐会とわが演劇界が知る最高の栄誉の授与式である。優れた功績に対して与えられるサラ・シドンズ賞だ。

■ **Sarah Siddons**
Sarah Siddons (1755-1831) は、シェークスピア悲劇を得意とし、美貌と豊かな声に恵まれ、情熱と気品に溢れた演技で知られた英国の名女優。

■ **a bouquet of flowers**
a bouquet は a bunch of flowers の意。

■ **distinguished achievement**
achievement とは優れた才能、特別な努力、大変な勇気などで達成した業績、功績をいう。

■ **the theater**
通例、the theater で「演劇界」、芸術の1分野としての「演劇」、集合的に用いて「観客」。

■ **be unknown to...**
ex. Her handwriting is unknown to me.（彼女の手書きの文字は私たちにはわからない）

■ **spare**
ex. Spare the rod and spoil the child.（《諺》ムチを惜しむと子どもがだめになる）

■ **the Pulitzer Prize**
ハンガリー生まれのアメリカの新聞経営者 Joseph Pulitzer (1847-1911) の遺言によって1917年に始まる。毎年報道部門、文学芸能部門、音楽部門で優れた功績者に与えられる賞で受賞者は原則としてアメリカの国民。

■ **awards**
ここではアカデミー賞を主に指している。ちなみに本作『イヴの総て』は、1950年度の第23回アカデミー賞で作品賞を含め、6部門を受賞した。

■ **intently**
= attentively; closely; keenly; with concentration

■ **clad with...**
ここでの clad は clothe（身にまとう）の過去分詞。

19

A group of waiters looks on intently.

ADDISON : (v.o.) These hallowed walls, indeed many of these faces, have looked upon Modjeska, Ada Rehan and Minnie Fiske. Mansfield's voice filled this room. It is unlikely that the windows have been opened since his death. The minor awards, as you can see, have already been presented. Minor awards are for such as the writer and director, since their function is merely to construct a tower so that the world can applaud a light which flashes on top of it.

LLOYD RICHARDS looks to the society's chairman. BILL SAMPSON pulls a pack of cigarettes from his jacket pocket. Addison smokes a long cigarette pipe and blows out smoke. He withdraws his cigarette and removes the excess ash in the ashtray on the table.

ADDISON : (v.o.) And no brighter light has ever dazzled the eye than Eve Harrington. Eve... But more of Eve later. All about Eve, in fact. To those of you who do not read, attend the theater, listen to unsponsored radio programs or know anything of the world in which you live, it is perhaps necessary to introduce myself. My name is Addison DeWitt. My native habitat is the theater. In it, I toil not, neither do I spin. I am a critic and commentator. I am essential to the theater.

Addison looks to KAREN RICHARDS. Karen looks to Addison, then back to the main table.

ADDISON : (v.o.) This is Karen Richards. She is the wife of a playwright, therefore of the theater by marriage.

ウェイターの一団が熱心に見守っている。

アディソン：（画面外）これらの神聖な壁や、実際、ここにいる面々の多くは、モジェスカとエイダ・リーアン、ミニー・フィスクを見つめてきた。マンスフィールドの声がこの部屋を満たしたこともある。彼の死後、おそらくこの部屋の窓が開けられたことはなかっただろう。お察しの通り、取るに足らない賞の授与式はすでに終わっている。取るに足らない賞とは作家や監督といったためのものだ。なぜなら彼らの役割は単に、世間が頂で光っている明りに喝采が送られるよう、塔を建てるだけのことだからである。

ロイド・リチャーズは協会の会長の方を見ている。ビル・サンプソンは上着のポケットからタバコの箱を取り出す。アディソンは長いタバコ用のパイプを吸い、煙を吐き出す。彼はタバコを引き抜き、テーブルの上の灰皿に余分な灰を落とす。

アディソン：（画面外）そして、イヴ・ハリントンほど人の目を眩ます光はかつてなかった。イヴ…しかし、イヴの詳しいことは後ほどにしよう。実際、イヴのすべてを。活字を読むことも、劇場に行くことも、スポンサーのつかないラジオ番組を聴くことも、あるいは自分が住んでいる世界のことを何も知らない人々にとっては、私自身を紹介する必要があるだろう。私の名前はアディソン・ドゥイット。私の住む世界は演劇界だ。その中で私はあくせくしてはいない。きりきり舞いすることもない。私は批評家であり、解説者だ。演劇界にはなくてはならない存在なのである。

アディソンはカレン・リチャーズを見る。カレンはアディソンを見、それからメインテーブルに視線を戻す。

アディソン：（画面外）こちらはカレン・リチャーズだ。彼女は劇作家の妻であり、したがって、結婚により、演劇界とつながっている。

■ **these hallowed walls**
宴会場の壁に、これまでの名優たちの絵が飾られていることから。なお hallowed は sacred とか holly を意味する典礼用語。

■ **Modjeska**
= Helena Modjeska (1840-1909)
ポーランド生まれのアメリカの女優。1876 年にアメリカに渡り、英語を習得して 1877 年からアメリカ、ヨーロッパを巡業した。シェークスピア劇のジュリエット役などを得意とした。

■ **Ada Rehan**
アイルランド生まれのアメリカの舞台女優（1860-1916）。当たり役はシェークスピア劇『お気に召すまま』(*As You Like It*) の Rosalind など。

■ **Minnie Fiske**
本名 Marie Augusta Davey (1865-1932)。アメリカのリアリズム演劇の代表的女優で、イプセンの作品やシェリダンの喜劇を得意とした。

■ **Mansfield**
= Richard Mansfield (1857-1907)
イギリスでギルバート＝サリバン・ショーなどに出演したアメリカの男優。1882 年にニューヨークでデビュー。ロマンチックな芸風で有名。自作自演の作品も多い。

■ **merely**
only と同意だが、only より形式ばった語。

■ **brighter light**
演劇界のスターたちを比喩的に表現したもの。

■ **read**
この語の基本的な意味は「書かれたものを読む、読んで内容を理解する」。
ex. She can neither read nor write. (彼女は読み書きができない)

■ **native habitat**
native とは coming from or belonging to a particular place の意。
ex. He returned to his native land. (彼は故郷へ帰った)

■ **I toil not, neither do I spin**
「マタイによる福音書」第 6 章 28 節、「ルカによる福音書」第 12 章 27 節、They do not labor or spin に言及したもの。

ADDISON : (v.o.) Nothing in her background or breeding should have brought her any closer to the stage than Row E, center. However, during her senior year at Radcliffe, Lloyd Richards lectured on the drama. The following year Karen became Mrs. Lloyd Richards.

Karen plays with a teaspoon on the table, but MAX FABIAN sitting next to her takes it to mix some medicine in his wine glass.

ADDISON : (v.o.) There are, in general, two types of theatrical producers. One has a great many wealthy friends who will risk a tax-deductible loss. This type is interested in art. The other is one to whom each production means potential ruin or fortune. This type is out to make a buck.

Max Fabian folds his arms and closes his eyes, falling asleep from the medicine.

ADDISON : (v.o.) Meet Max Fabian. He is the producer of the play which has won for Eve Harrington the Sarah Siddons Award.

MARGO CHANNING takes a tin of cigarettes from in front of sleeping Max. She taps a cigarette on the table before placing it between her lips and lighting it. Margo takes out the cigarette and pours herself some alcohol. Addison tries to pour some soda for her, but she refuses, pushing the bottle away.

ADDISON : (v.o.) Margo Channing is a star of the theater. She made her first stage appearance at the age of four in Midsummer Night's Dream. She played a fairy and entered, quite unexpectedly, stark naked. She has been a star ever since. Margo is a great star. A true star.

background	育ち, 生い立ち, 環境
breeding	家系, 育ち, 血統
Row E, center	E列中央
senior year	最終学年
Radcliffe	ラドクリフ大学
in general	一般に, 概して, 通例
great many	非常に多くの, 大勢の
risk	危険を冒す
tax-deductible	税控除の, 控除対象となる
be interested in...	～に興味がある
production	製作, 上演, 演出
potential ruin or fortune	潜在的破産か大金, 破産か大もうけの可能性
be out to...	～することを心に決めている, ～しようとしている
buck	ドル, お金
fall asleep	寝入る, 眠る
meet	
a tin of...	～の容器, 1缶の～
pour oneself	自分で注ぐ
make one's first appearance	初舞台を踏む
Midsummer Night's Dream	真夏の夜の夢
fairy	妖精
unexpectedly	予期せず, 意外にも, 思いがけずに
stark naked	丸裸の

アディソン：生まれや育ちには、彼女をE列の中央より舞台に近づけるべきものはなかった。しかし、彼女がラドクリフ大学の4年生のとき、ロイド・リチャーズがドラマについて講義をした。その翌年、カレンはロイド・リチャーズ夫人となったのである。

カレンはテーブルの上のティースプーンをもてあそんでいるが、隣に座っているマックス・ファビアンがそれを取り、ワイングラスの中に何か薬を入れてかき混ぜる。

アディソン：（画面外）概して、演劇プロデューサーには2種類のタイプがいる。まずは控除対象となる損を覚悟で出資する極めて大勢の裕福な友人を持つ種類だ。このタイプは芸術に関心がある。もう一方は、演劇製作は破滅するか富をつかむと考える人物だ。こちらは金もうけをしようとするタイプである。

マックス・ファビアンは腕を組み、目を閉じて、薬のせいで眠っている。

アディソン：（画面外）彼はマックス・ファビアン。イヴ・ハリントンがサラ・シドンズ賞を勝ち取った芝居のプロデューサーだ。

マーゴ・チャニングは眠っているマックスの前からタバコの入った缶を取る。彼女はタバコを唇の間に持っていき、火をつける前に、それをテーブルの上で軽くたたく。マーゴはタバコを取り出し、自分で酒を少し注ぐ。アディソンが彼女にソーダを注ごうとするが、彼女は断り、ボトルを遠くに押しやる。

アディソン：（画面外）マーゴ・チャニングは演劇界のスターだ。彼女は『真夏の夜の夢』で4歳にして初めて舞台に登場した。妖精役を演じ、全く不意に素っ裸で現れたのだ。それ以来、彼女はスターである。マーゴは偉大なスター、真のスターだ。

■ senior year
senior はアメリカでは高校、大学の最上級生。ちなみに「1年生」は freshman、「2年生」は sophomore、「3年生」は junior。

■ Radcliffe
マサチューセッツ州ケンブリッジにある1879年創立の女子大学であったが、1943年にハーバード大学と合併。1904年にヘレン・ケラー（1880-1968）が優等で卒業している。

■ great many
ここでの great は大きさなどを表す形容詞の前に用いて「とても、すごく」を意味する副詞。

■ tax-deductible
所得税計算過程で控除対象となる経費など。

■ potential ruin or fortune
potential は現実となる「可能性がある」の意。

■ meet
この語は人に出会ったり紹介する際に最も頻繁に使われる語。ここでは I'd like you to meet Max Fabian. のこと。

■ a tin of...
tin はブリキ製の缶、箱などの容器。

■ pour oneself
自分で飲むために注ぐことをいう。
ex. I poured myself some orange juice.（私は自分で飲むためにオレンジジュースを注いだ）

■ make one's first appearance
ここでの appearance は劇やテレビなどへの「出演、出場」のこと。
ex. She made many television appearances last year.（彼は昨年何度となくテレビに出演した）

■ Midsummer Night's Dream
シェークスピア（William Shakespeare, 1564-1616）による1595年の戯曲。アテネ郊外の森に貴族階級と職人階級と妖精たちが1つの劇世界をつくり上げる夢とファンタジーの喜劇。

ADDISON : (v.o.) She never was or will be anything less or anything else. Having covered in tedious detail not only the history of the Sarah Siddons Society, but also the history of acting since Thespis first stepped out of the chorus line, our distinguished chairman has finally arrived at our reason for being here.

Addison lights up another cigarette and waits for the chairman's speech. The chairman stands behind the trophy at the main table, continuing with his speech.

CHAIRMAN: I have been proud and privileged to have spent my life in the theater, a poor player that struts and frets his hour upon the stage, and I've been honored to be, for forty years, chief prompter of the Sarah Siddons Society.

He picks up the trophy.

CHAIRMAN: Thirty-nine times have I placed in deserving hands this highest honor the theater knows. Surely no actor is older than I. I've earned my place out of the sun.

The audience laughs. Addison looks on intently. During the speech, Addison looks at Karen who is disinterested, then to Margo who holds her glass and cigarette together in both hands.

CHAIRMAN: And never before has this award gone to anyone younger than its recipient tonight. How fitting that it should pass from my hands to hers. Such young hands. Such a young lady. Young in years, but whose heart is as old as the theater. Some of us are privileged to know her. We have seen beyond the beauty and artistry that have made her name resound through the nation.

アディソン　：（画面外）彼女は、それ以下のあるいはそれ以外の何ものでもなかったし、これからもそうだろう。サラ・シドンズ協会の歴史ばかりか、テスピスが初めてコーラスラインを越えて以来の演劇の歴史について退屈な細かい話におよんだ後、我らが著名な会長はようやく我々がここにいる理由に到達した。

アディソンはもう１本のタバコに火をつけると、会長のスピーチを待つ。会長はメインテーブルに置かれたトロフィーの後ろに立ち、スピーチを続けている。

会長　：私は演劇界で人生を過ごしてきたことを誇りに思い、かつ、名誉に思ってきました。舞台の上を自分の時間だけ、威張って歩いたり、いらいらする哀れな役者でしたが、40年間にわたって、サラ・シドンズ協会の主たる後見役を務めるという光栄に浴してきました。

彼はトロフィーを取り上げる。

会長　：私は39回、演劇界が知るこの最高の栄誉をそれに相当する人の手に渡してきました。もちろん、私より年配の役者はいません。私はこの日の当たらない地位を自らの手で獲得したのです。

聴衆は笑う。アディソンは熱心に見ている。スピーチの間、アディソンは無関心なカレンを見て、それから両手にグラスとタバコを一緒に持っているマーゴを見る。

会長　：そして、これまで、この賞が今夜の受賞者ほど若い人に渡ったことはありませんでした。私の手から彼女の手に渡るのは、何とふさわしいことでしょうか。実に若い方の手に。とても若い淑女にです。年齢は若いが、心は演劇界に負けず劣らず成熟しております。私たちの中には彼女を知る名誉に浴しているものもいます。私たちは国中に彼女の名を響き渡らせた美と演技力以上のものを見てきました。

■ cover
ex. This book covers Japan.（この本は日本を取り扱っている）

■ tedious
= boring; drab; dull; tiresome; tiring; wearirul; wearisome

■ Thespis
紀元前6世紀のギリシャ、イカリアの詩人。悲劇の祖として知られていると同時に、仮面を使用した最初の人物と言われている。

■ arrive at…
We arrived at the hotel.（我々はホテルに着いた）のように場所に「着く」とか、本文中の例のように結論や決断などに「達する」の意で使われる。

■ a poor player that…upon the stage
『マクベス』(Macbeth, 1606) からの引用。第5幕第5場で、マクベスがダンカンを殺す前につぶやく有名なセリフ。

■ deserving hands
ここでは賞を受けて当然の人の意。

■ earn
to win something by one's efforts or actions のこと。
ex. He earned a medal for bravery.（彼は勇敢を称える勲章を得た）

■ out of the sun
out of が「～から外に」という意味であることから、「日の当たらない」という意となる。
cf. a place in the sun（日の当たる場所）

■ disinterested
ここでの dis- は形容詞につけて反対、否定の意を表す接頭辞。

■ young in years
cf. He is young in life.（彼は人生経験が浅い）

■ as old as…
as は数量や程度の比較について「同じくらい」の意を表す副詞。as の後は形容詞、副詞。
ex. He is as honest as Mary.（彼はメアリと同じくらい正直だ）

CHAIRMAN: We know her humility, her devotion, her loyalty to her art, her love, her deep and abiding love for us, for what we are and what we do. The theater. She has had one wish, one prayer, one dream: to belong to us. Tonight her dream has come true, and henceforth we shall dream the same of her. Honored member, ladies and gentlemen, for distinguished achievement in the theater, the Sarah Siddons Award...to Miss Eve Harrington.

The AUDIENCE stands and applauds. CAMERAMEN gather in front of Eve's table. Eve stands and bows to the crowd in both directions. The chairman gestures passing the trophy to Eve.

AUDIENCE: Bravo!

Max applauds rapidly.

MAX : Bravo!

Addison applauds conservatively while still smoking his cigarette pipe. Karen looks solemnly to the front. Addison looks to Karen, then to Margo, who is staring sternly to the front. Eve walks to the chairman to receive the trophy.

ADDISON : (v.o.) Eve. Eve, the golden girl. The cover girl. The girl next door, the girl on the moon. Time has been good to Eve. Life goes where she goes. She's been profiled, covered, revealed, reported, what she eats and what she wears and whom she knows and where she was and when and where she's going... Eve... You all know all about Eve. What can there be to know that you don't know?

Karen stares at Eve and narrates, reflecting on the past.

会長 ：私たちは彼女の謙虚さ、献身、自身の芸術に対する忠誠、愛、私たち、つまり私たちの姿と私たちがしていることに対する彼女の深く変わることのない愛を知っています。演劇界です。彼女にはひとつの望み、祈り、夢がありました。それは私たちの一員になることです。今夜、彼女の夢は実現しました、そしてこれからは私たちも彼女と同じ夢を見るでしょう。名誉会員の皆様、紳士淑女の皆様、演劇界における顕著な名誉、サラ・シドンズ賞は…イヴ・ハリントン嬢に贈られます。

聴衆は立ち上がり、喝采する。カメラマンはイヴのテーブルの前に集まる。イヴは立ち上がり、聴衆に向かって左右にお辞儀をする。会長はトロフィーをイヴに渡す身振りをする。

聴衆 ：ブラボー！

マックスは素早く拍手喝采する。

マックス ：ブラボー！

アディソンはパイプでタバコを吸いながら、控えめに拍手する。カレンは硬い表情で前を見ている。アディソンはカレンを見て、それからきつい表情で前を凝視しているマーゴを見る。イヴはトロフィーを受け取るために会長の方に歩いていく。

アディソン ：（画面外）イヴ。人気者のイヴ。表紙を飾る娘。隣の娘、月にまで上りつめた娘。イヴの時代がやってきた。人生は思いのままだ。特集が組まれ、取材を受け、彼女の食べるもの、着るもの、知人、そしてどこにいて、またいつどこへ行くのかまでも暴露され、報道された…イヴ…誰もがイヴのすべてを知っている。まだ知られていないことなど、あるだろうか？

カレンはイヴをじっと見つめ、過去を振り返りながら語る。

■ devotion
strong affection and dedication の意。
■ abiding
= constant; continuing; enduring; eternal; everlasting; lasting; permanent; steadfast
■ what we are and what we do
直訳は「我々の姿と我々のすること」。ここでは演劇人と演劇の意。
■ belong to...
ここでの belong は団体、クラブ、社交界などの「一員としての資格がある」の意で、通例、進行形では用いない。なお belong to は単に所属関係をいうが、belong in とすると、所属関係に加えて、その場所がその人物にとってふさわしいの意を含む。
cf. She belongs in the theater.（彼女は演劇界にふさわしい）
■ henceforth
from now on の意で、henceforward ともする。
■ bravo
役者、歌手、演奏者などに対する称賛の叫びで、イタリア語から。なお、イタリア語では男子に対しては bravo、女子に対しては brava、グループに対しては bravi が用いられる。

■ solemnly
= seriously; earnestly; gravely; heavily; intensely; pensively; sternly
■ sternly
= bitterly; grimly; hard; harshly; relentlessly; severely; seriously
■ golden girl
golden に「才能と運に恵まれた、成功間違いなしの」の意があることから。
■ the cover girl
雑誌の表紙を飾る魅力のある女性。
■ next door
ここでは身近に感じられる、親しみやすいといった意味合い。
■ the girl on the moon
極めて高い地位にまで駆け上がった女性、といった意味合い。
■ Life goes where she goes
文字通りの訳「彼女が行く所に人生が行く、人生は彼女が行く所についていく」から「人生は思いのままである」。

KAREN : (v.o.) When was it? How long? It seems a lifetime ago. Lloyd always said that in the theater a lifetime was a season and a season a lifetime. It's June now. That was early October. Only last October.

seem	〜のように思われる
lifetime	生涯、一生
season	興行期間

ベティ・デイビスについて

　"She's got Bette Davis eyes" というリフレインを持つ歌がある。1974年に作曲され、1981年にキム・カーンズが歌い、世界的に大ヒットした *Bette Davis Eyes* である。メロディーを聴くと、ああ、あの曲かと思い出される方も多いだろう。ベティ・デイビスが70歳になろうという頃である。彼女のまなざしは、退廃的魅力のシンボルとして時代を越えて人を魅了し続けている。本作『イヴの総て』では、デイビス自身の年齢とキャリア、名声に酷似した大女優マーゴを演じ、彼女のこの圧倒的な目の演技力を堪能することができる。しかし、瞳の持つ魔力だけでは、生涯にアカデミー賞を10回、そのうちの5回は連続ノミネートという空前の記録を打ち立てることは不可能であろう。デイビスは、半世紀以上のキャリアの中で、幾度もハリウッドの頂点に返り咲きを果たした屈指の演技派である。この点では、マーゴ・チャニングが恐れた、老いによる栄光からの失墜を見事に克服している。しかし、その華麗な女優としてのキャリアはマーゴ同様、実生活において多くのものと引き換えに得られたものでもあった。

　デイビスは本名ルース・エリザベス・デイビス、アメリカのマサチューセッツ州出身、21歳のときにブロードウェイで舞台女優としてデビューした。その後映画女優としての道を選び、ユニバーサル・スタジ

カレン ：（画面外）あれはいつのことだったか？　どれくらい前だったろう？　ずいぶんと昔のことのように思える。ロイドはいつも、演劇の世界では一生がひとつの興業期間、ひとつの興業期間が一生だと、言っていた。今は6月。あれは10月の初めだった。ほんの去年の10月。

■ seem
「S + seem + C」の型で「SはCのように思われる、見える」の意を表す。She seems [to be] sick.（彼女は病気に見える）のように、to be を省略することが多い。なお、進行形は不可。

■ season
ここでの season は芝居、野球など、行事が盛んに行われるシーズン、活動期をいう。

オ社を経て、1932年にワーナー・ブラザース社と契約を結んで以来ヒット作を連発した。サマセット・モーム原作の『人間の絆』（*Of Human Bondage*, 1934）においてスターの座を確立、1938年から42年まで、5年連続のアカデミー賞ノミネートという金字塔を打ち立てる。その後、2番目の夫の急死、役柄や脚本をめぐるワーナー社との対立などから、彼女の時代が終わったかに見えたが、当初の主演女優の降板によってオファーを受けたのが『イヴの総て』のマーゴ・チャニング役であった。代役が、これ以上ないはまり役となったのである。マンキーウィッツ監督は、デイビスは「監督の夢であり、まさに完璧な女優だった」と絶賛している。デイビスは映画で恋人役ビルを演じたゲイリー・メリルと実生活でも結婚、デイビスの4度目にして最後の結婚であったが、10年後に離婚した。その後、舞台やテレビにも出演するようになるが、『何がジェーンに起こったか』（*What Ever Happened to Baby Jane?*, 1962）での鬼気迫る演技で再び栄誉を勝ち取る。デイビスの晩年は闘病、娘との確執など、苦悩に満ちたものであったが、100作目の主演映画『8月の鯨』（*The Whales of August*, 1987）は日本でもロングランを記録した。79歳の大女優が演じる人生の黄昏は、静かに深く観る者の感動を呼び起こすことだろう。

　　　　　　　　　　　　　　　宮本　節子（相模女子大学専任講師）

Eve Harrington

EXT. A THEATER / A THEATER CORRIDOR - NIGHT - *People walk along the sidewalk under the theater billboards which read, "MARGO CHANNING IN AGED IN WOOD."*

billboard	広告板, 掲示板
read	読める, 書いてある
Aged in Wood	樽で熟成

KAREN : (v.o.) **It was a drizzly night. I remember I asked the taxi to wait.**

drizzly	霧雨の降るような, 霧雨の降る
ask...to...	～に～するように頼む

A taxi pulls up, stopping outside the theater. Karen steps out of the taxi, looking around while fixing her fur coat. She also wears a scarf over her head to keep warm.

pull up	(人・車が)止まる
step out of...	～から降りる
fix	直す, きちんとする

KAREN : (v.o.) **Where was she? Strange. I'd become so accustomed to seeing her there night after night, I found myself looking for a girl I'd never spoken to. Wondering where she was.**

become accustomed to...	～に慣れる
night after night	来る夜も来る夜も
find oneself	気がつくとある状態, 場所にいる

Karen walks down a narrow alley past a dark doorway and some emergency stairs. Eve Harrington calls out to Karen from doorway.

alley	横道, 小路, 路地
emergency stairs	非常階段
doorway	戸口, 出入口

EVE : **Mrs. Richards?**

Eve appears from the side door wearing a trench coat, gloves and a reporter-style hat.

reporter-style hat	新聞記者風の帽子

KAREN : **There you are. It seemed odd, suddenly, your not being here.**
EVE : **Why should you think I wouldn't be?**
KAREN : **Well, why should you be? After all, six nights a week for weeks of watching even Margo Channing enter and leave a theater.**

odd	奇妙な, 意外な
should	どうして
after all	何といっても～だから, 何しろ, だって
for weeks	何週間も
even	～までも, ～さえ

EVE : **I hope you don't mind my speaking to you?**
KAREN : **Not at all.**
EVE : **I've seen you so often. It took every bit of courage I could raise.**

not at all	少しも～でない, ちっとも, 全く
every bit of courage	すべての勇気, ありったけの勇気
raise	まき起こす, 奮い立たせる

イヴ・ハリントン

TIME 00:07:29

□□□□□□

屋外 – 劇場／劇場の通路 – 夜 – 人々が「マーゴ・チャニング主演『樽で熟成』」と書かれた劇場の看板の下の歩道を歩いている。

カレン ： （画面外）あれは霧雨の降る夜だった。私はタクシーに待つようにと頼んだのを覚えている。

タクシーが止まり、劇場に横づけになる。カレンはタクシーから降り、毛皮のコートを直しながら周りを見渡す。彼女は防寒のため、頭にスカーフも巻いている。

カレン ： （画面外）あの娘はどこかしら？ 変ね。毎晩、私は彼女をそこで見かけることに慣れてしまっていたので、気がつけば、話しかけたこともない娘を探していた。彼女、一体どこにいるのだろうかと。

カレンは暗い戸口と非常階段を通り過ぎ、細い小道を歩く。イヴ・ハリントンが戸口からカレンに呼びかける。

イヴ ： リチャーズ夫人？

イヴはトレンチコートと手袋、それに新聞記者風の帽子を身につけ、裏口から現れる。

カレン ： そこにいたの。急に、あなたがここにいないことが奇妙に思えたわ。
イヴ ： どうして私がいないなんて、思うのですか？
カレン ： だって、どうしてって、あなた？ 何しろ、あなたは週に6日、夜、何週間もマーゴ・チャニングが劇場に出入りするのさえ見ていたのよ。
イヴ ： お話してもかまいませんか？
カレン ： いいわよ。
イヴ ： あなたをたびたびお見かけしていましたので、ありったけの勇気を奮い起こしてみました。

■ Aged in Wood
架空の作品。なお、ここでのageはウイスキーやワインを「熟成させる、寝かせる」の意。ここではagedが「老齢の」との意を持つことから、年老いていくマーゴを暗示する。

■ drizzly
drizzleとは「霧雨、こぬか雨」のこと。

■ pull up
「止める」の意でもよく使われる。
ex. The taxi pulled up before the hotel.
（タクシーはホテルの前で止まった）

■ step out of...
車やタクシーから降りるときに使われる表現は step out of, get out of。列車やバスから降りるときは get off。なお、降りるときの動作や方法によって climb, jump, step などを用いる。

■ night after night
ここでの after は前後に同じ名詞を用いて反復、継続を表す。なお、しばしばいら立ちや困惑の気持ちが込められる。

■ find oneself
ex. I found myself in a strange place.（ふと気がつくと私は知らない場所にいた）

■ odd
= unusual; quaint; queer; strange; weird

■ chould
本文中のように why や how などの後に用いて、不可解、いら立ちを表す。

■ after all
通例、文頭ときに文尾で用いて文全体を修飾する。

■ not at all
お礼の言葉に対して「どういたしまして」の意でもよく使われる。

■ every bit of courage
bit が「少量、小片」であることから、every bit of... で「すべての〜」の意。

KAREN	: To speak to just a playwright's wife? I'm the lowest form of celebrity.	the lowest form of 最低の部類の, 最低の種類の ⊙ celebrity 有名人, 名士
EVE	: You're Margo Channing's best friend. You and your husband are always with her. And, and Mr. Sampson. What's he like?	best friend 最も親しい友 ⊙
KAREN	: Bill Sampson? He's... He's a director.	director 演出家, 監督
EVE	: He's the best.	
KAREN	: He'll agree with you. Tell me. What do you do in between the time Margo goes in and comes out? Just huddle in that doorway and wait?	agree with... ～に同意する, ～に賛成する ⊙ Tell me ⊙ huddle 体を丸く縮こませる, 丸くなる, うずくまる
EVE	: Oh, no. I see the play.	
KAREN	: You see the play? You've seen every performance of this play?	performance 上演, 演技
EVE	: Yes.	
KAREN	: But don't you find it, apart from everything else, don't you find it expensive?	apart from... ～は別として, ～はさておき find it expensive ⊙
EVE	: Standing room doesn't cost much. I manage.	standing room 立ち見席 ⊙ manage どうにかしてやる, 何とかやりくりする ⊙

Karen puts her hands on Eve's arms while making the suggestion. She leads her to a door at the end of the alley.

KAREN	: I'm gonna take you to Margo.	
EVE	: Oh, no.	
KAREN	: Oh, yes. She's got to meet you.	has got to... ～しなければならない ⊙
EVE	: No. No, I'd be imposing on her. I'd be just another tongue-tied gushing fan.	impose on... ～の所に押しかける, ～に付け込む tongue-tied 舌足らずの, 物の言えない gushing （言葉を）感情的にほとばしらせる, まくしたてる ⊙
KAREN	: There isn't another like you. There couldn't be.	
EVE	: But if I'd known... Maybe some other time. Looking like this.	if I'd known ⊙ look like... ～のような格好をしている, ～のように見える
KAREN	: You look just fine. By the way, what's your name?	look fine ⊙ by the way ところで, それはそうと ⊙
EVE	: Eve. Eve Harrington.	

32

カレン	：	ただの劇作家の妻に話しかけるのに？ 私は著名人じゃないのよ。
イヴ	：	あなたはマーゴ・チャニングの親友でいらっしゃいます。あなたとご主人はいつも彼女とご一緒です。それに、サンプソンさんも。あの人はどんな方ですか？
カレン	：	ビル・サンプソン？ 彼は…彼は演出家よ。
イヴ	：	最高の演出家です。
カレン	：	彼はあなたに同意するでしょうね。ところで、マーゴが中に入り、出てくるまでの間、何をしているの？ ただあの戸口にうずくまって、待っているだけ？
イヴ	：	いいえ。お芝居を観ています。
カレン	：	芝居を観ている？ この芝居の公演すべてをずっと観てるわけ？
イヴ	：	はい。
カレン	：	でも、そんなことしてると、ほかのことはともかく、ずいぶんとお金がかかるんじゃないの？
イヴ	：	立ち見席はそれほどかかりません。何とかやっています。

カレンはイヴの腕に手を置き、提案をする。彼女を裏通りの奥の戸口へ連れていく。

カレン	：	あなたをマーゴの所に連れていってあげる。
イヴ	：	まさか、そんな。
カレン	：	ええ、そうよ。彼女はあなたに会うべきよ。
イヴ	：	いいえ。だめです、私から押しかけていくことになります。舌足らずの訳のわからないことをまくしたてるファンの１人になってしまします。
カレン	：	あなたのような人は２人といないわ。いるもんですか。
イヴ	：	でも、もしそうとわかっていたら…別のときにでも。こんな格好ですから。
カレン	：	おかしくないわよ。ところで、あなた、お名前は？
イヴ	：	イヴ。イヴ・ハリントンです。

■ **the lowest form of**
文字通りの訳「私は有名人の最低の部類の人間」から「そんな著名人ではない」ほどの意。なお、form は物などが現れたり、存在したりするときの状態、形態、種類を意味する。ここでは kind のこと。

■ **best friend**
親しく付き合っている友人は close friend, great friend, good friend, bosom friend。

■ **agree with…**
ex. I agree with your opinion.(あなたの意見に賛成です)

■ **Tell me.**
「教えてくれ、話してくれ、ところで、それはそうと」
知りたいことを尋ねる際に使う一般的な表現。

■ **find it expensive**
「S＋find＋O＋C」の型で「SはOがCだとわかる」の意を表す。ここでのCは名詞、形容詞、分詞。なお、この意では、通例、進行形は不可。
ex. I found the play very interesting.(私はその芝居はとても面白いと思った)

■ **standing room**
劇場や競技場などの立ち見席。

■ **manage**
困難にもかかわらず事を「どうにかやってのける」との意味合いで使われる。
ex. I managed on very little money.(私はわずかな金で何とかやりくりした)

■ **has got to…**
＝ has to; must

■ **gushing**
gush は to show too much enthusiasm or emotion over something の意。

■ **if I'd known**
「もしわかっていたら」の意で、仮定法過去完了。過去の事実に反対の仮定を表す。

■ **look fine**
「S＋look＋C」の型で「Sは外観、様子、顔つきなどがCに見える」の意を表す。ここでのCは名詞、形容詞など。

■ **by the way**
通例、文頭で「話の途中だが」といったニュアンスで用いられる。

INT. BACKSTAGE OF THEATER - NIGHT - *The two enter a room at the back of the theater where an attendant called GUS sits.*

KAREN : Good evening, Gus.
GUS : Good evening, Mrs. Richards.

A MAN and WOMAN leave from the back door.

WOMAN : Good night, Fergus.
GUS : Good night.
MAN : Good night, Gus.
GUS : Good night.

Eve looks out into the theater from next to the stage curtain. A CLEANER is vacuuming the aisle between the seats. Eve walks back towards Karen.

EVE : You can breathe it, can't you? Like some magic perfume.

Karen and Eve walk to a backstage dressing room door, behind which Lloyd Richards, Margo Channing and BIRDIE are laughing and talking.

KAREN : Um, wait right here. Don't run away.

INT. DRESSING ROOM - NIGHT - *While Eve waits outside the door, Karen enters the room. Margo, wearing a dressing gown, is talking to Lloyd and Birdie about a recent interview while smoking, her hair taped from wearing a wig. Birdie stands nearby looking disapprovingly.*

MARGO : "If the South had won the war, you could write the same plays about the North."
KAREN : Hi!
LLOYD : Hello.
MARGO : Hi.
LLOYD : How was the concert?
KAREN : Loud.

Karen sits on Lloyd's lap and gives him a kiss.

All About Eve

屋内 – 劇場の舞台裏 – 夜 – 2人はガスと呼ばれている係員が座っている劇場の裏の部屋に入る。

カレン ： こんばんは、ガス。
ガス ： こんばんは、リチャーズ夫人。

男性と女性が裏口から出ていく。

女性 ： お休みなさい、ファーガス。
ガス ： お休みなさい。
男性 ： お休み、ガス。
ガス ： お休みなさい。

イヴはステージのカーテンの隣から劇場の中を見る。清掃係が座席の間の通路に掃除機をかけている。イヴはカレンの方に歩いて戻る。

イヴ ： においがしますよね？ 何か魔法の香水のようです。

カレンとイヴは舞台裏の楽屋のドアに向かって歩いていくが、その向こうではロイドとマーゴ、それにバーディが笑いながら話している。

カレン ： いい、ここで待っていて。逃げちゃだめよ。

屋内 – 楽屋 – 夜 – イヴがドアの外で待つ間、カレンは部屋に入る。ドレッシングガウンを着て、かつらをつけるために髪をテープで留めているマーゴは、タバコを吸いながらロイドとバーディに最近のインタビューについて話している。バーディは不満そうな表情をしてそばに立っている。

マーゴ ： 「もし南部が戦争に勝っていたら、北部について同じ芝居が書けますね」だって。
カレン ： ハイ！
ロイド ： やあ。
マーゴ ： ハイ。
ロイド ： コンサートはどうだった？
カレン ： やかましかったわ。

カレンはロイドのひざの上に座り、彼にキスをする。

■ **Gus**
Fergus の愛称。前の部分 Fer を取ったもので、Elizabeth を Beth と呼ぶのと同じ。

■ **vacuum**
この語の名詞は「真空、真空状態」の意。そこから vacuum cleaner または vacuum sweeper は「真空掃除機、電気掃除機」を意味する。

■ **breathe**
通例、この語は「呼吸する、息をする」の意で使われる。
ex. As I climbed higher, it got harder to breathe.（高く登るにつれて、息が苦しくなってきた）

■ **dressing room**
劇場やテレビスタジオの場合は「楽屋」、家やアパートの寝室の隣にある場合は「化粧室」。

■ **um**
ためらい、疑念、熟慮、関心などを表す間投詞。

■ **right here**
ここでの right は時間や場所を示して「ちょうど、きっかり、まさしく」の意を表す副詞。
ex. The ball hit him right on the nose.（ボールはちょうど彼の鼻に当たった）

■ **dressing gown**
パジャマなどの上に着るガウンで、dressing robe ともいう。

■ **the South**
ここではアメリカ南北戦争（1861-65）時の南部をいったもので、南軍側のこと。

■ **the North**
南北戦争の北軍側のこと。

■ **lap**
椅子に座ったときの下腹部からひざ頭までの部分をいう。単数で用いる。「ひざ、ひざ小僧」は knee。

BIRDIE	: Let me fix you a drink.	fix 支度する, 作る, 用意する
MARGO	: "Well, now Ms. Channing.	
KAREN	: No, thanks, Birdie.	
MARGO	: I don't think you can rightly say we lost the war. We was more starved out, you might say. That's why I don't understand all these plays about love-starved Southern women. Love is one thing we were never starved for in the South."	rightly はっきりとは, 確信を込めて We was starve 飢えに苦しむ, 飢えて衰弱する you might say... ～と言ってもいい, ～と言えるだろう That's why... それが理由で～ love-starved 愛に飢えた starved for... ～に飢えている, ～を切望する
LLOYD	: (to Karen) Margo's interview with a lady reporter from the South.	
BIRDIE	: (to Karen) The minute it gets printed, they're gonna fire on Gettysburg all over again.	the minute... ～するやいなや, ～する瞬間 fire on... ～めがけて発砲する, 砲撃する Gettysburg ゲティスバーグ all over again もう一度
MARGO	: It was Fort Sumter they fired on.	Fort Sumter サムター砦
BIRDIE	: I never played Fort Sumter.	
MARGO	: Honey child had a point. Lloyd, honey, be a playwright with guts. Write me one about a nice, normal woman who just shoots her husband.	honey child かわいい娘, いとしい人 have a point 一理ある, 要点をつかむ, 確かにそうだ guts 根性, 度胸, 勇気

Eve waits nervously outside the dressing room door, hearing the conversation coming from inside.

nervously 心配そうに, そわそわして, びくびくして

BIRDIE	: (v.o.) **You need new girdles.**	girdles ガードル
MARGO	: (v.o.) **Buy some.**	
BIRDIE	: (v.o.) **Same size?**	
MARGO	: (v.o.) **Of course.**	

In the dressing room, Margo looks in the mirror, taking off her makeup. Birdie pours some scotch and water for herself at a side table, watching on as she takes a drink.

makeup 顔の化粧
scotch and water スコッチの水割り

KAREN	: I find these wisecracks increasingly less funny. "Aged in Wood" happens to be a fine and distinguished play.	wisecrack 皮肉, 生意気な言いぐさ increasingly ますます, だんだん happen to be... たまたま～である little woman 妻, 女房
LLOYD	: That's my loyal little woman.	
KAREN	: (to Lloyd) Well, the critics thought so. The audiences certainly think so. Packed houses, tickets four months in advance.	packed 満員の, ぎゅうぎゅうに込んでいる in advance 前もって, あらかじめ

バーディ	：1杯、作りましょう。
マーゴ	：「それで、チャニングさん…
カレン	：いえ、結構よ、バーディ。
マーゴ	：私たちが戦争に負けたとはっきりとはいえないと思います。より飢えに苦しんでいたとはいえるでしょうが。だから私には愛に飢えた南部女性に関するこうした芝居はどれもみな理解できませんね。愛は私たちが南部で断じて飢えていなかった、たった1つのものなんですから」ですって。
ロイド	：（カレンに）マーゴが南部の女性記者から受けたインタビューの話さ。
バーディ	：（カレンに）活字になったとたん、彼らはまたゲティスバーグを攻撃してくるでしょうよ。
マーゴ	：攻撃したのはサムター砦よ。
バーディ	：私はサムター砦を演じたことはないですから。
マーゴ	：彼女の言うとおりだったわ。ねえ、ロイド、根性のある劇作家になって。私に、亭主を銃で撃つような素敵な普通の女の話を書いてよ。

イヴは中から聞こえてくる会話を聞きながら、楽屋のドアの外で落ち着かない様子で待つ。

バーディ	：（画面外）あなた、新しいガードルが必要ね。
マーゴ	：（画面外）買っておいて。
バーディ	：（画面外）同じサイズ？
マーゴ	：（画面外）もちろん。

楽屋で、マーゴは鏡をのぞき込んで化粧を落とす。バーディはサイドテーブルで自分用にスコッチの水割りを注ぎ、飲みながら見ている。

カレン	：こういう皮肉な話はますますつまらなくなってくるわ。『樽で熟成』はたまたま素晴らしい、抜群の作品よ。
ロイド	：それでこそわが忠実なる妻だ。
カレン	：（ロイドに）実のところ批評家はそう思ったし、観客も間違いなくそう思っているわ。大入り満員だし、切符は4か月先まで売れているもの。

■ rightly
この意味では否定文で用いられる。
ex. I can't rightly say.（私ははっきりとは言えません）

■ We was
正しくは We were。

■ the minute…
minute に代わって moment も使われる。

■ Gettysburg
ペンシルバニア州南部の町で、南北戦争最後の大決戦地。国立墓地や戦跡祈念公園がある。第16代大統領リンカーン（Abraham Lincoln, 1809-65）が1863年11月19日に government of the people, by the people, for the people…（人民の、人民による、人民のための政治…）と演説した地として有名。

■ all over again
= again; once more

■ Fort Sumter
サウス・カロライナ州南東部のチャールストン港の砦で、1861年4月12日に南軍が攻撃したことにより、南北戦争が始まった。

■ honey child
honey が愛する人や子どもに対する愛情を込めた呼びかけであることからもわかる通り、マーゴのことをこのように言ったもので、「彼女」といったところ。

■ have a point
ここでの point は「（問題の）核心、肝心なところ、要点」の意。「核心にふれる」は come to the point, get to the point, touch the point。

■ makeup
「化粧を落とす」は remove one's makeup, take off one's makeup, clean one's makeup off、「化粧を直す」は adjust one's makeup、「化粧をする」は put on one's makeup。

■ scotch and water
ここでの and は bread and butter（バター付きパン）のように2つのものが一体となっていることを示して使われた接続詞。

■ happen to be…
「S + happen to be + C」の型で「SはたまたまCである」の意を表す。ここでのCは名詞、形容詞など。また「S + happen to do」は「Sはたまたま～する」の意。

KAREN : I can't see that Lloyd's plays have hurt you any.
LLOYD : Easy now.
MARGO : Oh, relax kid, it's just me and my big mouth.

Karen stands up and walks to the side of the room to take off her coat.

KAREN : It's just that you get me so mad sometimes. Of all the women in the world with nothing to complain about...
MARGO : Ain't it the truth.
KAREN : Yes, it is. You're talented, famous, wealthy. People waiting around night after night just to see you. Even in the wind and the rain.

Margo turns to rebuff Karen.

MARGO : Autograph fiends. They're not people. Those little beasts that run around in packs like coyotes.
KAREN : They're your fans, your audience.
MARGO : They're nobody's fans. They're juvenile delinquents. They're mental defectives. They're nobody's audience.

Lloyd claps, agreeing with Margo. Margo returns to face the mirror.

MARGO : They never see a play or a movie even. They're never indoors long enough.
KAREN : Well, there's one indoors right now. I've brought her back to see you.
MARGO : You've what?
KAREN : She's just outside the door.
MARGO : (to Birdie) **The heave-ho.**

Margo gestures to Birdie to show Eve the way out of the theater, but Karen stops Birdie before she leaves the room.

カレン	:	ロイドの劇があなたに傷をつけたとは思えないけど。
ロイド	:	まあ、落ち着け。
マーゴ	:	ねえ、落ち着いてよあなた、ただの私のおしゃべりなんだから。

カレンは立ち上がり、コートを脱ごうと部屋の横に歩いていく。

カレン	:	ただ、時々、私あなたにはとても頭にくるの。この世のあらゆる女性の中で、不平など何もない…
マーゴ	:	それは事実ね。
カレン	:	ええ、そう。あなたには才能も名声も富もある。人々はあなたを一目見ようと、毎晩待っている。風が吹こうが、雨が降ろうが。

マーゴは反論しようとカレンの方を向く。

マーゴ	:	サイン狂の連中よ。彼らは人間じゃないわ。コヨーテのように群れを成して走り回っているケダモノよ。
カレン	:	彼らはあなたのファン、あなたの観客よ。
マーゴ	:	連中は誰のファンでもない。未成年の不良ども。精神病者よ。彼らは誰の観客でもないわ。

ロイドはマーゴに同意して手をたたく。マーゴは再び、鏡に向かう。

マーゴ	:	芝居は観ないし、映画だってそう。中にそう長くはいたためしがないんだから。
カレン	:	実は、たった今、中にひとりいるの。あなたに会わせるために連れて来たのよ。
マーゴ	:	何をしたですって？
カレン	:	その娘、ドアのすぐ外にいるの。
マーゴ	:	（バーディに）追い返して。

マーゴはバーディにイヴを劇場の外に連れ出すよう身振りで示すが、カレンはバーディが部屋を出る前に止める。

■ Easy.
「落ち着け、そうとんがるな」
Take it easy のことで、Don't get excited とか、There is no need to worry ほどの意。relax ともする。

■ kid
ここでは、特に目下の者への親しい呼びかけとして使われたもの。

■ mad
ここでの mad は angry の意。
ex. She was mad at me.（彼女は私に腹を立てていた）

■ ain't
ここでは is not の短縮形。この表現は are/am/have/has/do/does/did not の短縮形でもある。教養がない人たちが使う非標準用法だが、教養がある人でもくだけた話し言葉の中で、しばしば用いられる。

■ night after night
ここでの after は前後に同じ名詞を用いて「〜の次も」を意味する。反復、継続を表すが、いら立ちや困惑の気持ちを込めることが多い。

■ fiend
ex. She is a fiend for chocolates.（彼女はチョコレートに目がない人だ）

■ in packs
ここでの pack は a pack of dogs（犬の一群）のように人や動物の「群れ、集団」の意。

■ coyote
北米の草原に生息する肉食性のイヌ科の動物。

■ mental defective
defective とは精神ないし身体に欠陥がある人。

■ indoors
in a house or building を意味する副詞。
ex. She ran indoors.（彼女は家の中へ駆け込んだ）

■ heave-ho
The president gave him the heave-ho.（社長は彼を首にした）のように「首にする」とか「肘鉄を食らわす、振る」の意でも使われる。

KAREN	: Oh, but you can't put her out. I promised. Margo, you've got to see her. She worships you. It's like something out of a book.	put out 追い出す worship 崇拝する, 尊敬する, 尊ぶ
LLOYD	: That book is out of print, Karen. Those days are gone.	out of print 絶版になって ◊
KAREN	: But if you'd only see her... You're her whole life. You must have spotted her by now. She's always there.	if only ただ〜でさえあればよいのだが spot 見つける, 見て確認する
MARGO	: Oh, the, the mousy one with the trench coat and the funny hat. How could I miss her? Every night, every matinee.	mousy さえない, 魅力のない, おどおどした ◊ trench coat トレンチコート ◊ How could I miss her ◊ matinee マチネー, 昼の公演 ◊
KAREN	: Well…	

Karen walks to the door and opens it, inviting Eve to come in.

KAREN	: Come in, Eve.
EVE	: I thought you'd forgotten about me.
KAREN	: Oh, not at all.

Karen takes Eve to Margo who extends her hand for a handshake, while still smoking.

handshake 握手 ◊

KAREN	: Margo, this is Eve Harrington.	
MARGO	: How do you do, my dear?	How do you do ◊
BIRDIE	: Oh, brother.	Oh, brother ◊
EVE	: Hello, Miss Channing.	
KAREN	: My husband.	
LLOYD	: Hello, Miss Harrington.	
EVE	: How do you do, Mr. Richards?	
MARGO	: And this is my dear friend and companion, Miss Birdie Coonan.	companion 付き添い, 付き人, 気の合った友
BIRDIE	: Oh, brother.	
EVE	: Miss Coonan.	
LLOYD	: Oh, brother, what?	
BIRDIE	: When she gets like this, all of a sudden she starts playing Hamlet's mother.	all of a sudden 突然に, 不意に ◊ Hamlet's mother ハムレットの母親 ◊
MARGO	: I'm sure you must have things to do in the bathroom, Birdie, dear.	things to do やるべきこと

カレン	:	ねえ、彼女を追い出しちゃだめ。私、約束したのよ。マーゴ、あの娘に会ってあげて。彼女はあなたを崇拝しているの。まるで本の中から出てきた話みたいなのよ。
ロイド	:	その本は絶版だ、カレン。そういう時代は終わったよ。
カレン	:	でも、もし会ってくれさえすれば…あなたは彼女の人生すべてなの。あなたももう彼女には気がついているはずよ。いつもそこにいるから。
マーゴ	:	ああ、あの、あのトレンチコートを着ておかしな帽子をかぶった、さえない子ね。見過ごすはずはないわ。毎晩、昼の公演もいつもいるもの。
カレン	:	じゃあ…

カレンはドアの所に歩いていき、開け、イヴを中に招き入れる。

カレン	:	入って、イヴ。
イヴ	:	私のことはお忘れになったのかと思ってました。
カレン	:	いいえ、そんなことないわ。

カレンはイヴを、タバコを吸ったまま握手しようと手を伸ばすマーゴの所に連れていく。

カレン	:	マーゴ、こちらはイヴ・ハリントンよ。
マーゴ	:	はじめまして。
バーディ	:	おやまあ。
イヴ	:	どうも、ミス・チャニング。
カレン	:	私の夫よ。
ロイド	:	やあ、ミス・ハリントン。
イヴ	:	はじめまして、リチャーズさん？
マーゴ	:	それからこちらは私の親愛なる友人にして付き人の、ミス・バーディ・クーナン。
バーディ	:	おやまあ。
イヴ	:	ミス・クーナン。
ロイド	:	おやまあ、とは何だい？
バーディ	:	こんなふうになると、突然、この人はハムレットの母親役を演じ始めるんですよ。
マーゴ	:	きっと、あなたにはバスルームでやるべきことがあるはずよ、バーディ。

■ out of print
反対に「絶版でない、入手可能で」は in print。
cf. The book is in print.（その本は入手可能です）

■ mousy
mouse が「ネズミ」であることから、このような意味がある。

■ trench coat
レインコートの一種で、第１次世界大戦中に、イギリス陸軍が用いた外套。trench とは「塹壕」を意味し、塹壕内で着た防寒、防水コートに由来する。

■ How could I miss her?
文字通りの訳「どうして彼女が見過ごせるでしょう？」から「彼女を見過ごすはずはない」。

■ matinee
特に芝居や音楽会などの昼間の興行。

■ handshake
grasping each other's hand の意。なお動詞「握手する」は shake hands とする。
ex. She greeted him with a warm handshake.（彼女は温かい握手で彼を迎えた）
cf. She shook hands with him.（彼女は彼と握手した）

■ How do you do?
「はじめまして」
初対面のときに交わす形式的なあいさつ。ただし、How are you? の意味でも用いられる。

■ Oh, brother.
「おや、おやまあ」
軽い困惑、驚き、落胆、嫌悪などを表す間投詞で、男性も女性も使う。

■ all of a sudden
suddenly の意で、of a sudden、all on a sudden、on a sudden、on the sudden などともする。

■ Hamlet's mother
シェークスピアの戯曲『ハムレット』(Hamlet, 1603)の主人公ハムレットの母親のこと。彼女は夫の死後、２か月で叔父と再婚する。

BIRDIE	: If I haven't, I'll find something till you get normal.	get normal 普通に戻る

Birdie leaves the room with her drink and shuts the door.

MARGO	: Dear Birdie. Won't you sit down, Miss Worthington?	Won't you... ～しませんか
KAREN	: Harrington.	
MARGO	: I'm so sorry. Harrington. Won't you sit down?	
EVE	: Thank you.	
MARGO	: Would you like a drink? Some brandy or cider?	Would you like... cider サイダー，リンゴ汁
KAREN	: I was just telling Margo and Lloyd about how often you've seen the play.	

Eve sits down in a chair, not knowing whether to listen to Karen or Margo as Karen talks over Margo's offer.

EVE	: (to Margo) **No, thank you.** (to Karen)**Yes, I've seen every performance.**	
LLOYD	: Every performance? Well, then am I safe in assuming you like it?	safe in doing ～しても差し支えない assume ～と想定する，思い込む
EVE	: I'd like anything Miss Channing played in.	
MARGO	: Would you really? How sweet.	How sweet
LLOYD	: I doubt very much that you'd like her in "The Hairy Ape."	doubt 疑う，疑問に思う The Hairy Ape 毛猿
EVE	: Oh, please don't misunderstand me, Mr. Richards. I think that part of Miss Channing's greatness lies in her ability to pick the best plays. Your new play is for Miss Channing, isn't it?	misunderstand 誤解する lie in... ～にある，～に存在する，～に見出される pick 選ぶ，精選する
MARGO	: Of course it is.	
LLOYD	: How'd you hear about it?	
EVE	: There was an item in The Times. I like the title, "Footsteps on the Ceiling."	item 記事 The Times タイムズ紙 Footsteps on the Ceiling

バーディ	：	たとえなくても、あなたが普通に戻るまで何か見つけてやりますよ。

バーディは飲み物を持って部屋を出ると、ドアを閉める。

マーゴ	：	かわいいバーディ。お掛けにならない、ミス・ワージントン？
カレン	：	ハリントンよ。
マーゴ	：	ごめんなさい。ハリントンね。お掛けにならない？
イヴ	：	ありがとうございます。
マーゴ	：	飲み物はいかが？ ブランデー、それともサイダー？
カレン	：	マーゴとロイドに、あなたが何度、この芝居を観たかを話していたところなの。

イヴは、飲み物を勧めるマーゴにかぶさってカレンが話すので、カレンに耳を傾けたらよいのか、それともマーゴに耳を傾けたらよいのかわからず椅子に座っている。

イヴ	：	（マーゴに）いえ、結構です。（カレンに）ええ、公演はすべて観ました。
ロイド	：	すべての公演を？ それじゃあ、気に入ってくれたと考えていいのかな？
イヴ	：	ミス・チャニングが出演するものなら何でも好きです。
マーゴ	：	ほんとに？ とてもうれしいわ。
ロイド	：	まさか彼女が『毛猿』に出てもいいと思ってるわけではないだろう。
イヴ	：	あの、どうか誤解しないでください、リチャーズさん。私は、ミス・チャニングの偉大なところは最高の芝居を選ぶ才能にあると思っています。あなたの新しい芝居はミス・チャニングのためのものですわ？
マーゴ	：	もちろん、そうよ。
ロイド	：	どうやってそのことを聞きつけた？
イヴ	：	タイムズに記事が載っていました。『天井の足音』という題がいいですね。

■ get normal
マーゴの様子がいつもと違うことから、このように言ったもの。

■ Won't you…?
依頼、勧誘の意を表す表現。なお、won't は will not の短縮形。

■ Would you like…?
「～はいかがですか？」
仮定法で、条件節を伴わず、単独で用いられ、丁寧な勧誘の表現を作る。「もし～ならば」という条件が、通例、含意されている。

■ cider
リンゴの搾り汁で、元はリンゴ以外の果実からも作られた。発酵させないものは sweet cider（リンゴ果汁）、発酵させたものは hard cider（リンゴ酒）と呼ばれる。なお、日本のサイダーは炭酸水で、英語では soda pop。

■ safe in doing
ex. Am I safe in believing him?（彼の言うことを信じても大丈夫かな？）

■ assume
証拠や客観性を考えずに真実と決めてかかること。

■ How sweet
How sweet of you to say so のこと。

■ The Hairy Ape
アメリカの劇作家オニール（Eugene O'Neil, 1888-1953）が 1922 年に発表した戯曲。なお、彼は 1936 年にノーベル文学賞を受賞した。

■ pick
ex. They picked the right person for the job.（彼らはその仕事にぴったりの人物を選んだ）

■ item
a news item（新聞記事）のことで、通例 item とは、新聞、テレビ、ラジオなどの短い記事。

■ The Times
New York Times のこと。1851 年 9 月に New York Daily Times として創刊された世界的に権威のあるアメリカを代表する日刊紙。1857 年に現在名に改題された。略して The Times と呼ぶ。

■ Footsteps on the Ceiling
架空の作品名。

LLOYD	: Yes, but let's get back to this one. Have you really seen every performance?	get back to... ～へ戻る
EVE	: Yes.	
LLOYD	: Why? I'm curious.	curious 好奇心の強い，知りたがっている
EVE	: Well, if I didn't come to see the play, I wouldn't have anywhere else to go.	if I didn't... ⊘
MARGO	: There are other plays.	
EVE	: Not with you in them. Not by Mr. Richards.	
LLOYD	: But you must have friends, a home, family?	
KAREN	: Tell us about it, Eve.	
EVE	: If only I knew how.	If only I knew how ⊘
KAREN	: Try.	
EVE	: Well…	

When Eve is about to tell her story, Birdie reenters the room and the conversation stops. Birdie stares at Eve as she walks on through the room, then looks to the others and goes to the back of the room.

be about to... まさに～しようとしている
reenter 再び入る ⊘

EVE	: Well, it started with the play before this one.	start with... ～から始まる
LLOYD	: "Remembrance."	remembrance 回想，思い出，追憶
EVE	: "Remembrance."	
MARGO	: Did you see it here in New York?	
EVE	: San Francisco. It was the last week. I went one night. The most important night of my life…until now. I found myself going the next night and the next and the next. Every performance. Then, when the show went east, I went east.	San Francisco サンフランシスコ ⊘ go east 東部へ行く ⊘
KAREN	: Eve, why don't you start at the beginning?	why don't you... ⊘ start at... ～から始める
EVE	: Oh, it couldn't possibly interest you.	couldn't possibly... とうてい～することはないだろう ⊘
MARGO	: Please.	
EVE	: I guess it started back home. Wisconsin, that is. It was just Mom and Dad and me. I was an only child. I used to make believe a lot when I was a child. Acted out all sorts of things. What they were isn't important.	start back home 故郷にいた頃に始まる Wisconsin ウィスコンシン only child 一人っ子 used to... よく～したものだ ⊘ make believe ふりをする，らしく見せかける act out 演じる

ロイド	:	そう。だが、この芝居に話を戻そう。ほんとにすべての公演を観たのかい?
イヴ	:	はい。
ロイド	:	なぜ? 知りたいものだ。
イヴ	:	それは、お芝居を観に来なければ、ほかに行く所はないでしょうから。
マーゴ	:	ほかにも芝居はあるでしょう。
イヴ	:	あなたが出ておられないし。リチャーズさんの作品でもありません。
ロイド	:	しかし、君には友人や家や家族がいるだろう?
カレン	:	それについて話して、イヴ。
イヴ	:	どう話したらいいか、わかるといいのですが。
カレン	:	話してみて。
イヴ	:	そうですね…

イヴが自分のことを話そうとするとき、バーディが再び部屋に入ってくるため、会話は中断する。バーディは部屋を歩きながらイヴをじっと見つめ、それからほかの人たちを見て、部屋の奥に行く。

イヴ	:	あの、この芝居の前の芝居から始まりました。
ロイド	:	『回想』だ。
イヴ	:	『回想』です。
マーゴ	:	それは、ここニューヨークで観たの?
イヴ	:	サンフランシスコです。最後の週でした。ある晩、観に行ったんです。私の人生で最も重要な夜でした…今の今までは。気がつくと、次の晩も、その次の晩も行っていました。すべての公演に。それから、芝居が東部に移ると、私も東部に行きました。
カレン	:	イヴ、最初から話してちょうだい?
イヴ	:	でも、きっと退屈だと思いますわ。
マーゴ	:	お願い。
イヴ	:	故郷にいた頃に始まったと思います。つまり、ウィスコンシンで。家族は母と父と私だけです。一人っ子でした。子どもの頃はよく色々なふりをしたものです。あらゆる役を演じました。それが何だったかは重要ではありません。

■ if I didn't…
現在の事実と反対の仮定、または現在、未来に関する実現の可能性が少ない仮定を表す。主節には would、should、could など過去形の助動詞が用いられる。

■ If only I knew how
文尾の to tell you about it が省略されたもの。

■ be about to…
be going to より差し迫った未来を表す。近接未来の意を強めるために be just about to とすることもしばしばある。

■ reenter
ここでの re- は自由に動詞またはその派生語に添えて「再び、さらに、新たに」などの意を表す接頭辞。

■ San Francisco
カリフォルニア州中部の港湾都市。1776年にスペイン人により入植地が定められた。1847年に San Francisco と命名され 50 年にアメリカに編入。

■ go east
ここでの east は「東へ、東部へ」を意味する副詞。

■ Why don't you…?
「~してはどうですか?」
この表現は質問をするときや、命令、あるいは提案を表す際によく使われる。ただし、過去形の Why didn't you…? は You should have done… の意なので注意。

■ couldn't possibly…
ここでの possibly は否定文で用いられて「到底、とても~ない」を意味する副詞。疑問文の場合は、通例、can と共に用いて「当惑、驚き」などを強調して「ひょっとして~だろうか」ほどの意を表す。

■ Wisconsin
アメリカ中北部の州。カナダからのフランス人移民によって植民され、1763年イギリス領となったが、1848年にアメリカの第 30 番目の州となった。州域の 45% を森林が占め、無数の湖が散在する。多くの景勝地があり、観光が州経済の 3 分の 1 を占める。州都はマディソン。

■ used to…
「used to + 動詞の原形」で「昔~していた、よく~したものだ」のように過去の習慣を述べる表現。

EVE : But, somehow, acting and make-believe began to fill up my life more and more. It got so I couldn't tell the real from the unreal. Except that the unreal seemed more real to me... I'm talking a lot of gibberish, aren't I?

LLOYD : Not at all.

EVE : Farmers were poor in those days. That's what Dad was, a farmer. I had to help out. So I quit school, went to Milwaukee, became a secretary...in a brewery. When you're a secretary in a brewery, it's pretty hard to make believe you're anything else. Everything is beer. It wasn't much fun, but it helped at home. And there was a little theater group there, like a drop of rain on the desert. That's where I met Eddie. He was a radio technician. We played "Liliom" for three performances. I was awful. Then the war came and we got married. Eddie was in the air force. They sent him to the South Pacific.

Eve suddenly turns to question Lloyd.

EVE : You were with the OWI, weren't you, Mr. Richards?

Lloyd gives a nod in reply as he listens intently to Eve's story.

EVE : That's what Who's Who says. Well, with Eddie gone, my life went back to beer. Except for a letter a week. One week he wrote me he had leave coming up. I'd saved my money and vacation time and went to San Francisco to meet him. But Eddie wasn't there. They forwarded the telegram from Milwaukee. The one that came from Washington. To say that... Eddie wasn't coming at all. That Eddie was dead.

イヴ ： でもどういうわけか、演技とふりをすることで私の人生はますますいっぱいになり始めました。それは、ついに現実と非現実の区別がつかなくなるまでになりました。ただ、私には非現実の方がより現実に思えてきたんです…私、やたらと訳のわからないことを話していますよね。

ロイド ： 全然。

イヴ ： 当時、農民は貧しくって。父がそう、農民でした。私は手助けをしなくてはなりませんでした。そこで学校を辞め、ミルウォーキーに行き、秘書になりました…ビール工場です。ビール工場の秘書になると、自分は何かほかのものだというふりをすることはとても困難です。何もかもがビールです。あまり面白くありませんでしたが、でも実家の助けにはなりました。そしてそこに小さな演劇グループがあったんです、砂漠に降る一滴の雨のようでした。そこでエディと出会いました。彼は無線技師でした。私たちは『リリオム』を3回上演しましたが、私はひどいものでした。それから戦争が起こり、私たちは結婚しました。エディは空軍に入隊しており、南太平洋に送られました。

イヴはロイドに質問しようと、突然、彼の方を向く。

イヴ ： あなたは戦時情報局にいらっしゃいましたよね、リチャーズさん？

ロイドはイヴの話を熱心に聴きながら、うなずいて答える。

イヴ ： 紳士録にそう書いてあります。それで、エディがいなくなると、またビールばかりの生活に逆戻りしました。週に1通の手紙以外は。ある週、彼はもうすぐ休暇が取れると書いてきました。私はお金と休暇をためていたので、彼に会いにサンフランシスコへ行きました。でも、エディはいませんでした。ミルウォーキーから電報が転送されてきました。ワシントンからきた電報です。そこには…エディはもう帰ってこない、エディは死んだと書かれていました。

■ tell...from...
この意味の場合は can、be able to などと共に用いられる。

■ in those days
these days とすると「この頃は、最近は」の意。なお、in thses days とするのは古い言い方。

■ help out
人の仕事などを一時的に手伝うこと。
ex. Will you help me out with this?（ちょっとこれを手伝ってくれるかい？）

■ Milwaukee
ウィスコンシン州最大の都市。南北戦争後は工業が発達し、現在はアメリカ有数の工業中心地。

■ pretty hard to...
ここでの pretty は very とか quite を意味する副詞で、通例、肯定文で用いられる。

■ a drop of rain on the desert
「砂漠に降る一滴の雨」の意。イヴにとって演劇グループが、「貴重な存在だった」ことを比喩的に表現したもの。

■ Liliom
ハンガリーの作家モルナール（Molnar Ferenc, 1878-1952）の戯曲（1909）。ブダペストの遊園地を背景に、乱暴者のリリオムの生と死を、現実と空想の交じり合った手法で描いた悲喜劇。

■ Air Force
1947年9月18日設立。ちなみに「英国空軍」は The Royal Air Force という。略して RAE。

■ OWI
Office of War Information (1942-45) の略。第2次世界大戦中に連合軍の政策や死傷者の統計などの広報を担当した連邦政府機関。

■ leave
軍隊、職場、学校などで許可される休暇、休暇期間。

■ forward
郵便物などを新住所へ転送する、回送すること。

Eve's tone becomes more somber. Margo, Karen and Lloyd all show their sympathy. Birdie's expression shows little emotion.

EVE	: I figured I'd stay in San Francisco. I was alone. I couldn't go back without Eddie. I found a job, and his insurance helped. And there were theaters in San Francisco. And then, one night, Margo Channing came to play in "Remembrance." And I went to see it. Well… Here I am.

Eve finishes with a smile. Margo is teary-eyed, reaching for a tissue to blow her nose. Birdie gives her opinion, which Margo finds offensive.

BIRDIE	: What a story. Everything but the bloodhounds snapping at her rear end.
MARGO	: There are some human experiences, Birdie, that do not take place in a vaudeville house! And that even a fifth-rate vaudevillian should understand and respect. (to Eve) I want to apologize for Birdie.

Birdie lifts her voice to respond to Margo and she walks over to Eve to offer an apology.

BIRDIE	: (to Margo) **You don't have to apologize for me.** (to Eve) **I'm… I'm sorry if I hurt your feelings. It's just my way of talking.**
EVE	: You didn't hurt my feelings, Miss Coonan.
BIRDIE	: Call me Birdie.

Birdie walks back to address Margo in a strong tone.

BIRDIE	: And as for being fifth-rate, I closed the first half for eleven years, and you know it.

イヴの声の調子は更に沈んでくる。マーゴ、カレン、ロイドのみんなは、同情を表情に表す。バーディの顔つきは、ほとんど何の感情も示さない。

イヴ ： 私は、サンフランシスコに残ろうと考えました。私は、ひとりぽっちでした。エディがいないのに戻ることなどできませんでした。私は仕事を見つけましたし、エディの保険が役に立ってくれました。それに、サンフランシスコには劇場もありましたから。そうこうしているある晩、マーゴ・チャニングが『回想』に出演するためにやって来たんです。そこで私は、それを観に行きました。それで…ここにいるというわけです。

イヴはほほ笑んで話し終える。涙目のマーゴは自分の鼻をかもうとティッシュに手を伸ばす。バーディは自分の感想を述べるが、マーゴはそれを失礼だと思う。

バーディ ： なんて話。ブラッドハウンド以外のものだったら、何もかもが彼女の尻に喰いつくわね。

マーゴ ： バーディ、ボードビル小屋なんかじゃ起こらないような人としての経験ってものもあるのよ。それに五流の寄席芸人だって、そういうことをちゃんと理解して敬意を払わなくちゃ。（イヴに）バーディに代わって、私が謝るわ。

バーディは語気を強めてマーゴに向かって言う。彼女は謝罪するために、イヴの方へ歩み寄る。

バーディ ： （マーゴに）私に代わってあなたが謝る必要なんかありませんから。（イヴに）えっと…もしあなたの気持ちを傷つけてしまったのなら、謝るわ。あんな言い方をするのが、私流なのよ。

イヴ ： 傷ついたりなんかしてませんわ、クーナンさん。

バーディ ： 私のことは、バーディって呼んでちょうだい。

バーディはマーゴの方へ歩いて戻ると、口調を荒げて言う。

バーディ ： それに五流芸人って言いますけどね、私は11年間、前半のトリを務めたんですからね。そのことは知ってるでしょ。

■ somber
= sad; depressing; dark; dismal; doleful; gloomy; mournful

■ insurance
「傷害保険」は accident insurance、「健康保険」は health insurance、「生命保険」は life insurance、「自動車保険」は car insurance、automobile insurance、「災害保険」は fire insurance、「地震保険」は earthquake insurance、「養老保険」は endowment insurance。

■ offensive
= disrespectful; displeasing; distasteful; insolent; insulting; obnoxious

■ bloodhound
臭覚が鋭敏な中・大型犬で、主として警察の捜査などに使われる。ここでは、嗅覚の鋭い者はそんな話は信じない、との例え。

■ rear end
bottom、buttocks のことで tail end ともいう。なお、日本語の「けつ」にあたる下品な言葉は ass。

■ fifth-rate
ここでの rate は「等級」の意で、the first rate（第一級、一流）のように序数詞を伴って使われる。

■ vaudeville
喜劇俳優、歌手、ダンサー、曲芸師、奇術師などによる演技、所作のこと。フランス語 vau-de-Vire（ビール渓谷の歌）に由来する。Vire は風刺的な民謡で知られるフランスの Calvados の渓谷。

■ apologize
ex. He apologized to me for his rudeness.（彼は私に無礼をわびた）

■ as for…
文頭、文中で用い、すでに話題になっていることに対して、ある事柄を対照的に取り上げようとするときに用いる。

■ close the first half
「前半のトリを務める」の意。「前座を務める」とする場合は play a minor part とか act as a curtain raiser とする。

Birdie leaves the room and slams the door. Bill enters the room carrying a suitcase which he puts beside the door. He walks straight to Margo who returns to removing her makeup.

BILL	: Forty-seven minutes from now my plane takes off and how do I find you? Not ready yet, looking like a junkyard.
MARGO	: Thank you so much.
BILL	: Is it sabotage? Does my career mean nothing to you? Have you no human consideration?
MARGO	: Show me a human and I might have.
KAREN	: Bill.
BILL	: The airlines have clocks even if you haven't. I start shooting a week from Monday. Zanuck is impatient. He wants me. He needs me.
KAREN	: Bill.
MARGO	: Zanuck, Zanuck, Zanuck! What are you two? Lovers?
BILL	: Only in some ways. You're prettier.

Bill drops to one knee beside Margo.

MARGO	: I'm a junkyard.

Karen introduces Eve.

KAREN	: Bill. This is Eve Harrington.

Bill gives a quick glance towards Eve, then returns to praise Margo.

BILL	: (to Eve) **Hi.** (to Margo) **My wonderful junkyard. The mystery and dreams you find in a junkyard.**

Margo laughs. Bill and Margo kiss.

バーディは部屋から出ていき、ドアを勢いよく閉める。ビルがスーツケースを持って部屋に入ってきて、それをドアの脇に置く。彼はまっすぐにマーゴの所へ進む。彼女は再び、化粧を落としている。

ビル ： 今から47分後には僕の飛行機が飛び立つってのに、君ときたらどうだい？ まだ支度はできていないし、廃品置き場みたいな格好をしている。

マーゴ ： どうもありがとう。

ビル ： これはサボタージュか？ 僕の仕事は、君にとって何の意味もないってのか？ 君には人としての思いやりはないのかね？

マーゴ ： 私に、人間らしさを見せてよ。そうすれば、私も人間らしさを身につけるかもしれないわよ。

カレン ： ビル。

ビル ： 航空会社には時間ってものがあるんだよ、君になくても。僕は来週の月曜から撮影を開始するんだ。ザナックがイライラしているんだよ。彼は、僕を望んでいる。僕を必要としているんだ。

カレン ： ビル。

マーゴ ： ザナック、ザナック、ザナックって！ あなたたち2人は一体何なの？ 恋人同士？

ビル ： ある意味においてだけね。君の方がきれいだ。

ビルはマーゴの脇で、片ひざを立てた状態でひざまずく。

マーゴ ： 私は廃品置き場よ。

カレンはイヴを紹介する。

カレン ： ビル。こちらはイヴ・ハリントンよ。

ビルはイヴの方をちらりと見て、それからマーゴの方を向いて褒める。

ビル ： （イヴに）やあ。（マーゴに）僕の麗しい廃品置き場。廃品置き場に見出す神秘であり、夢だ。

マーゴは笑う。ビルとマーゴはキスを交わす。

■ take off
ex. We are taking off shortly.（間もなく離陸いたします）

■ junkyard
まだ準備ができていない状態を比喩的に表現している。

■ sabotage
労働者が工場の設備を破壊したり、故意に生産を遅らせる行為。ここでは故意に出発の妨害をしている、との意。

■ mean nothing
ここでの mean は人にとって「（重要な）意味を持つ」との意。
ex. Money means everything to her.（彼女にとってお金がすべてである）

■ a human
ここでは a human touch（人情味、人間らしさ）のことで、touch を省略したもの。

■ Zanuck
= Darryl F. Zanuck（1902-79）
アメリカの映画脚本家、プロデューサー。プロデューサーとして『怒りの葡萄』(The Grapes of Wrath, 1940)、『わが谷は緑なりき』(How Green Was My Valley, 1941)、『紳士協定』(Gentleman's Agreement, 1947)などの作品を制作。

■ impatient
= unwilling to wait; not wanting to wait; fretful; intolerant

■ you
ここでの you は「あなた」ではなく一般の人を表す。

MARGO : Heaven help me. I love a psychotic.

Bill stands, takes a tissue and turns to Eve.

BILL : Hello. What's your name?
EVE : Eve, Eve Harrington.

Bill wipes his lips with a tissue as he walks toward Karen.

KAREN : You've already met.
BILL : Huh, where?
KAREN : Right here, just a minute ago.

Bill looks back at Eve, then throws the tissue into the waste basket.

BILL : That's nice.

Eve stands up, preparing to leave.

KAREN : You're not going, are you?
EVE : I think I'd better. It's been... I can hardly find the words to say how it's been.

Margo turns away from her mirror and requests Eve to stay.

MARGO : No, don't go.
EVE : The four of you must have so much to say to each other with Mr. Sampson leaving.

Margo stands and walks to Eve.

MARGO : No, stick around, please. Tell you what. We'll put Stanislavsky on his plane, you and I will then go somewhere and talk.

EVE : Well, if I'm not in the way...
MARGO : I won't be a minute.

Margo sits Eve back in her chair, then goes into the bathroom. Karen and Lloyd stand up to leave. Karen puts on her fur coat and extends a farewell to Margo who is taking a shower.

マーゴ ： 神様、お助けください。私は、精神異常者に首ったけです。

ビルは立ち上がり、ティッシュを1枚取ってイヴの方を振り向く。

ビル ： やあ。君の名前は？
イヴ ： イヴ、イヴ・ハリントンです。

ビルはカレンの方へ歩きながら、ティッシュで唇を拭う。

カレン ： あなたたちは、もう会ってるのよ。
ビル ： へぇ、どこで？
カレン ： ここでよ、ほんの少し前に。

ビルは振り返りイヴを見て、そしてティッシュをゴミ箱に投げ入れる。

ビル ： それは、よかった。

イヴは立ち上がり、帰る用意をする。

カレン ： 帰るんじゃないでしょうね？
イヴ ： おいとました方がいいと思って。今夜は…何て言ったらいいか言葉が見つかりません。

マーゴは鏡から顔をそむけて、イヴにいるように勧める。

マーゴ ： だめよ。行かないで。
イヴ ： 皆さん4人でお話しなさることがたくさんおありのはずです。サンプソンさんがお発ちになるのですから。

マーゴは立ち上がり、歩いてイヴに近づく。

マーゴ ： だめよ、ここで待っててちょうだい、お願いよ。そうだわ、こうしましょう。スタニスラフスキーを飛行機に乗せたら、あなたと私でどこかへ行って、お話ししましょうよ。
イヴ ： ええ、もしお邪魔でなければ…
マーゴ ： すぐ支度するわ。

マーゴはイヴを椅子に再び座らせ、それからバスルームへ入っていく。カレンとロイドは帰ろうと立ち上がる。カレンは毛皮のコートを着て、シャワーを浴びているマーゴに別れの言葉を伝える。

■ psychotic
= a person suffering from mental illness

■ waste basket
ほかに trash can、trash box などともする。「紙くずかご」は wastepaper basket、「台所用ゴミ箱」は garbage can。

■ prepare to…
ex. He put on his coat and prepared to go out.(彼は上着を着て、出ていこうとした)

■ I'd better
I had better のことで、日常会話においては had better がつづまって、本文中の例のように 'd better となったり、had が完全に脱落し、I better となることがある。

■ I can hardly…
ここでの hardly は can を伴って「とても～できない」の意を表す。

■ with Mr. Sampson leaving
ここでの with は、通例、後に補語を伴って「～した状態で、～して」の意を表す前置詞。
ex. He walked along the street, with Mary following behind.(彼は後ろにメアリーを従えて、通りを歩いていった)

■ stick around
= to stay or wait nearby

■ Tell you what.
「こうしよう、いい考えがある」
I'll tell you what. のことでアイデアなどを提案する際の表現。I'll tell what. とか I know what. ともする。

■ Stanislavsky
ロシアの俳優・演出家(1863-1938)。モスクワ芸術座の創設者で、俳優術の新しい法則スタニスラフスキー・システムを作り、演劇史上に大きな功績を残した。ここではマーゴが偉大な演出家だと思っているビルをこう呼んだもの。物理がよくできる人物のことを「アインシュタイン」と呼ぶのと同じ。

■ I won't be a minute
「1分とはかからない、すぐ済む」ということから、ここでは「すぐに支度する」ということ。

■ extend a farewell
extend は祝辞、謝意、別れなどを「述べる」の意。farewell は「別れの」の意。

KAREN : Lloyd, we've got to go. Good night, Margo. I'll call you tomorrow.

Margo calls from the shower.

MARGO : (v.o.) Not too early.

Karen walks to Bill. She gives Bill a kiss on the cheek.

KAREN : Good luck, genius.
BILL : Geniuses don't need good luck. I do.
LLOYD : I'm not worried about you.
BILL : Keep the thought.

Lloyd shakes hands with Bill. Karen goes to Eve to shake her hand and say farewell.

KAREN : Good night, Eve. I hope I see you again soon.
EVE : I'll be at the old stand tomorrow matinee.
KAREN : Not just that way. As a friend.
EVE : I'd like that.

Lloyd comes to say farewell to Eve, shaking her hand.

LLYOD : It's been a real pleasure, Eve.
EVE : I hope so, Mr. Richards. Good night.
LLOYD : Good night.

When Lloyd and Karen are about to leave the room, Eve thanks Karen.

EVE : Mrs. Richards? I'll never forget this night as long as I live. And I'll never forget you for making it possible.

Karen and Lloyd leave the dressing room, shutting the door behind them. Karen and Lloyd walk through the backstage to the exit.

KAREN : (v.o.) And I'll never forget you, Eve. Where were we going that night, Lloyd and I? Funny, the things you remember...and the things you don't.

カレン	：ロイド、私たち、行かなくちゃ。お休みなさい、マーゴ。私、明日電話するわね。

マーゴはシャワーを浴びながら声を上げる。

マーゴ	：（画面外）あまり早い時間はだめよ。

カレンはビルの方へ歩いていく。彼女はビルの頬にキスをする。

カレン	：幸運を祈るわ、天才さん。
ビル	：天才に幸運はいらないが、僕には必要だね。
ロイド	：君のことは心配してなんかいないよ。
ビル	：そう思っててくれ。

ロイドはビルと握手をする。カレンはイヴの方へ行き、彼女と握手を交わして別れを告げる。

カレン	：お休み、イヴ。またすぐ会えることを願ってるわ。
イヴ	：明日の昼公演でいつもの席にいます。
カレン	：そうじゃなくて。友だちとしてよ。
イヴ	：そうなれば嬉しいです。

ロイドがイヴに別れを言いにやってきて握手をする。

ロイド	：会えて本当によかったよ、イヴ。
イヴ	：そう願ってます、リチャーズさん。お休みなさい。
ロイド	：お休み。

ロイドとカレンが部屋を出ようとしていると、イヴがカレンに感謝の言葉を伝える。

イヴ	：リチャーズ夫人、今夜のことは生きている限りずっと忘れません。そして、あなたのおかげでこのような機会が得られたことも決して忘れません。

カレンとロイドは楽屋を出て、後ろ手にドアを閉める。カレンとロイドは舞台裏を通って出口へ行く。

カレン	：（画面外）そして私も、あなたのことは忘れないわよ、イヴ。あの晩、ロイドと私はどこへ行こうとしていたのかしら？ おかしなものね、覚えていることもあれば…覚えていないこともあるなんて。

■ We've got to go.
「行かなくちゃ、そろそろ行きます。もう失礼します」
いとまごいする際の表現の1つ。同様のものに I'm afraid I must run., I've got to be running., I'd better be off., I better get moving., Better be going., Better off., Time to go., Time to run. など多くある。

■ Good luck.
「幸運を祈る、頑張って」
Best of luck [to you], Good luck to you. ともする。

■ genius
次に出てくる geniuses は複数形。なお、「神童」は an infant genius。

■ Keep the thought
文字通りの訳「その考えを維持してくれ」から「そう思っていてくれ」。

■ say farewell
「別れを告げる」は、通例、He made his farewells and left.（彼は別れを告げて去って行った）のように make one's farewells とする。

■ Not just that way
「そういうふうじゃなく」という意で、ここでの way は「やり方、方法」のこと。
ex. That's the way to do it.（そういうふうにやるもんだよ）

■ It's been a real pleasure.
「会えて本当によかったよ」
出会った後で、別れる際のフォーマルな表現。同様のものに It was a pleasure meeting you., It is a pleasure to have met you., Nice meeting you., It was good to see you., Nice talking to you などがある。

■ make it possible
ここでの it はマーゴとの出会い。

■ funny
会話では Don't get funny with me.（俺様に生意気な態度をとるんじゃない）のように「横柄な、生意気な」の意でもよく使われる。

3

Margo's Attendant

INT. DRESSING ROOM - NIGHT - Bill is slouched in a cane chair smoking, while Eve sits up straight in a chair opposite.

EVE	: So you're going to Hollywood?
BILL	: Uh, huh. Why?
EVE	: I just wondered.
BILL	: Just wondered what?
EVE	: Why?
BILL	: Why what?
EVE	: Why you have to go out…there.
BILL	: I don't have to. I want to.
EVE	: Is it the money?
BILL	: Eighty percent of it'll go for taxes.
EVE	: Then why? Why, if you're the best and most successful young director in the theater...

Bill suddenly sits up tall to emphasize his response to Eve's questioning.

BILL	: The theater. The theater. What book of rules say the theater exists only within some ugly buildings crowded into one square mile of New York City? Or London, Paris or Vienna?

Bill stands and walks to Eve. Bill stands over Eve.

BILL	: Listen, Junior, and learn. Do you wanna know what the theater is? A flea circus. Also opera.

---

slouch 前かがみの姿勢で座る, 大義そうな態度をとる
cane chair 籐椅子
while 同時に, そして一方 ◐
sit up straight 姿勢を正しく座る

you're going to... ◐

go out 出かける

tax 税金 ◐

tall まっすぐに, 意気揚々と, 偉そうに, 得意になって ◐

ugly 醜い, 見苦しい
crowded 群がる, 寄り集まる
one square mile 1平方マイル ◐
Vienna ウィーン ◐

Junior 生意気な若者, 青二才, お嬢さん ◐
learn 学ぶ, 知る, 聞く
flea circus ノミのサーカス ◐
opera オペラ ◐

マーゴの付き人

TIME　00：21：30
☐☐☐☐☐☐☐

屋内−楽屋−夜−ビルはタバコを吸いながら、籐椅子に大儀そうに座っている。一方、向かい側の椅子にはイヴが背筋を伸ばして腰かけている。

イヴ	：では、あなたはハリウッドに行かれるんですね？
ビル	：ああ。なぜだい？
イヴ	：ただ、私はどうしてかなと思って。
ビル	：何を、どうしてかなと思ったのかね？
イヴ	：なぜ？
ビル	：なぜって、何が？
イヴ	：なぜあなたが行かなければいけないのか…そこへ。
ビル	：行く必要はない。僕が行きたいのさ。
イヴ	：お金ですか？
ビル	：儲けの80パーセントは、税金で持っていかれる。
イヴ	：だったら、なぜ？　なぜ、あなたは演劇界で最高の、そして一番成功しておられる若手の演出家なのに…

ビルはイヴの質問に対する自分の答えを強調するように、突然背筋を伸ばして座り直す。

ビル	：演劇界。演劇界って。どのルール・ブックに、劇場はニューヨーク市の1マイル四方の中にひしめき建っている醜悪な建物の中だけにしかないと書いてある？　あるいはロンドン、パリ、ウィーンの？

ビルは立ち上がり、イヴの方へ歩み寄る。ビルはイヴにおおいかぶさるように立つ。

ビル	：いいかね、お嬢さん、よく聞くんだ。君は演劇とは何であるか知りたいかね？　ノミのサーカスだよ。オペラでもある。

■ while
行為の類似や対応を表し、and とほぼ同意で使われる接続詞。

■ you're going to...
このように時を示す副詞（句）なしで用いられた場合は、ごく近い未来を指す。つまり soon ということが含意されている。

■ tax
「国税」は national/state/general taxes、「地方税」は local taxes、「直接税」は direct taxes、「間接税」は indirect taxes、「消費税」は consumption taxes、「物品税」は commodity taxes, the property taxes、「所得税」は income tax。

■ tall
ここでは straight や with proud bearing を意味する副詞。

■ one square mile
1マイルは5280フィート。ヤードでは1760ヤード、メートルでは1609メートル。

■ Vienna
オーストリア北東部の港市で首都。

■ Junior
年下に対する呼びかけとして使われる。

■ flea circus
サーカスの余興としてノミに小さな車を付けて引っ張らせたり、サーカス的な行為をやらせていた。アメリカでは1960年代まで行われていた。

■ opera
音楽を中心とする総合舞台芸術で、起源はギリシャ悲劇にさかのぼる。

Bill starts to walk around the room while giving his lecture.

BILL : Also rodeos, carnivals, ballets, Indian tribal dances, Punch and Judy, a one-man band - all theater.

Bill pushes open the wardrobe curtain to reveal costumes.

BILL : Wherever there's magic and make-believe and an audience, there's theater. Donald Duck, Ibsen and The Lone Ranger. Sarah Bernhardt and Poodles Hanneford. Lunt and Fontanne, Betty Grable. Rex the Wild Horse, Eleonora Duse - all theater. You don't understand them all. You don't like them all. Why should you? The theater's for everybody - you included - but not exclusively. So, don't approve or disapprove. It may not be your theater, but it's theater for somebody, somewhere.
EVE : I just asked a simple question.
BILL : And I shot my mouth off. Nothing personal, Junior. No offense.

Bill sits back down in the cane chair.

BILL : It's just that there's so much bushwa in this ivory greenroom they call the theater, sometimes it gets up around my chin.
EVE : But Hollywood. You mustn't stay out there.
BILL : It's only a one picture deal.
EVE : So few come back.
BILL : Yeah.
EVE : I read George Jean Nathan every week.
BILL : Also Addison DeWitt.
EVE : Every day.
BILL : You didn't have to tell me.

58

ビルは語りながら、部屋の中を歩き回り始める。

ビル ： ロデオも、カーニバルも、バレエも、インドの民族舞踊も、パンチとジュディも、ワンマンバンドも——すべて演劇だよ。

ビルがワードローブのカーテンを開けると、舞台衣装が見える。

ビル ： 魔法と作り事と観客がいる所なら、どこだって演劇なんだ。ドナルド・ダック、イプセンやローン・レンジャー。サラ・ベルナールやプードルズ・ハンフォードも。ラントとフォンタン、ベティ・グレイブルもだ。荒馬レックス、エレオノラ・ドゥーゼしかり——みんな演劇なんだよ。こういったものをわかっていない。これらの全部を好きなわけじゃない。その必要もないだろう？ 演劇は、みんなのものなんだ——君も含まれている——だが君1人のためのものじゃない。だから、認めるとか認めないとか、そういうことをしてはいけないんだ。君の好きな演劇じゃなくても、どこかにいる誰かのための演劇なんだよ。

イヴ ： 私はただ単純な質問をしただけです。

ビル ： ところで、僕はベラベラとしゃべり過ぎた。君を責めたわけじゃないんだよ、お嬢さん。気を悪くしないでくれ。

ビルは籐椅子にゆったりと座る。

ビル ： 連中が演劇と呼ぶこの象牙の楽屋には、くだらんことが多すぎてね。それに時々ウンザリしてしまうんだ。

イヴ ： でもハリウッドの件ですが。あの場所にずっといらしたままではだめです。

ビル ： 映画を1本撮るだけの契約だよ。

イヴ ： そう言って、ほとんどの人が戻ってこないんです。

ビル ： そうだな。

イヴ ： 私は、ジョージ・ジーン・ネイサンの評論を毎週読んでいます。

ビル ： アディソン・ドゥイットもね。

イヴ ： 毎日。

ビル ： 答えてもらう必要はなかったよ。

■ carnival
カトリック教国で四旬節の直前3日間の祝祭。四旬節にはキリストの断食苦行にならい肉食を断つので、その前にたらふく肉を食べ楽しく遊ぼうという行事。

■ Punch and Judy
せむしでカギ鼻の道化者パンチとその妻ジュディの悲劇的な事件を扱った操り人形劇。17世紀にイタリアからイギリスに渡来したもの。

■ one-man band
複数の楽器を1人で演奏する大道芸人。

■ Donald Duck
ウォルト・ディズニーのアニメーションに登場する水平服を着たアヒル。

■ Ibsen
= Henrik Ibsen (1828-1906)
ノルウェーの劇作家、詩人。近代劇の父と言われ、代表作は『人形の家』(1879)。

■ the Lone Ranger
G. W. Trendle が生み出した西部劇の主人公で、白馬 Silver に乗って活躍する。

■ Sarah Bernhardt
フランスの悲劇女優(1844-1923)で、『椿姫』、『トスカ』などを演じて世界的名声を博した。

■ Poodles Hanneford
Edwin Hanneford Jr.(1891-1967)のこと。イギリス生まれのサーカスのピエロで、アメリカ映画に出演した。

■ Lunt and Fontanne
Alfred Lunt(1892-1977)とその妻 Lynn Fontanne(1887-1983)のこと。舞台俳優であり、映画にも出演した。

■ Betty Grable
アメリカの人気ミュージカルダンサー(1916-73)で、30年代、40年代に多くのミュージカル映画に出演した。

■ Rex the Wild Horse
Rex the Wonder Horse とか King of the Wild Horse とも呼ばれた馬で、数々の映画に出演した。

■ Eleonora Duse
ジュリエット役などを得意としたイタリアの女優(1858-1924)。

■ ivory greenroom
楽屋が俗事や実際的な事柄から遠く離れていることをいったもの。

■ George Jean Nathan
アメリカの演劇批評家・編集者(1882-1958)。

Margo comes out of the bathroom in a dark gown, putting on an earring. Birdie follows her out. Bill stands up and puts out his cigarette.

MARGO : I understand it's the latest thing - one earring. If it isn't, it's going to be. I can't find the other one.

Margo searches in her handbag for the earring.

BILL : Throw that dreary letter away. It bores me.

MARGO : Where do you suppose it could be?
BIRDIE : It'll show up.
MARGO : Oh… I give up. Look in the wigs. Maybe it got caught in one.

Margo quickly brushes her hair.

BILL : Real diamonds in a wig. The world we live in.
MARGO : Where's my coat?
BIRDIE : Right where you left it.

Margo kneels down on the cane chair to pick up her fur coat lying on the floor. Bill notices Margo's stocking seams.

BILL : The seams.

Margo straightens her stocking.

MARGO : He can't take his eyes off my legs.
BILL : Like a nylon lemon peel.
MARGO : Byron couldn't have said it more graciously. Here we go.

Eve and Margo leave the room. Bill puts his arm around Birdie to say farewell.

BILL : Got any messages? What do you want me to tell Tyrone Power?

マーゴがイヤリングを着けながら、暗い色のガウンを着てバスルームから出てくる。バーディが彼女の後に続いて出る。ビルは立ち上がり、タバコを消す。

マーゴ ： これが最新の流行だわ――片方だけのイヤリングがね。そうじゃなくても、やがてそうなるわ。もう片方が見つからないのよ。

マーゴはイヤリングを見つけようと、ハンドバッグの中を探す。

ビル ： そんなおぞましい手紙は捨ててくれ。うんざりさせられるよ。
マーゴ ： それ、どこにあると思う？
バーディ ： そのうちに出てくるわよ。
マーゴ ： もう…お手上げ。かつらの中を見てくれる。どれかの中に引っかかっているかもしれないから。

マーゴは素早く髪をブラシでとかす。

ビル ： 本物のダイヤモンドがかつらの中にか。それこそ、僕たちの住む世界だな。
マーゴ ： 私のコートはどこ？
バーディ ： あなたが脱ぎ捨てた所ですよ。

マーゴは藤椅子に両ひざをついて、床に落ちている毛皮のコートを拾う。ビルはマーゴのストッキングのしわに気づく。

ビル ： しわが。

マーゴはストッキングをきちんと履きなおす。

マーゴ ： 彼ったら、私の脚から目が離せないのよ。
ビル ： ナイロンのレモン皮のごとくに。
マーゴ ： バイロンだって、それより優雅に表現することはできないわ。さあ、行きましょう。

イヴとマーゴは部屋を出る。ビルはバーディに腕を回して別れの言葉を告げる。

ビル ： 何か言伝はあるかい？　タイロン・パワーに伝えてもらいたいことは？

■ **latest**
= most recent; most modern or current
ex. She wears the latest fashions.（彼女は最新の流行を着ている）

■ **if it isn't**
次に the latest thing があるものと考える。

■ **dreary**
= gloomy; boring; depressive; dismal; joyless; melancholy; sad; sorrowful; wretched

■ **show up**
ex. He waited for hours, but she never showed up.（彼は何時間も待ったが、彼女は現れなかった）

■ **wig**
男性用の部分的なかつらは toupee。部分的、また美容上のかつらは hairpiece で、「ヘアピース、つけ毛」ともいう。なおこちらは、男女共に用いられる。

■ **straighten**
ex. He straightened his tie.（彼はネクタイを直した）

■ **take one's eyes off…**
この表現は、通例、否定文で用いられる。
ex. He could not take his eyes off her.（彼は彼女から目を離すことができなかった）

■ **Byron**
= George Gordon Byron（1788-1824）英国ロマン派の詩人。『チャイルド・ハロルドの巡歴』（*Child Harold's Pilgrimage*, 1812）によって名声を獲得し、社会の寵児となったが、異母姉オーガスタとの醜聞でイギリスを追われ、1816年にイタリアへ渡った。ほかの代表作に『ドン・ジュアン』（*Don Juan*、1819-24）などがある。

■ **Tyrone Power**
= Tyrone Edmund Power, Jr.（1914-58）アメリカのハリウッドスターのことで、『剃刀の刃』（*The Razor's Edge*, 1946）や『愛情物語』（*The Eddie Duchin Story*, 1956）などに出演した。

BIRDIE : Just give him my phone number. I'll tell him myself.

Bill and Birdie kiss each other.

BIRDIE : Kill the people.

kill 圧倒させる

Margo waits at the door to say farewell to Birdie.

BIRDIE : You got your key?
MARGO : See you at home.

Birdie closes the dressing room door behind Margo.

INT. AIRPORT TERMINAL LUGGAGE CHECK-IN COUNTER - NIGHT - Margo places a large suitcase on the counter while Eve and Bill accompany her.

accompany 同行する, 同伴する ❹

EVE : I have a suggestion. There's really not very much time left. I mean, you haven't had a minute alone yet. And, well I could take care of everything here and meet you at the gate with the ticket...if you'd like.
BILL : I think we'd like very much. Sure you won't mind?
EVE : Of course not.

suggestion 提案, 忠告 ❹
I mean つまり, その ❹
take care of... ～の世話をする, ～の面倒をみる ❹

you won't mind ❹

Bill takes the plane ticket from his jacket pocket and gives it to Eve. Bill and Margo walk away, leaving Eve at the check-in counter. The two walk along a corridor in the terminal.

BILL : She's quite a girl, this what's-her-name.

quite a girl 大した女の子, なかなかの娘 ❹
what's-her-name 何とかいう人 ❹

MARGO : Eve. I'd forgotten they grew that way.

BILL : That lack of pretense, that sort of strange directness and understanding.
MARGO : Did she tell you about the theater and what it meant?
BILL : No, I told her. I sounded off.

lack of... ～がない, ～が欠けて
pretense 見せかけ, ふり, ごまかし, てらい, 見せびらかし
that sort...directness ❹

sound off ずけずけ言う, まくしたてる, ほらを吹く ❹

62

All About Eve

バーディ ： 彼に私の電話番号を渡してくれるだけでいいわ。彼には自分で話しますから。

ビルとバーディは、互いにキスを交わす。

バーディ ： 連中をギャフンと言わせてきて。

マーゴはバーディにさよならを言おうと、ドアの所で待っている。

バーディ ： 鍵は持らました？
マーゴ ： 家で会いましょう。

バーディはマーゴが出ていってから、楽屋のドアを閉める。

屋内 − 空港ターミナルの手荷物チェックイン・カウンター − 夜 − イヴとビルがマーゴに付き添っている間、彼女は大きいスーツケースをカウンターの上に置く。

イヴ ： 私に提案があるのですが。実際、もうほとんど時間がありません。つまり、まだお2人きりの時間も取っていらっしゃいません。だから、その、私がここの手続きをすべて済ませて、チケットを持ってゲートの所で合流しますけど…もしよかったら。

ビル ： そうしてもらえるととても嬉しいけど。本当にそれで構わないのかね？

イヴ ： もちろん構いませんわ。

ビルは飛行機のチケットを上着のポケットから出して、それをイヴに渡す。ビルとマーゴは、イヴをチェックイン・カウンターに残して歩き去る。2人はターミナルの中の通路を歩いている。

ビル ： 彼女はできた娘だな、あの何とかという名前の娘は。

マーゴ ： イヴよ。若い娘たちが、あんなふうに成長するなんて忘れてたわ。

ビル ： あの控え目なところ、あのびっくりする率直さと理解力。

マーゴ ： 彼女、あなたに演劇について話した？ 演劇が意味するものは何かを？

ビル ： いいや。僕が彼女に話してやった。まくしたててしまったよ。

■ accompany
= to go with somebody; escort
ex. I accompanied her to the party.（私は彼女に同行してパーティへ行った）

■ suggestion
「提案する」は make/put forward/offer a suggestion。「提案を拒否する」は reject/turn down a suggestion。「提案を認める」は accept a suggestion。

■ I mean
この意味では挿入的に用いられる。

■ take care of…
ex. She takes good care of her baby.（彼女は赤ん坊の世話をよくしている）

■ you won't mind
ここでの mind は「気にする、心配する、構う、嫌う」の意。この場合は、通例、否定文、疑問文、条件文で使われ、進行形は不可。

■ quite a girl
quite a/an + 名詞で「なかなかの〜、並外れた〜」を意味する。なお、この場合には quite と冠詞の位置を交換することはできない。

■ what's-her-name
この場合は女性のこと。男性については what's-his-name。

■ pretense
「てらい」とは「ひけらかすこと」。そこで、lack of pretence は「ひけらかすことがない」との意から「控え目」との意になる。

■ that sort of strange directness
文字通りの訳「ああいった類の不思議な率直さ」とは、彼女が人前で見せている驚くほどの率直さのこと。そこから本文中のような訳となる。なお、directness は「素直さ、率直さ」を意味する。

■ sound off
ex. He has sounded off about his car.（彼は車のことを自慢した）

63

MARGO : All the religions in the world rolled into one, and we're gods and goddesses. Isn't it silly? Suddenly I've developed a big, protective feeling toward her. A lamb loose in our big, stone jungle.

Bill tosses his cigarette to the ground, takes hold of Margo by her jacket and pulls her close.

MARGO : Take care of yourself out there.
BILL : I understand they have the Indians pretty well in hand.
MARGO : Bill, don't get stuck on some glamour puss.
BILL : I'll try.
MARGO : You're not much of a bargain, you know. You're conceited, and thoughtless and messy.
BILL : Everybody can't be Gregory Peck.
MARGO : You're a setup for some gorgeous, wide-eyed young babe.
BILL : How childish you gonna get before you stop it?
MARGO : I don't wanna be childish. I'd settle for a few years.
BILL : And cut that out right now.
MARGO : Am I going to lose you, Bill? Am I?
BILL : As of this moment, you're six years old.

Bill and Margo almost kiss before they are interrupted by Eve, calling to them.

EVE : All ready.

Margo seems upset that she couldn't give a farewell kiss. The three walk to the departure gate. Bill gives his ticket to the attendant.

64

マーゴ	: 世界中の宗教が1つに集まったもの。そして私たちは神と女神なのよ。おかしいと思わない？突然、私の中に、大きな、彼女を守ってあげたいっていう気持ちが芽生えてきたの。この大きな石造りのジャングルに迷い込んできた1匹の子羊をね。

ビルは吸っていたタバコを床に捨てて、マーゴの上着をつかみ、近くに引き寄せる。

マーゴ	: 向こうでは気をつけてね。
ビル	: 連中だって、インディアンはちゃんと手なずけてると思うよ。
マーゴ	: ビル、グラマーな若い娘に引っかかっちゃだめよ。
ビル	: 努力しよう。
マーゴ	: あなたには本当に手を焼くわ、わかってるでしょうけど。うぬぼれ屋で、軽率でだらしがないんだから。
ビル	: みんながグレゴリー・ペックのようになれるわけじゃない。
マーゴ	: あなたはゴージャスな大きな眼をした若い娘にとってはいいカモなんだから。
ビル	: どこまで子どもじみたら、そんな話をやめるんだい？
マーゴ	: 子どもっぽくなるのはごめんだわ。数年で手をうつわよ。
ビル	: じゃあ、今すぐやめろよ。
マーゴ	: ビル、私、あなたを失っちゃうの？ そうなの？
ビル	: 今この瞬間、君は6歳の子どもだよ。

ビルとマーゴはキスを交わす寸前までいくが、声をかけてくるイヴに邪魔される。

イヴ	: すべて準備できました。

マーゴは別れのキスができなかったので、がっかりしているようである。3人は出発ゲートへ歩いていく。ビルは自分のチケットを、係員に渡す。

■ lamb
lamb は無邪気さや傷つきやすさの象徴でもあり、「おとなしい人、愛すべき人、だまされやすい人」などの意味がある。

■ stone jungle
ここでは大都会のこと。なお、jungle とは、しばしば食うか食われるかの社会、弱肉強食の社会をいう。

■ take hold of Margo by her jacket
take hold of... は「～をつかむ」。反対に「～を放す」は leave hold of...。

■ Take care of yourself.
「お体を大切に、体には気をつけてください」
「くれぐれも」とした場合は Take good care of yourself.。

■ pretty well
ここでの pretty は very とか quite の意。この意味では、通例、肯定文で使われる。

■ in hand
have...in hand で「～を掌握する、管理下に置く」の意。

■ glamour
glamorous の意で、glamor ともつづる。

■ not much of a bargain
ここでの bargain は「手のかからない人、当たりの良い人」を意味する口語の用法。また not much of...（大した～ではない）の意。

■ thoughtless
ここでの -less は名詞について「～のない」という意味の形容詞を作る接尾辞。

■ Gregory Peck
1962年、『アラバマ物語』(To Kill a Mockingbird)でアカデミー賞主演男優賞を受賞。『紳士協定』(Gentleman's Agreement, 1947)、『ローマの休日』(Roman Holiday, 1953)など多数の作品で正義感溢れる役柄を演じている。ここでは干モダということ。

■ wide-eyed
この語には「無邪気な、だまされやすい、純真な」などの意味もある。

■ settle for...
ほかに選択肢がないという理由で、「～をしかたなく受け入れる」の意。

■ as of
後ろに時を表す表現を伴い「～の時点で」あるいは「～より以後は」、つまり as from の意味で用いる。

EXT. AIRCRAFT APRON - NIGHT - The three walk out onto the apron where an airplane's engines are starting up.

BILL : Thanks for your help. Good luck.
EVE : Goodbye, Mr. Sampson.
BILL : Knit me a muffler?
MARGO : Call me when you get in.

Bill and Margo hug and give each other a deep kiss. Bill walks off to the plane.

BILL : (v.o.) (to Eve) **Hey, Junior!**

Bill stands on the apron with the airplane behind him.

BILL : Keep your eye on her. Don't let her get lonely. She's a loose lamb in a jungle.
EVE : Don't worry.

Bill walks to the trap to board the airplane. Eve and Margo walk back into the terminal.

MARGO : (v.o.) **That same night, we sent for Eve's things...her few pitiful possessions. She moved into the little guest room on the top floor.**

INT. MARGO'S HOUSE - NIGHT - Margo is slouched on a sofa reading, while Eve stands nearby holding some reading matter from Margo. Birdie carries in a meal tray. The phone rings. Both Eve and Birdie walk to the phone, which Eve picks up and answers.

MARGO : (v.o.) **The next three weeks were out of a fairy tale, and I was Cinderella in the last act. Eve became my sister, lawyer, mother, friend, psychiatrist and cop. The honeymoon was on.**

Margo begins her meal. Margo slouches back on the sofa and takes a large bite from a leg of roast turkey.

屋外－駐車場－夜－3人は駐機場へと出ていく。そこでは飛行機のエンジンが始動している。

ビル ：手伝ってくれて、ありがとう。幸運を。
イヴ ：さようなら、サンプソンさん。
ビル ：僕にマフラーを編んでくれる？
マーゴ ：着いたら電話ちょうだい。

ビルとマーゴはハグし、互いにディープキスをする。ビルは飛行機に向かって立ち去っていく。

ビル ：（画面外）（イヴに）なぁ、お嬢さん。

ビルは飛行機を背にして駐機場に立っている。

ビル ：彼女の面倒を頼む。寂しい思いをさせないでくれ。彼女はジャングルの迷える子羊だから。
イヴ ：ご心配なく。

ビルは搭乗しようとタラップへ向かう。イヴとマーゴは歩いて、ターミナルの中へ戻る。

マーゴ ：（画面外）その日の夜に、私たちはイヴの身の回りの物を持ってこさせた…数少ない、みじめな所持品を。彼女は、最上階の小じんまりとしたゲストルームに引っ越した。

屋内－マーゴの家－夜－マーゴはだらしなくソファに座って読書をしている。その傍らでイヴが、マーゴから渡された何か読み物を持って立っている。バーディが料理を盛ったトレーを運んでくる。電話が鳴る。イヴとバーディの2人が電話へ向かう。イヴが受話器を取り、電話に出る。

マーゴ ：（画面外）それからの3週間は、おとぎ話から抜け出たようなものだった。そして私は、最終幕のシンデレラだった。イヴは私にとっての妹、弁護士、母親、友人、精神科医、そして警官だった。蜜月は続いていた。

マーゴは食事を取り始める。ソファの背に寄り掛かって、ロースト・ターキーの足を一口ほお張る。

■ apron
空港の駐機場。ターミナル地域に隣接する舗装してある場所のこと。

■ knit
本文では「S + V + O + O」の文型で用いられている。Knit me a muffler. は Knit a muffler for me. との言い換えが可能。

■ with the airplane behind him
この with は後ろに名詞＋補語を伴い付帯状況を表す役割を果たしている。
ex. He spoke with a pipe in his mouth.
（彼はパイプを口にくわえながら話した）

■ board
飛行機、船、列車、バスなど大型の乗り物に乗り込む場合「get on + 乗り物」とか「get on board + 乗り物」などが使われる。車やタクシーなど小型の乗り物は get in, get into。なお、交通機関に「乗っていく」場合は一般には take を使う。交通手段を強調するときは go by train, come by taxi, arrive by plane のように表現する。

■ pitiful
質量においてみすぼらしい様子を表す。ここでは彼女の所持品が質および量においてみすぼらしい、貧弱であるといったもの。

■ possession
ex. She packed all her possessions into a single trunk.（彼女は持ち物をすべて1つのトランクに詰め込んだ）

■ fairy tale
fairy tale が非現実的な話であることから、out of a fairy tale で「おとぎ話から抜け出た、夢のような」ほどの意。

■ Cinderella
ペローおよびグリムの童話の主人公で、継母に虐待されていた少女が、妖精の助けを得て、最後には王子と結婚し、幸せになる。ここでは「とても幸せな人物」という意で使われたもの。

■ honeymoon
ここでは新しい関係が開始してすべてがうまくいっている時期のこと。

■ on
ここでは従事、状態について用いて、物事が「行われて、進行して、続いて」を意味する形容詞。

67

INT. THEATER - NIGHT - *The stage curtain rises to reveal the characters from a play which just finished. The audience applauds. The characters take a bow. Eve looks on from backstage. The curtain falls and some characters come off stage. The curtain rises again, but only Margo and a male character remain bowing. The curtain falls, then rises quickly, catching Margo unaware and looking away. She turns and curtsies graciously. The STAGE MANAGER stands off-stage watching Margo. Margo walks off stage.*

STAGE MANAGER : One more?
MARGO : From now on it isn't applause, just something to do till the aisles get cleared. (to Eve) **What, again?**

Eve begins to cry.

EVE : God, watch you play that last scene a thousand times, cry every time.

Margo begins to remove her costume.

MARGO : Performance number one thousand of this one, if I play it that long, will take place in a well-padded booby hatch.

Eve unhooks the back of Margo's dress.

EVE : I must say, you can certainly tell Mr. Sampson's been gone a month.
MARGO : You certainly can. Especially if you're me between now and tomorrow morning.

Eve and Margo walk to the dressing room. Birdie is in the dressing room adjusting the radio.

MARGO : You bought the new girdles a size smaller. I can feel it.
BIRDIE : Something maybe grew a size larger.

Birdie helps unfasten the dress. Margo removes her wig and puts in on the stand.

---

reveal 現す, 見せる

take a bow お辞儀をする, 進み出る ⊙
look on 見物する, 傍観する
remain bowing ⊙
catching Margo...away ⊙
look away 目をそらす, よそ見をする
curtsy ひざを曲げてお辞儀をする
graciously 丁重に, 礼儀正しく, 優雅に

from now on 今からは, これからは
aisle 通路

that long ⊙
take place （出来事が）行われる, 起こる ⊙
well-padded booby hatch ⊙
unhook （衣服などの）ホックを外す

I must say 全く, 本当に, 本当のところ ⊙

adjust 調整する ⊙

unfasten 取り外す, 外す, ほどく ⊙

屋内 − 劇場 − 夜 − ステージ・カーテンが上がり、ちょうど終わったばかりの舞台に出演していた登場人物たちが姿を現す。観客が喝采を送る。登場人物たちはお辞儀をする。イヴが舞台裏から見ている。カーテンが下がり、何人かの登場人物が舞台袖にはける。カーテンが再び上がるが、マーゴと男優1人だけがお辞儀を続けている。カーテンが下がり、またさっと上がる。するとそれに気がつかないでよそを見ているマーゴの姿が見える。彼女は振り向いて、うやうやしく挨拶をする。舞台監督が舞台袖に立ってマーゴを注視している。マーゴが、舞台袖に出てくる。

舞台監督 ： もう一度？
マーゴ ： ここからは喝采じゃないわ。通路が空くまでの時間稼ぎよ。（イヴに）何よ、また？

イヴは泣き始める。

イヴ ： だって、あなたが演じるあの最後の場面は千回観ても、その度に泣いてしまいます。

マーゴは衣裳を脱ぎ始める。

マーゴ ： この芝居の千回目だけど、もし私がそんなに長く演じるとしたら、精神病院の病室で上演する羽目になっちゃうわ。

イヴはマーゴのドレスの背中のホックを外す。

イヴ ： ほんと、サンプソンさんが行かれてからもうひと月になりますわね。
マーゴ ： そうね。特にもしあなたが私だったら、今から明日の朝までずっとそのことを考えるでしょうね。

イヴとマーゴは楽屋へ歩いていく。バーディが楽屋でラジオのダイヤルを合わせている。

マーゴ ： あなた、ワンサイズ小さい新しいガードルを買ったでしょ。着るとわかるわ。
バーディ ： 何かがワンサイズ大きくなったのかもね。

バーディはドレスを脱ぐのを手伝う。マーゴはかつらを外してスタンドに置く。

■ take a bow
拍手、喝采、称賛に対して応えて立ち上がったり、会釈すること。

■ remain bowing
ここでの remain は後ろに -ing 形を伴い「〜したままでいる」の意。
ex. She remained standing there.（彼女はそこに立ったままでいた）

■ catching Margo…away
この用例の catch は後ろに目的語＋補語を伴い「(人)が〜しているところを見つける、とらえる」の意。この場合、補語は unaware and looking away（気づかずによそ見をしている）。

■ that long
ここでの that は「そんなに」の意で形容詞や副詞が表す数量・程度を限定している。
ex. I can't walk that far.（そんなに遠くには歩けない）

■ take place
ex. Where did the accident take place?（その事故はどこで起こったんだい？）

■ well-padded booby hatch
booby hatch は米俗語で「精神病院」。1851年に精神病院が建てられた英国の Barnet 近くの村 Colney Hatch に由来する。well-padded はソファーや家具に十分に詰め物がされている状態をいい、特にここでは精神病院の病室の壁に患者の安全のためクッションを張っている状況を意味している。

■ I must say
文頭、文中、文尾のいずれにおいても使われる。

■ adjust
（機械などを）調節、調整すること。ここでは、ダイヤルや音量などを調節すること。
ex. He adjusted the volume of music coming from the radio.（彼はラジオの音楽の音を調節した）

■ unfasten
ex. He unfastened the buttons of his shirt.（彼はシャツのボタンを外した）

MARGO	: We get home, you can get into one of those girdles and act for two and a half hours.	
BIRDIE	: I couldn't get into the girdle in two and a half hours.	

Margo laughs at Birdie's comment, and she and Birdie disappear to change Margo's dress.

EVE	: You haven't noticed my latest bit of interior decorating.	
MARGO	: (v.o.) But you've done so much. What's new?	What's new ↩
EVE	: The curtains. I made them myself.	

Margo returns wearing a dressing gown, her hair taped down after removing her wig. Birdie puts Margo's dress beside Eve.

MARGO	: They're lovely. Aren't they lovely, Birdie?	
BIRDIE	: Adorable. We now got everything a dressing room needs except a basketball hoop.	adorable とてもかわいい, 愛らしい ↩ basketball hoop バスケットボールのゴール(リング)
MARGO	: Just because you can't even work a zipper! It was very thoughtful of you, Eve. I appreciate it.	work a zipper ↩ I appreciate it ↩

Eve picks up the dress, offering to take it to the wardrobe department.

EVE	: While you are cleaning up, I'll just take this to the wardrobe mistress.	clean up 片付ける, きれいにする, 身なりをさっぱりする mistress ↩
MARGO	: Oh, don't bother. Mrs. Brown will be along in a minute.	bother 手間をかけて〜する, わざわざ〜する ↩ along 一緒に, 同伴して ↩
EVE	: No trouble at all.	

Eve leaves the room with Margo's dress. Margo looks in the mirror to remove her makeup.

BIRDIE	: May I be so bold as to say something? Have you ever heard of the word "union"?	May I...something ↩
MARGO	: Behind in your dues? How much?	Behind in your dues ↩ slave labor (集合的) 奴隷的労働(者)
BIRDIE	: I haven't got a union. I'm slave labor.	
MARGO	: Well?	well ほう, それで ↩

70

マーゴ　　　：家に帰ったら、そのガードルを身に着けて2時間半演じてみるといいわ。

バーディ　：私だったら2時間半かかっても、そのガードルは履けませんよ。

マーゴはバーディの言葉に笑う。そして彼女とバーディは、マーゴのドレスの着替えのために姿を消す。

イヴ　　　：また最近、少しインテリアの模様替えをしたんですけど気がついていませんね。

マーゴ　　　：（画面外）だって、しょっちゅうやってるんだもの。今度は何？

イヴ　　　：カーテンです。私が自分で縫いました。

マーゴがドレッシング・ガウンを着て戻ってくる。かつらを外した後の彼女の髪はテープで留められている。バーディはマーゴのドレスをイヴのそばに置く。

マーゴ　　　：素敵ね。それ、素敵じゃない、バーディ？

バーディ　：かわいらしいわ。これで楽屋に必要なものは、バスケットボールのゴール以外はすべて揃ったわね。

マーゴ　　　：それもこれも、あなたがチャックさえまともに扱えないからよ！　気遣いが行き届いてるわ、イヴ。感謝してるわよ。

イヴはドレスを手に取り、衣裳部までそれを返しに行くと申し出る。

イヴ　　　：化粧を落としておられる間に、私がこのドレスを衣裳係まで返しに行ってきます。

マーゴ　　　：あら、わざわざそんなことする必要はないわ。ブラウンさんが、すぐに取りに来てくれるから。

イヴ　　　：手間でも何でもありません。

イヴはマーゴのドレスを持って部屋を出る。マーゴは化粧を落とすために鏡をのぞき込んでいる。

バーディ　：ちょっと言わせてもらってよろしいかしら？　「組合」って言葉を今までに聞いたことがありますか？

マーゴ　　　：組合費を滞納してるの？　いくら？

バーディ　：私は組合には加入していません。奴隷ですから。

マーゴ　　　：それで？

■ What's new?
「新しいのは何？、何が新しいの？」
この表現は「何か変わったことはあるかい？」とか「やあ、どうだい？」といった意味で日常的な挨拶としてもよく使われる。

■ adorable
= cute; lovable; attractive; captivating; charming; pleasing

■ work a zipper
ここでの work は他動詞で「～を操作する、扱う」の意味。

■ I appreciate it.
「感謝する、ありがとう」
ここでの appreciate は to be thankful for something の意。

■ mistress
権威のある女性のこと。女支配者、施設などの女主人、管理者。
ex. the mistress of a house（一家の主婦）

■ bother
この意味では、通例、否定文で使われる。
ex. Don't bother to answer this letter.（この手紙に返事を書く必要はありません）

■ along
be along = join
ex. I will be along (= I will join you) in a few minutes.（数分で合流します）

■ May I be so…to say something?
so...as to do で「～するほどに～」の用法。
ex. I'm not so stupid as to believe that.（私はそれを信じるほどばかじゃない）

■ Behind in your dues
due は通例、複数形で「手数料、使用料、組合費、会費」を意味する。behind はしばしば in を伴って「～において遅れている」状況を表す。

■ well
ここでは予期、期待などを表して使われた間投詞。会話を続けたり、言葉を切り出したり、単に間を置いて「さて、ところで、ええと」などの意でも頻繁に使われる。

BIRDIE : But the wardrobe women have got one and, next to a tenor, a wardrobe woman is the touchiest thing in show business.

MARGO : Oh, oh.

BIRDIE : She's got two things to do: carry clothes and press 'em wrong. And don't let anybody try to muscle in.

Margo stands to walk out of the room. Margo goes backstage where she finds Eve posing in front of a large mirror, holding Margo's dress in front of her to imagine how it would look on her.

MARGO : Eve.

Eve is startled.

MARGO : We'd better let Mrs. Brown pick up the wardrobe.

Eve carries the dress carefully.

バーディ	：	でも、衣裳係の女性は加入していますよ。それに芸能界でテノール歌手の次に扱いにくいのは、衣裳係なんですからね。
マーゴ	：	あらあら。
バーディ	：	衣裳係の仕事は2つ。衣裳を運搬することと、衣裳にいい加減なアイロンがけをすることです。そしてほかの誰にも割り込ませないんですよ。

マーゴは立ち上がって、部屋から出ていく。マーゴが舞台裏へ行くと、イヴがマーゴのドレスを抱えて身体にあて、どのように見えるか大きな鏡に映してポーズを取っているのを目撃する。

マーゴ	：	イヴ。

イヴはびっくりする。

マーゴ	：	衣裳はブラウンさんに取りに来させた方がいいみたいよ。

イヴは注意深くドレスを運ぶ。

■ one
前出の名詞の繰り返しを避けるために用いられている代名詞。ここでは a union の代わり。

■ touchiest
形容詞 touchy の最上級。

■ wrong
ここでは副詞で、くだけた口語的な言い方。通例、文尾位に置かれる。
ex. You did it wrong.(君、やり方が間違っていたよ)
ex. She pronounced the word wrong.(彼女はその言葉の発音を間違えた)

■ pick up
ex. I forgot to pick up my bags at the airport.(私は空港で荷物を受け取るのを忘れた)

4

Smell of Disaster

INT. MARGO'S HOUSE / BEDROOM - NIGHT - The telephone rings at 3:00AM. Margo sleepily reaches for the phone and talks with an OPERATOR.

MARGO : Hello.
OPERATOR: We are ready with your call to Beverly Hills.
MARGO : Call? What call?
OPERATOR: Is this Templeton eight-nine-nine-seven-oh? Miss Margo Channing?
MARGO : Yes, it is, but I don't understand.
OPERATOR: We are ready with the call you placed for twelve midnight, California time, to Mr. William Sampson from Beverly Hills.

MARGO : I placed?
OPERATOR: Go ahead, please.

Bill begins talking in a cheerful voice, while Margo seems to be bewildered.

BILL : Margo, what a wonderful surprise. What a thoughtful, ever lovin' thing to do.

MARGO : Bill. Have I gone crazy, Bill?
BILL : You're my girl, aren't you?
MARGO : That I am.
BILL : Then you're crazy.
MARGO : When are you coming back?
BILL : I leave in a week. The picture's all wrapped up. We previewed last night.

Bill lies in his bed.

Beverly Hills ビバリーヒルズ

place （通話を）交換手に申し込む
California time カリフォルニア時間

Go ahead

bewilder 当惑させる, うろたえさせる

That I am

picture 映画
wrap up... 〜を終える, 仕上げる
preview 試写を見る, 試写を見せる, 内覧する

惨事のにおい

TIME　00 : 31 : 26

□□□□□□

屋内 - マーゴの家／寝室 - 夜 - 午前3時に電話が鳴る。マーゴは眠そうに腕を伸ばして受話器を取り、オペレーターと話す。

マーゴ　　　：もしもし。
オペレーター：ビバリーヒルズへのあなた様の回線の準備が整いました。
マーゴ　　　：電話？　何の電話？
オペレーター：そちらはテンプルトン89970の、マーゴ・チャニングさんですね？
マーゴ　　　：ええ、そうですけど、何のことだかわからないわ。
オペレーター：あなた様が申し込まれた、カリフォルニア時間の午前0時にビバリー・ヒルズのウィリアム・サンプソンヘ様の電話をおつなぎする手筈が整いましたので。
マーゴ　　　：私が申し込んだ？
オペレーター：どうぞ、お話しください。

ビルは元気な声で話し始める。一方、マーゴは困惑しているように見える。

ビル　　：マーゴ、何て素晴らしいサプライズなんだ。何て思いやりのある、かわいいことをやってくれる。
マーゴ　：ビル。私、頭が変になっちゃったのかしら、ビル？
ビル　　：君は僕の恋人だよね、そうだろう？
マーゴ　：ええ、そうよ。
ビル　　：それじゃあ、君はイカれてるよ。
マーゴ　：いつ帰ってくるの？
ビル　　：1週間後に発つ。映画は完成したよ。昨夜、試写会があった。

ビルはベッドで横になっている。

■ **Beverly Hills**
カリフォルニア州ロサンゼルス西部のハリウッドに接する都市で、高級住宅地として有名。

■ **place**
動詞のplaceは、「置く」「配列する」などさまざまな意味をもち、ここでは「申し込む、注文する」の意。

■ **California time**
アメリカ国内には時差がある。西海岸と東海岸で3時間の時差があり、東海岸が3時間進んでいる。

■ **Go ahead.**
「どうぞ」
相手に許諾を与える際の表現。強めるときはGo right ahead.とする。

■ **That I am**
ここでのthatはYou're my girl, aren't you.を受けてmy girl、つまりマーゴから見た場合のyour girlを指し、前出の述語を強調して反復する働きをする。
ex. "Will she come?" "That she will."（「彼女、来ますかね？」「来ますとも」）
ex. "Will you take this to her?" "That I will."（「これを彼女に持って行ってくれないか？」「うん、いいよ」）

■ **picture**
= motion picture; film; movie

■ **wrap up...**
wrap upは「(活動や仕事など)を終わらせる」を意味する口語で、映画やテレビ制作の最後でLet's wrap it up, folks!（みんな、クランクアップだ！）のように頻繁に用いられる。

■ **preview**
映画や演劇など、一般公開に先立って行われる試写、内見、内覧など。

75

BILL : Oh, those previews. Like opening out of town, but terrifying. There's nothing you can do. You're trapped. You're in a tin can.

MARGO : In a tin can, cellophane or wrapped in a Navajo blanket, I want you home.

BILL : You in a hurry?

MARGO : I'm in a big hurry. So be quick about it. Goodbye, darling. Sleep tight.

BILL : Hey, hey wait a minute. You can't hang up yet. You haven't even said it.

MARGO : Oh, now Bill. You know how much I do, but over a phone... Now, really. That's kids' stuff.

BILL : Kids' stuff or not. It doesn't happen every day and I wanna hear it. And if you won't say it, you can sing it.

MARGO : Sing it?

BILL : Sure, like the Western Union boys used to do.

MARGO : Bill... It's your birthday.

BILL : And who remembered it? Who was there on the dot at twelve midnight?

MARGO : Happy birthday, darling.

BILL : The reading could've been better, but you said it. Now, "many happy returns of the day."

MARGO : Many happy returns of the day.

BILL : I get a party, don't I?

MARGO : Of course. Birthday and coming home. Who will I ask?

BILL : It's no secret. I know all about the party. Eve wrote me.

MARGO : She did?

ビル	:	ああ、全くああいった試写会ってやつは。市外でのオープニングみたいだが、恐ろしいよ。自分にできることは、何もないんだから。手も足も出せない。まるで缶詰さ。
マーゴ	:	缶詰になってでも、セロハンでも、ナバホ族のブランケットにくるまれてでもいいから、あなたに帰ってきて欲しいの。
ビル	:	一刻の猶予もない?
マーゴ	:	とても待てないわ。だから、早く帰ってきて。さよなら、ダーリン。ぐっすり眠ってね。
ビル	:	おい、おい、ちょっと待ってくれ。まだ切っちゃだめだ。君はまだあの言葉を言ってさえいないじゃないか。
マーゴ	:	まあ、ビルったら。どれほどかは、わかってるでしょ。でも、電話越しになんて…そうよ、本当に。こんなこと子どもじみてるわ。
ビル	:	子どもじみていようが、いまいが。毎日こんなことが起きるわけじゃないし、僕はそれを聞きたいんだ。だから言いにくいのなら、歌にしてくれてもいいよ。
マーゴ	:	歌にするですって?
ビル	:	そうだ。ウエスタン・ユニオン社の電報配達の子どもたちが、かつてそうやっていたように。
マーゴ	:	ビル…あなたの誕生日ね。
ビル	:	それで、誰がそのことを覚えていてくれた? 誰が真夜中の12時きっかりに一緒にいてくれた?
マーゴ	:	お誕生日おめでとう、ダーリン。
ビル	:	朗読だって、もっとマシにできただろうが、でも、君は言ってくれた。今度は「この幸福の日が幾久しく繰り返されますように」ってのも。
マーゴ	:	この幸福の日が幾久しく繰り返されますように。
ビル	:	僕はパーティにありつけるよね、そうだろ?
マーゴ	:	もちろんよ。誕生日とお帰りなさいとを兼ねてね。誰を呼びましょうか?
ビル	:	もうわかってるよ。パーティについては、全部知ってる。イヴが手紙に書いてよこした。
マーゴ	:	彼女が?

■ trap
この意味では、通例、受身で使われる。

■ Navajo
北米先住民族の1つで、現在、最大のインディアン部族。アリゾナ州、ニューメキシコ州、ユタ州、コロラド各州にまたがるインディアン居留地に居住。

■ Sleep tight.
「ぐっすりお休み」
= sleep soundly
ここでの tight は副詞。就寝前によく用いられる愛情のこもった慣用表現。

■ hang up
「電話を切らずに待つ」は hang on または hold on。
cf. Hang on. I'll see if he's here.(お待ちください。彼がいるかどうか見てきます)

■ now
命令、懇願などの意を強めて使われる。

■ how much I do
how much I love you のこと。ただし彼女は年齢のハンディなどがあるため、素直にそれを口に出せない。

■ Now, really
困惑や驚きなどを表して使われる。

■ stuff
= things
漠然と「こと、もの」を表す語。なお、kid's stuff は「いとも簡単なこと」の意で用いられることもある。

■ like
= as
ここでの like は接続詞で、後ろに文を従えて「〜のように」の意。

■ Western Union
1856年設立の電報会社。南北戦争 (the Civil War) までに北米中にネットワークを広げた。電報を手渡しで届け、1930年代には「歌う電報 (singing telegram) サービス」を開始している。

■ The reading could have been better
= If you had read it, it could have been better.
仮定法過去完了で if 節がない用法。なお、ここの reading は「朗読、読み聞かせ」の意。

■ return
Many happy returns of the day は「このおめでたい日が何度も繰り返され、巡ってきますように」という意味で、誕生日のお祝いの言葉としてよく用いられる表現。of the day は省略されることもある。

BILL	: She hasn't missed a week since I left. But you know all about that. You probably tell her what to write. Anyway, I sent her a list of people to ask, so check with her.	miss 逃す, 見落とす check with... ～に聞く, 問い合わせる ❺
MARGO	: Yeah, I will.	
BILL	: How is Eve? OK?	How is Eve ❺
MARGO	: Oh, OK.	
BILL	: I love you.	
MARGO	: I'll check with Eve.	
BILL	: Hmmm.	
MARGO	: I love you too. Good night, darling.	
BILL	: See ya.	See ya ❺

Bill and Margo hang up their phones. Margo takes out a cigarette and lights it.

light 火をつける

INT. MARGO'S HOUSE / BEDROOM - MORNING - Birdie enters carrying a tray of breakfast, which she places in the bed table straddling Margo who is smoking. Birdie opens the curtains.

straddle またがる, またぐ
open the curtains ❺

MARGO	: Birdie.	
BIRDIE	: Hmm?	
MARGO	: You don't like Eve, do you?	
BIRDIE	: You want an argument or an answer?	argument 議論, 論争
MARGO	: An answer.	
BIRDIE	: No.	
MARGO	: Why not?	Why not ❺
BIRDIE	: Now you want an argument.	
MARGO	: She works hard.	
BIRDIE	: Night and day.	night and day 昼も夜も
MARGO	: She's loyal and efficient.	loyal 忠実な ❺ efficient 有能な ❺ like ❺ agent 代理人, 代理業者, 仲介人
BIRDIE	: Like an agent with only one client.	

Birdie takes a ashtray from the table and empties it in the fireplace.

empty 空にする

MARGO	: She thinks only of me, doesn't she?	think of... ～を思いやる, 大切に思う ❺

ビル	:	彼女は僕が発ってから、毎週手紙をくれているよ。でも、君はそのことはすべて知ってるだろう。おそらく君が、何を書くか彼女に指示しているんだろうから。とにかく、彼女に招待客のリストを送っておいた。だから、彼女に問い合わせてくれ。
マーゴ	:	ええ、わかったわ。
ビル	:	イヴはどうだい？ 元気かな？
マーゴ	:	ええ、元気よ。
ビル	:	愛してる。
マーゴ	:	イヴに確認してみるわ。
ビル	:	うーん。
マーゴ	:	私も愛してるわ。お休みなさい、ダーリン。
ビル	:	それじゃ。

ビルとマーゴはそれぞれ電話を切る。マーゴはタバコを1本取り出し、火をつける。

屋内－マーゴの家／寝室－朝－バーディは朝食を載せたトレーを持って入って来ると、それをタバコを吸っているマーゴをまたぐように置いたベッドテーブルの上にセットする。バーディはカーテンを開ける。

マーゴ	:	バーディ。
バーディ	:	え？
マーゴ	:	あんた、イヴのこと好きじゃないんでしょ？
バーディ	:	欲しいのは議論、それとも答え？
マーゴ	:	答えよ。
バーディ	:	ええ。
マーゴ	:	どうして？
バーディ	:	今度は議論をしたいのね。
マーゴ	:	彼女はよく働くわ。
バーディ	:	昼も夜も。
マーゴ	:	忠実で有能だわ。
バーディ	:	1人のクライアントに付きっきりのエージェントみたいにね。

バーディはマーゴの灰皿をテーブルから取り上げ、それを暖炉の中に空ける。

マーゴ	:	彼女は私のことだけを考えている、そうじゃない？

■ check with...
「check with ＋ 人」で「人と相談する、人に相談する」。
ex. He checked with the doctor.（彼は医者の診断を受けた）

■ How is Eve?
ここでの how は状態を尋ねて「どんな具合で、どんな様子で」を意味する副詞。
ex. How's everything?（どうですか？）

■ See ya.
「それじゃあ、じゃあね、さよなら」
別れ際のあいさつで、See you again., See you later., See you around., See you soon. などともする。なお、ここでの ya は発音通りにつづったもの。

■ open the curtains
draw the curtains apart ともする。なお「カーテンを下ろす」は drop/lower/draw down a curtain。「カーテンを上げる」は raise a curtain, draw up a curtain。

■ Why not?
ここでは Why don't you like her? のこと。この表現は Please explain your negative answer ほどの意を表す表現。

■ loyal
= faithful to a person; an idea or a duty

■ efficient
= working in a well-organized and competent way

■ like
この like は前置詞で「（まるで）〜みたいに」の意。

■ think of...
think は次の用例のように much, little, highly, a great deal などを伴って、考える対象に対する評価や判断を表現することがあるが、think of 自体に、内面的に深く考えるというニュアンスがある。
ex. His colleagues think very highly of him.
（同僚たちは彼を大変高く評価している）

Birdie wipes the ashtray with her cloth.

BIRDIE	: Well, let's say she thinks only about ya, anyway.
MARGO	: How do you mean that?

Birdie walks to Margo and puts the ashtray on the table.

BIRDIE	: I'll tell you how. Like, like she's studying you. Like you was a play or a book or a set of blueprints. How you walk, talk, eat, think, sleep...
MARGO	: I'm sure that's flattering, Birdie. I'm sure there's nothing wrong with it.

Eve knocks at the door. She steps into the room wearing a dark dress suit and carrying a file case.

EVE	: Good morning. Well, what do you think of my elegant new suit?
MARGO	: It's very becoming. It looks much better on you than it did on me.
EVE	: Oh, I can imagine. You know, all it needed was a little taking in here and letting out there. Are you sure you won't want it yourself?
MARGO	: Quite sure. I find it too seventeenish for me.

Eve sits on Margo's bedside.

EVE	: Oh, come now, as though you were an old lady. I'm on my way. Is there anything more you thought of?
MARGO	: Where is that script to take back to the Guild?
EVE	: I've got it.
MARGO	: And those checks or whatever it is for the income tax man.
EVE	: Right here.
MARGO	: It seems I can't think of a thing you haven't thought of.

バーディは手にした布で灰皿を拭く。

バーディ ： そうね、彼女はあなたのことしか頭にない、ってとこかしら。

マーゴ ： それ、どういう意味？

バーディはマーゴの所へと歩いていき、テーブルに灰皿を置く。

バーディ ： じゃあ言いましょう。あなたのことを研究してるみたいですよ。あなたがまるで芝居か本か設計図だかみたいにね。あなたの歩き方、話し方、食べ方、考え方、眠り方まで…

マーゴ ： それって嬉しいことだわ、バーディ。それ、ちっとも悪いことじゃないわよ。

イヴがドアをノックする。彼女は暗い色のドレススーツを着、ファイルケースを手に部屋に入ってくる。

イヴ ： おはようございます。あの、私の新しい素敵なスーツ、どう思われます？

マーゴ ： とても似合ってるわ。それ、私が着たときよりもあなたが着てる方がずっと映えるわね。

イヴ ： まあ、想像できますわ。あの、ここをちょっと詰めて、こちらを少し伸ばすだけだったんです。本当にご自分では着られることはないんですか？

マーゴ ： 本当よ。私には17歳っぽ過ぎるんだもの。

イヴはマーゴのベッド脇に座る。

イヴ ： まあ、よしてください、まるで老婦人みたいなことを。私、これから出かけます。何かほかに御用はありますか？

マーゴ ： 協会に返す例の台本はどこにあるの？

イヴ ： 私が持っています。

マーゴ ： それから所得税担当の税務署員に渡すあの小切手だかなんだかもね。

イヴ ： ここにあります。

マーゴ ： あなたが思いつかないこと、私には思いつきそうにないわ。

■ think about
ここでバーディーは、マーゴのセリフの think of を think about に置き換え、対照させている。think about は think of に比べるとやや表面的な側面を「思う、考える」という感じ。

■ Like you was a…of a blueprints
"was" と be 動詞が過去形になっているのは、非現実的な事態を仮定する用法。なお、ここで you were ではなく you was とあるのは、代名詞 you が指示する Margo がこの文脈では研究の対象物であるためと思われる。そこで you と Margo を入れ替えて Like Margo was... とするとわかりやすいだろう。ただし、正しくは you were とすべきところ。なお、ここの blueprint は「青写真、設計図」の意。

■ flattering
動詞の flatter「気に入られようとして（本心からではなく）褒める」からの派生語。名詞は flattery。類義語に compliment があるが、こちらは社交上の褒め言葉として良い意味で使われることが多い。

■ becoming
ここでの becoming は very を伴っていることからも明らかなように形容詞。動詞の become にも「似合う」の意がある。
cf. Short hair really becomes you.（短い髪が君にはとても似合うよ）

■ much better
much は比較級を強める働きをする。
ex. This is much more expensive than that.（こちらの方があちらよりずっと値段が高い）

■ I can imagine
ここでは「あなたがこの服を着ている素敵な姿が想像できる」との意味で言ったもの。

■ seventeenish
-ish は接尾辞で、名詞に付いて「～のような、～じみた」などの意味をもつ形容詞を派生する。なお、年齢に用いれば「だいたい～くらいの」ほどの意。

■ on one's way
on one's way home（家に帰る途中）、on one's way to school（学校へ行く途中）のように、しばしば後ろに方向を示す句を伴う。代名詞の所有格（one's）でなく the が生じることもある。

■ or whatever it is
あれやこれやをひっくるめて「何であれ」を意味し、話し手が詳細については無関心である場合に用いられる。

EVE	: That's my job. See you at teatime.	teatime お茶の時間 ⊙

Eve gets up to walk out the room. She stops when Margo calls to her.

MARGO	: Eve? By any chance, did you place a call from me to Bill for midnight California time?	by any chance ひょっとして, もしかして ⊙
EVE	: Golly, I forgot to tell you!	Golly おや, まあ, あら ⊙
MARGO	: Yes, dear, you forgot all about it.	
EVE	: Well, I was sure you'd want to of course, being his birthday. You've been so busy these past few days. Last night I meant to tell you before you went out with the Richards. I guess I was asleep when you got home.	you'd want to ⊙ being his birthday ⊙ meant to ⊙ the Richards リチャーズ夫妻 ⊙
MARGO	: Yes, I guess you were. It was, it was very thoughtful of you, Eve.	
EVE	: Mr. Sampson's birthday, I couldn't forget that. You'd never forgive me.	forgive 許す

Eve is about to leave the room, but quickly turns back to continue talking with Margo.

EVE	: As a matter of fact, I sent him a telegram myself.	As a matter of fact 実は ⊙

Eve leaves the room. Margo stubs out her cigarette looking curiously at Eve, then looks at Birdie. Birdie seems unconvinced at Eve's intentions and leaves the room.

INT. MARGO'S HOUSE / BEDROOM - NIGHT - Margo is putting on a bracelet in front of a large mirror. She is wearing a dark, low-cut back gown.

stub out (タバコの)火をもみ消す
unconvinced 納得していない ⊙
intention 意図, ねらい

put on... ～を身につける ⊙

MARGO	: (v.o.) Bill's welcome-home birthday party...a night to go down in history. Even before the party started, I could smell disaster in the air. I knew it. I sensed it even as I finished dressing for that blasted party.	welcome-home 帰省の, 帰省歓迎会の go down in history 歴史に残る ⊙ disaster 大惨事 ⊙ sense 感ずる blasted (婉曲語)いまいましい, ひどい, とんでもない

イヴ ： それが私の仕事ですから。ではお茶の時間に。

イヴは立ち上がって部屋を歩き去る。マーゴが彼女に声をかけると彼女は立ち止まる。

マーゴ ： イヴ？ ひょっとしてあなた、カリフォルニア時間で深夜に私からビル宛ての電話を申し込んだかしら？

イヴ ： まあ、お話しするのを忘れてましたわ！

マーゴ ： ええそうね、このことはすっかり忘れてたのね。

イヴ ： あの、私、あの方の誕生日ですからきっとお電話なさりたいだろうと思ったんです。ここ数日、とてもご多忙でしたから。昨夜リチャーズご夫妻とお出かけになる前にお伝えするつもりでしたのに。お帰りになったとき、私、眠っていたんだと思います。

マーゴ ： ええ、そうだと思うわ。よく、よく気がついてくれたわね、イヴ。

イヴ ： サンプソンさんのお誕生日を私が忘れるなんてことはあり得ませんわ。あなたに許してはいただけないでしょう。

イヴは部屋を出ようとするが、すぐに振り返って、マーゴと話し続ける。

イヴ ： 実は、自分でもあの方に電報を打っておきました。

イヴは退室する。マーゴはタバコをもみ消し、不思議そうにイヴを見つめ、それからバーディを見る。バーディはイヴの意図に納得いかない様子で部屋を去る。

屋内－マーゴの家／寝室－夜－マーゴは大きな鏡の前でブレスレットを付けている。彼女は暗い色の背中が大きく切れ込んだガウンを羽織っている。

マーゴ ： （画面外）ビルのお帰りなさい誕生パーティ…歴史に残る夜となった。パーティが始まる前から、もう辺りには惨事が起こるにおいがしていた。私にはわかっていた。あのとんでもないパーティの身支度を終えながらも、惨事の予感を感じていたのだ。

■ **teatime**
通例、午後の夕方近くで、だいたい午後3時から5時頃。

■ **by any chance**
= possibly
質問や提案する際に用いられる表現。

■ **Golly**
軽い驚き、感嘆、困惑などを表す間投詞で、By golly、Good golly、Golliesなどともする。Godの婉曲的転化。

■ **you'd want to**
you'd want to call Mr. Sampson のこと。

■ **being his birthday**
because it was his birthday のこと。

■ **meant to**
「S + mean to do」の型で「Sは〜するつもりである」の意を表す。なお、mean は intend より意味が弱く、くだけた語。meant to は mean の過去形。

■ **the Richards**
the Williams（ウィリアムズ家の人々）のように複数形に the を冠して「〜家の人々、〜一家」の意を表す。

■ **As a matter of fact**
すでに述べた内容に新しい事実を付け加えたり、より詳しく具体的に説明する場合に用いる慣用表現。くだけた用法では matter of fact といった具合に as a を省くことがある。

■ **unconvinced**
unconvinced は動詞である convince「納得させる、確信させる」から派生した形容詞。

■ **put on**
put on は wear と同様に服を着る、帽子をかぶる、靴を履くなど、体に「身に着ける」を意味を表すが、put on が動作を表すのに対し、wear は状態を表すことに注意。

■ **go down in history**
go down は「記録される、記憶に残る」の意。It all goes down in her notebook.（それはすべて彼女のノートに記録されます）のように使われるが、作品中のように in history と共に用いられることが多い。

■ **disaster**
= a bad situation that causes problems

Birdie enters the room.

BIRDIE : You all put together?
MARGO : My back's open.

Birdie fastens the back of Margo's gown.

MARGO : Extra help get here?
BIRDIE : There's some loose characters dressed as maids and butlers. Who'd you call, the William Morris Agency?
MARGO : You're not being funny. I could get actors for less. How about the food?

Birdie finishes fastening Margo's gown.

BIRDIE : The caterer had to go back for the hors d'oeuvres. Viola.
MARGO : That French ventriloquist taught you a lot, didn't he?
BIRDIE : There was nothing he didn't know.

Margo drinks an alcoholic drink.

BIRDIE : And there's a message from the bartender. "Does Miss Channing know that she ordered domestic gin by mistake?"
MARGO : The only thing I ordered by mistake is the guests.

Birdie laughs at Margo's comment.

MARGO : They're domestic, too, and they don't care what they drink as long as it burns. Where's Bill? He's late.
BIRDIE : Late for what?
MARGO : Don't be dense. The party.
BIRDIE : I ain't dense, and he's been here for twenty minutes.
MARGO : Well, I certainly think it's odd he hasn't even come up to...

---

put together まとめる, 仕上げる

fasten （ボタン, ファスナーなど）を留める, 閉じる

Extra help get here

loose ばっとしない
butler バトラー, 執事
the William Morris Agency

be funny 冗談を言って笑わせようとする
for less もっと安く

caterer 仕出し屋
hors d'oeuvres （仏）オードブル
Viola （仏）ほら, さあどうぞ
ventriloquist 腹話術師

domestic 国産の, 国内の
by mistake 誤って

as long as... 〜である限りは, 〜であるならば
burn 熱く感じる, 刺すような痛みを与える, ヒリヒリさせる

dense 頭の鈍い

バーディが部屋に入ってくる。

バーディ ： 準備はできました？
マーゴ ： 背中が開いてるわ。

バーディはマーゴのガウンの背中を留める。

マーゴ ： 臨時の手伝いは来てるの？
バーディ ： メイドや執事の格好をしたいい加減な連中が何人かいますけど。誰に連絡しました、ウィリアム・モリス・エージェンシーにでも？
マーゴ ： 面白くも何ともないわ。役者ならもっと安く調達できるわよ。料理はどう？

バーディはマーゴのガウンを留め終える。

バーディ ： 仕出し屋がオードブルを取りに戻らなきゃいけませんでしたわ。ほらできた。
マーゴ ： あのフランス人の腹話術師、ずいぶんとあなたに教えたのね？
バーディ ： 彼、知らないことなんて何もありませんでしたよ。

マーゴはアルコール飲料を飲む。

バーディ ： それからバーテンダーから伝言です。「チャニングさんが、間違って国産のジンを注文なさったことをご存じですか」って。
マーゴ ： 私が間違って注文したのはゲストだけよ。

バーディはマーゴのコメントに笑う。

マーゴ ： 彼らだって国産なんだから、じりじりさえすれば彼らは自分が何を飲もうが気にしない。ビルはどこ？ 遅いわね。
バーディ ： 遅いって、何にです？
マーゴ ： ボケッとしないで。パーティによ。
バーディ ： ボケてなんかいませんわ。それに彼なら20分前から来ていますよ。
マーゴ ： あら、おかしいわね。彼が上がっても来ないなんて…

■ put together
直訳「あなたは(パーティのために)すべてを仕上げましたか」から本文中の訳になる。

■ Extra help get here?
Did extra help get here? の did が省略されている。会話では、しばしばこのように文頭の助動詞が省略される。extra は、「臨時の」の意。

■ loose
= not fixed in place
ここでは雇われ人たちがメイドや執事の格好はしているものの、その格好が板についておらず、あまり役に立っていないというバーディーの皮肉を込めた表現。

■ butler
chief male servant のことで、酒類、食器などの管理が主な仕事。

■ the William Morris Agency
1898年に創設された芸能事務所の老舗。

■ be funny
ここでの funny は「冗談のつもりの、笑わせるつもりの、おどけた」ほどの意。
ex. Were you just being funny?(君、冗談を言っていただけかい？)

■ hors d'oeuvres
調理した肉、魚、チーズなどを小さく切ったり、ペースト状にしてクラッカーやパンの小片にのせて供するもので、カクテルパーティなどで、おつまみ風に用いる。

■ Viola
成功や満足などの意を表す間投詞。

■ ventriloquist
ventriloquize で「腹話術を使う(で話す)」。ventr- はラテン語で、「腹」を意味する venter を語源とする接頭語。

■ burn
burn は「燃える」「やけどをする」などの意味があるが、ここでは食べ物や飲み物が舌に強い刺激を与える状況を表す。主語の it は what they drink (パーティに来ている客が口にする酒類) のこと。客たちは強い酒でありさえすれば何でもよく、どうせ味などわかりはしないというマーゴの皮肉。
ex. This whiskey burns in your throat.
(このウィスキーは飲むとのどがヒリヒリするくらい熱く感じる)

85

Birdie's expression stops Margo. Margo finishes her drink and passes the glass to Birdie. Margo leaves the room. Margo runs down the stairs and stops outside the door as she overhears the conversation between Bill and Eve.

BILL : (v.o.) "Don't let it worry you", said the cameraman. "Even De Mille couldn't see anything looking through the wrong end!" So that was the first and last...

Margo walks into the lounge, looking down on Bill and Eve from the inner balcony. Bill notices Margo enter the lounge.

MARGO : Don't let me kill the point. Or isn't it a story for grown-ups?

BILL : You've heard it. About the time I looked through the wrong end of the camera finder.

MARGO : Remind me to tell you about the time I looked into the heart of an artichoke.

EVE : I'd like to hear it.

MARGO : Some snowy night in front of the fire. In the meantime, while we're on the subject, would you check about the hors d'oeuvres, Eve? The caterer forgot them. The varnish wasn't dry or something.

EVE : Of course.

Eve leaves the room to check on the party food. Margo looks around the room in various tins, looking for cigarettes.

BILL : Looks like I'm going to have a very fancy party.

MARGO : I thought you were going to be late.

BILL : When I'm guest of honor?

MARGO : I had no idea you were even here.

BILL : Well, I ran into Eve on my way upstairs and she told me you were dressing.

MARGO : That's never stopped you before.

---

overhear ふと耳にする

De Mille デミル ◎
end 端, (一方の)側 ◎

balcony バルコニー ◎
notice 気づく
kill だめにする, つぶす, 台無しにする
grown-up 成人, 大人

camera finder カメラのファインダー
remind 思い出させる, 気づかせる
artichoke アーティチョーク ◎

in the meantime その間, 話変わって, ところで
while we're...subject ◎

varnish ワニス, ニス
or something か何とか

check on を確認する
tin 缶, (一般に)金属製の容器

fancy 手の込んだ, 派手な, しゃれた, 極上の

guest of honor 主賓

have no idea さっぱりわからない ◎
run into... ～に偶然に会う, 出くわす
dress 服を着る ◎

バーディの言葉にマーゴは黙る。マーゴは自分の飲み物を飲み干し、グラスをバーディに渡す。マーゴは部屋を出る。マーゴは階段を駆け下り、ビルとイヴの会話を耳にしてドアの外で立ち止まる。

ビル　　：（画面外）「そんなことで心配しなさんな」とカメラマンが言ったんだ。「デミルでさえ反対側からのぞけば何も見えないさ」ってね。だからそれが最初にして最後の…

マーゴは歩いてラウンジに入り、内バルコニーからビルとイヴを見下ろす。ビルはマーゴがラウンジに入るのに気づく。

マーゴ　　：私にいいところを台無しにさせないで。それとも大人向けのお話じゃないのかしら？

ビル　　：君は聞いたことあるだろう。僕がカメラのファインダーの反対側からのぞいたときのことだよ。

マーゴ　　：それで私がアーティチョークの芯をのぞいたときの話をあなたにすることを思い出したわ。

イヴ　　：そのお話、伺いたいですわ。

マーゴ　　：ある雪の降る晩に暖炉の前でね。ところでこの話題になったところで、オードブルを見てきてくれるかしら、イヴ？　仕出し屋がそれを忘れたのよ。ニスが乾いてなかったとかどうとかってね。

イヴ　　：もちろんです。

イヴはパーティの料理を確認するために部屋を出る。マーゴは部屋にある缶を見て回り、タバコを探す。

ビル　　：ずいぶんいかしたパーティになりそうだね。

マーゴ　　：あなたは遅れるのかと思ってたわ。

ビル　　：僕が非難だというときに？

マーゴ　　：ここに来てることすら知らなかったわ。

ビル　　：ああ、階段を上がっていく途中でイヴにばったり会ってね、君が着替え中だって言ったものだから。

マーゴ　　：それでやめたなんてこと、前は一度もなかったじゃない。

■ De Mille
= Cecil B. De Mille（1881-1959）
20世紀前半に活躍したアメリカの映画監督、プロデューサー、脚本家で、最後の作品は『十戒』(The Ten Commandments, 1956)。

■ end
ここでは撮影用のカメラのレンズをいったもの。

■ balcony
壁面から張り出した屋根なしの露台。

■ grown-up
adult よりくだけた言い方。なお、She is a grown-up woman.（彼女は成熟した女性だ）のように形容詞として使われることも多い。

■ camera finder
撮影の範囲や焦点を設定するためにのぞくカメラののぞき穴。

■ remind
remind は後ろに「人 + to 不定詞」を伴って、「人に～するよう促す」の意。

■ artichoke
チョウセンアザミのこと。食用とする頭花の部分。

■ while we're on the subject
be on the subject は The next conference will be on the subject of ecology.（次の会議はエコロジーの問題を扱います）のように、「話題を扱う、取り上げている」くらいの意味で用いる。

■ have no idea
I don't have the slightest idea ともする。なお、slightest に代わり least, remotest, faintest, foggiest なども使われる。

■ dress
dress の動詞の用法には本文と同様の自動詞用法 I dressed quickly.（私は素早く服を着た）と共に、他動詞用法 I dressed the children in their best clothes.（私は子どもたちに一番いい服を着せた）の両方がある。服を身に着けた状態を表すには過去分詞形を用いて She was dressed in white.（彼女は白い服を着ていた）のように言う。

BILL : We started talking. She wanted to know about Hollywood. She seemed so interested...

MARGO : She's a girl of so many interests.

BILL : It's a pretty rare quality these days.

MARGO : A girl of so many rare qualities.

BILL : So she seems.

Margo stops looking and stares directly at Bill. She becomes argumentative.

MARGO : So you've pointed out so often. So many qualities so often. Her loyalty, efficiency, devotion, warmth and affection, and so young. So young and so fair.

BILL : I can't believe you're making this up. It sounds like something out of an old Clyde Fitch play.

MARGO : Clyde Fitch, though you may not think so, was well before my time.

BILL : I've always denied the legend that you were in "Our American Cousin" the night Lincoln was shot.

MARGO : I don't think that's funny.

BILL : Of course it's funny. This is all too laughable to be anything else. You know what I feel about this, this age obsession of yours. And now this ridiculous attempt to whip yourself up into a jealous froth because I spent ten minutes with a stage-struck kid.

MARGO : Twenty!

BILL : Thirty minutes, forty minutes. What of it?

MARGO : Stage-struck kid. She's a young lady of qualities. And I'll have you know, I'm fed up with both the young lady and her qualities. Studying me as if I were a, a play or a blueprint. How I walk, talk, think, act, sleep.

ビル	:	話し始めたんだ。彼女がハリウッドのこと知りたがってね。ずいぶん興味があるようだったが…
マーゴ	:	彼女は好奇心旺盛な娘なのよ。
ビル	:	近頃じゃかなり珍しい性質だな。
マーゴ	:	珍しい特性がいっぱいある娘なの。
ビル	:	そのようだね。

マーゴは見回すのをやめ、ビルをまっすぐ見つめる。彼女は理屈っぽくなる。

マーゴ	:	ねえ、あなた、本当にしょっちゅう指摘するわね。いろんな多くの特徴について、本当にしょっちゅう。彼女が忠実なこと、仕事ができること、献身的で優しくて愛情深く、そしてとても若いこと。とっても若くて、とっても綺麗だって。
ビル	:	君がそんなこと言い出すなんて信じられないな。クライド・フィッチの古い芝居のセリフみたいに聞こえるぜ。
マーゴ	:	クライド・フィッチって、あなたはそう思わないかもしれないけど、私が生まれるずっと前の時代の人よ。
ビル	:	僕はいつだって否定してるぜ、リンカーンが撃たれた夜、君が『アワー・アメリカン・カズン』に出てたっていう伝説をね。
マーゴ	:	面白いとは思わないけど。
ビル	:	もちろん面白いさ。これは笑える話以外の何者でもない。僕がこのことに対してどう思ってるか、君は知ってるだろう、君のこの年齢妄想を。そして今度はこれだ、僕が舞台に憧れる娘と10分過ごしたくらいで、バカバカしくも躍起になって嫉妬の泡を泡立たせている。
マーゴ	:	20分よ！
ビル	:	30分でも40分でも、それが何だっていうんだ？
マーゴ	:	舞台に憧れる娘ですって。彼女は才能ある若い娘よ。それに教えてあげるけど、私、この若い娘にもその才能にもうんざりしているの。私がまるで芝居だか設計図だかみたいに調べてるのよ。私の歩き方、話し方、考え方、仕草や眠り方までね。

■ So she seems
文中の so は I think so. (私もそう思います) に用いられるのと同じ働きをし、ここでは前のセリフの内容を受け、to be a girl of so many rare qualities の代用表現。So she seems は so を文頭に出し、強調した形。

■ efficiency
efficiency は人についていう場合には、仕事を効率よく片付ける能力を表す。

■ affection
affection は穏やかで持続的な愛情を表す語で、優しさや献身的な情愛を含む。

■ fair
beautiful の意味だが、やや古めかしい言い方。

■ Clyde Fitch
William Clyde Fitch (1865-1909)。アメリカの劇作家で、コメディーやメロドラマから社会風刺劇、歴史ものなどを含む60本以上の作品を手がけた。

■ Our American Cousin
1858年初演の笑劇。第16代アメリカ大統領リンカーンは1865年、ワシントンD. C. のフォード劇場でこの劇を見ている最中に、その夜、舞台には上がっていなかった俳優のジョン・ウィルクス・ブース (John Wilkes Booth, 1838-65) に銃で暗殺された。

■ ridiculous
= funny; stupid; absurd; comical; farcical; incredible; laughable; silly

■ stage-struck
「俳優(女優)志望熱にうかされた」を意味する語。同じような表現に star-struck があるが、これは「スターに会って感動した」の意。

■ What of it?
「それがどうしたのか？」
So what? とほぼ同義。ただし、What has become of...? (〜はどうなったのか？) の表現で has become を省略した場合に生じる What of...? もあるので紛らわしい。

■ have you know
ここでの have は、「have ＋ 人 ＋ 動詞の原形」で「人に〜させる(してもらう)」の意を表す、いわゆる使役の have。

BILL : Now, how can you take offense at a kid trying in every-way to be as much like her ideal as possible?

MARGO : Stop calling her a kid. As it happens, there are particular aspects of my life to which I would like to maintain sole and exclusive rights and privileges.

BILL : For instance, what?

MARGO : For instance, you.

BILL : This is my cue to take you in my arms and reassure you. But I'm not going to. I'm too mad.

MARGO : Guilty!

BILL : Mad! Darling, there are certain characteristics for which you are famous, onstage and off. I love you for some of them and in spite of others. I haven't let those become too important to me. They're part of your equipment for getting along in what is laughingly called "our environment." You have to keep your teeth sharp, all right. But I will not have you sharpen them on me, or on Eve.

MARGO : What about her teeth? What about her fangs?

BILL : She hasn't cut them yet and you know it! So when you start judging an idealistic, dreamy-eyed kid by the bar-room, Benzedrine standards of this megalomaniac society, I won't have it! Eve Harrington has never by word, look, thought or suggestion indicated anything to me but adoration for you and her happiness at our being in love. And to intimate anything else doesn't spell jealousy to me, it spells a paranoiac insecurity that you should be ashamed of.

ビル	:	ほら、できるだけ自分の理想に近づきたいとあらゆる努力をする子どもにどうして腹を立てることがあるんだい？
マーゴ	:	彼女を子ども呼ばわりするのはやめて。あいにくですけど、私の人生にだって自分だけで独占権と特権を保ちたい特別な部分があるのよ。
ビル	:	例えば、何だね？
マーゴ	:	例えば、あなたよ。
ビル	:	ここは僕が君を抱きしめて安心させるっていうところだが、そうするつもりはない。腹が立ち過ぎている。
マーゴ	:	罪悪感でしょ！
ビル	:	怒りだよ！　ねえいいかい、ある性格上の特徴で君は有名だ。舞台上でも舞台の外でも。それらにいいところがあるから、僕は君を愛してる。嫌なところがあるにもかかわらずね。嫌な面は、僕にとって重要にならないようにしてきたんだ。それらは、「我々の環境」と冗談交じりに呼ばれるものの中で生き抜いていくための君の装備の一部なんだろう。牙を研いでおかなきゃいけないんだろう、それはいい。だが僕やイヴに向かって牙を研ぐようなことはさせないよ。
マーゴ	:	彼女の牙はどうなのよ？　彼女の毒牙はどうなの？
ビル	:	彼女にまだ牙なんて生えてないし、君だって知ってるだろう！　理想に燃えて夢を追う子どもを、この誇大妄想狂じみた社会の、ヤクでイカれた酒場の基準で判断し始めるなんて、僕には我慢できない！　イヴ・ハリントンは、言葉、視線、意図、ほのめかしを通じて、君への憧れと僕たちが愛し合っていることへの喜び以外の何ものも僕に示したことはない。そして君が何かそれ以外のことを暗に言わんとしているのは、僕にしてみれば嫉妬からじゃない、君の恥ずべき偏執的な不安だからだよ。

■ As it happens
actually とか as a matter of fact などと言い換えることができる。

■ mad
= very angry; enraged; exasperated; furious; infuriated; livid

■ I love you for...spite of others
for some of them の them は certain characteristics を受け、また for は She married him for his money.（彼女は金目当てで彼と結婚した）のように原因や理由を表す。in spite of others 中の others は other characteristics の意。

■ environment
environment の the setting or conditions in which a particular activity is carried on（特定の活動が営まれる環境や状況）という意味から our environment は演劇業界を指す。

■ She hasn't cut them yet
cut teeth が「歯が生える」を意味することからもわかる通り、ここでの cut は「（歯を）生やす」で、tooth の同根語の動詞、teethe と同義。

■ Benzedrine
疲労減少や気分高揚の作用があるといわれる中枢神経を刺激する覚醒剤アンフェタミン、ペンシルバニア州 SmithKline Beckman Corp. 製の商標名。一般の使用は禁止されている。

■ megalomaniac
病理学の用語。名詞形の誇大妄想は megalomania。

■ has never by...for you
文中の but は「～も除いて」も意味する前置詞。直訳は「君への憧れの気持ちを除いては何ひとつ示唆したことはない」。

■ her happiness at our being in love
our being in love は we are in love（私たちは愛し合っている）という文意を動名詞形で表わしたもの。

■ intimate
この intimate は動詞で imply（ほのめかす）、hint（遠わしに言う）の意。同つづりの形容詞 intimate（親密な）とは異なるので注意。

MARGO	: Cut. Print it. What happens in the next reel? Do I get dragged off screaming to the snakepits?	Cut. Print it ⊘ reel （映画フィルムの）リール, 巻 drag off to... 無理に〜へ連れていく snakepit ⊘ awkward ばつの悪い ⊘

Eve calls out, making Margo feel awkward that she may have overheard her.

EVE	: (v.o.) Miss Channing? The hors d'oeuvres are here. Is there anything else I can do?	
MARGO	: Thank you, Eve. I'd like a martini, very dry.	martini マティーニ ⊘ dry 辛口の ⊘
BILL	: I'll get it.	

Bill climbs the stairs, stopping to ask Eve what she would like to drink.

stopping to...Eve ⊘

BILL	: What'll you have?	
MARGO	: A milkshake?	milkshake ミルクセーキ ⊘
EVE	: A martini, very dry, please.	

Karen, Lloyd and Max climb the stairs which lead up to the lounge. They pass Bill walking through to get some drinks. Eve comes to the stairwell from the lounge and talks with them there. Karen removes her fur coat.

lead （道, 通路などが）に続く

stairwell 吹き抜け ⊘

fur coat 毛皮のコート

BILL	: Come on, Max. The party's on the first balcony.	
KAREN	: Hi, Bill.	
EVE	: Hello, Mrs. Richards.	
KAREN	: How are you, dear?	
LLOYD	: Hello, Eve.	
EVE	: Good evening, Mr. Richards. Mr. Fabian.	
MAX	: Hello, Eve. Hello.	
EVE	: May I have your coat?	May I have your coat? ⊘
KAREN	: Oh, don't bother. I'll take it up.	take it up それを上に持っていく ⊘
EVE	: Please.	
KAREN	: Thank you.	

Eve takes Karen's coat and takes it upstairs. Margo walks to the others from the lounge.

マーゴ ： カット。焼き付けて。次の巻では何が起こるの？　私は絶叫しながら蛇穴に引きずられていくのかしら？

イヴが声をかける。マーゴは自分の言葉が彼女に聞かれたかもしれない、と気まずい思いをする。

イヴ ： （画面外）ミス・チャニング？　オードブルはこちらに。ほかに何か私にできることはありますか？
マーゴ ： ありがとう、イヴ。マティーニをいただくわ。超辛口で。
ビル ： 僕が取って来よう。

ビルは階段を上り、立ち止まってイヴに何を飲みたいか尋ねる。

ビル ： 君は何を飲む？
マーゴ ： ミルクセーキ？
イヴ ： マティーニを、超辛口でお願いします。

カレン、ロイド、それにマックスがラウンジへと続く階段を上ってくる。彼らは、飲み物を取りに行くビルを通り過ぎる。イヴはラウンジから吹き抜けに来て、その場で彼らと話す。カレンは自分の毛皮のコートを脱ぐ。

ビル ： さあ、マックス。パーティは1階のバルコニーでやるよ。
カレン ： あら、ビル。
イヴ ： こんばんは、リチャーズ夫人。
カレン ： お元気、イヴ？
ロイド ： やあ、イヴ。
イヴ ： こんばんは、リチャーズさん、ファビアンさん。
マックス ： やあ、イヴ、こんばんは。
イヴ ： コートをお預かりしましょうか？
カレン ： あら、気にしないで。自分で持っていくわ。
イヴ ： どうか。
カレン ： ありがとう。

イヴはカレンのコートを受け取り、階上へ持っていく。マーゴはラウンジから、ほかの人たちに向かって歩いてくる。

■ Cut. Print it.
「カット。焼き付けて」
撮影の最後の決まり文句。cut は「カメラを止める」、print は「フィルムを現像する」。

■ snakepit
pit には「くぼみ、穴」の意味があり、したがって snakepit は言葉の通り（毒）ヘビが住む穴のこと。口語では「いかがわしい場所」「精神病院」などの意味もある。

■ awkward
= embrassing; unpleasant; perplexing; uncomfortable

■ martini
カクテルの一種で、ジン（gin）またはウォッカ（vodka）と辛口のベルモット（vermouth）を混ぜ、オリーブの実などが添えてある。

■ dry
ワインやカクテルなどの酒類について「辛口の」は dry、「甘口の」は sweet。ちなみに、禁酒主義者（prohibitionist）を口語では dry という。

■ stopping to ask Eve
ここでの stop は後ろに to 不定詞を伴い「立ち止まる」の意。Stop asking me such questions!（そんな質問を私にするのはやめてください！）のように、動名詞（-ing）が続く場合は「やめる」となる。

■ milkshake
牛乳に香料やアイスクリームを加えた飲料。アイスクリームの代わりに卵と砂糖を使う場合もある。

■ stairwell
階段と踊り場を含め、階下・階上に及ぶ空間を指す。

■ May I have your coat?
丁寧な表現。友人の間では Can I take your coat?、Let me take your coat., そしてくだけた表現では Just drop your coat here. などとする。

■ take it up
ここでは上階のコートなどを預かる部屋のことをいったもの。

MARGO	: Hi.	
MAX	: Hi, Margo.	
MARGO	: Hi, Max, Karen, Lloyd.	
KAREN	: The house looks lovely.	looks lovely ☙
MARGO	: Thank you.	
LLOYD	: I like that girl. That quality of quiet graciousness.	quiet 静かな, 目立たない graciousness 優雅, 上品, 礼儀正しいこと ☙
MARGO	: Among so many quiet qualities. Shall we?	

Margo leads the guests into the lounge.

KAREN	: Margo, nothing you have ever done has made me as happy as your taking Eve in.	nothing you…in ☙ your taking Eve in ☙
MARGO	: I'm so happy you're happy.	I'm so…happy ☙
MAX	: Now, look here. You haven't been running a settlement house exactly. The kid has earned her way. You had a pretty mixed-up inventory when she took over. Merchandise laying all over the shop.	look here おい, あのね, いいかい ☙ run 経営する, 運営する settlement house 社会福祉施設 ☙ earn one's way 自分で稼いで暮らしていく mixed-up 混乱状態の inventory 在庫品, 財産資産目録
LLOYD	: You got Margo mixed up with a five-and-ten cent store.	take over 引き継ぐ merchandise 商品
MARGO	: Make it Bergdorf Goodman. Everything on its proper shelf, eh, Max? All done up in little ribbons. I could die right now and nobody'd be confused. And how about you, Max?	five-and-ten cent store 雑貨屋 ☙ Bergdorf Goodman バーグドーフ・グッドマン ☙ do up （ひもなどで）結ぶ confuse 混乱する, 当惑する
MAX	: How about me what?	
MARGO	: Suppose you dropped dead. What about your inventory?	suppose… ～と仮定してみよう ☙
MAX	: I ain't going to drop dead. Not with the hit.	drop dead 急死する Not with the hit ☙
KAREN	: This is the most ghoulish conversation.	ghoulish 残忍な, 病的な, 奇怪な

Bill returns with the drinks and he passes Margo her martini.

MARGO	: Thank you.
BILL	: Nothing really.

マーゴ	:	ハイ。
マックス	:	やあ、マーゴ。
マーゴ	:	ハイ、マックス、カレン、ロイド。
カレン	:	お家、素敵だわね。
マーゴ	:	ありがとう。
ロイド	:	あの娘はいいなあ。あの控えめで礼儀正しいところが。
マーゴ	:	ほかにも目立たないところがいっぱいあるのよ。行きましょ?

マーゴはゲストをラウンジへと案内する。

カレン	:	マーゴ、あなたがイヴを引き受けてくれて、これほど嬉しいことはないわ。
マーゴ	:	あなたが喜んでくれてとても嬉しいわ。
マックス	:	おいおい、いいかい、はっきり言って君は福祉施設を経営してるわけじゃないんだよ。あの子は自分の力でこれまでやってきたんだ。彼女が引き継いだときは在庫で相当混乱しただろう。店のそこら中に品物があって。
ロイド	:	君、マーゴと雑貨屋を混同してるね。
マーゴ	:	バーグドーフ・グッドマンと思ってちょうだい。すべてあるべき棚に置かれて、でしょ、マックス? すべてに小さいリボンがかけられてね。私が今すぐ死んでも、誰も困らないわね。で、あなたはどうなの、マックス?
マックス	:	わしがどうって何が?
マーゴ	:	突然ぽっくり逝ったらよ。あなたの身の回りのものはどうなるの?
マックス	:	わしはぽっくり逝ったりはせんよ。ヒット作があるうちは死なないさ。
カレン	:	これってすごく悪趣味な会話だわ。

ビルが飲み物を持って戻り、マーゴにマティーニを手渡す。

マーゴ	:	ありがとう。
ビル	:	どういたしまして。

■ looks lovely
「S + look + C」の型で「SはCに見える」の意を表す。ここでのCは名詞、形容詞。

■ graciousness
形容詞 gracious の名詞形。gracious は「丁寧で優しい、愛想がよい」などの意味があり、特に自分より低い地位の人に対して親切である様子を表す。

■ nothing you have…Eve in
nothing is as A as B で「何ひとつとしてBほどAであるものはない」の意。なお、Aは形容詞。

■ your taking Eve in
take in は「(人)を雇う、引き取る」の意。your は動名詞 taking の主語となっている。

■ I'm so happy you're happy
ここでは happy につづく節、you're happy が原因や理由を表す働きをしており、that が省略されている。

■ look here
相手の注意を引く際の表現で、look よりもややじれったい感じが込められている。

■ settlement house
貧民街などの福祉施設で、単に settlement ともする。

■ five-and-ten cent store
five-and-dime store ともいう。F. W. Woolworth が1879年にペンシルバニア州ランカスターに開業した安く商品を売る店舗が始まり。その後、1930年まで世界一の高さを誇ったニューヨークの Woolworth Building は、実業家として成功した彼の名にちなんだもの。

■ Bergdorf Goodman
ニューヨーク市5番街にある高級衣料デパートで、1901年に開店。毛皮はアメリカのトップブランドで、イタリアの Fendi と1980年から販売契約を結んでおり、最大の品揃えを誇る。

■ suppose…
let's suppose のこと。なお suppose の代わりに supposing を用いることもできる。

■ Not with the hit
この表現から、彼は立て続けにヒット作を生み出す有能なプロデューサーであることがわかる。

Max's French friend, FIFE calls Max from the balcony in French.

FIFE	: (v.o.) **Max! Mon vieux.**
MAX	: Fife!

Mon vieux （仏） ⇨

Max walks off to meet Fife.

MARGO	: "The kid", junior that is, will be down in a minute, unless you'd like to take her drink up to her.
BILL	: I can get a fresh one...

that is　つまり, すなわち, 換言すると ⇨

Bill passes Karen the drink he got for Eve.

BILL	: Karen, you're a Gibson girl.
KAREN	: Thank you, Bill.
LLOYD	: The general atmosphere is very Macbethish. What has or is about to happen?
MARGO	: What is he talking about?
BILL	: Macbeth.
KAREN	: We know you, we've seen you like this before. Is it over or is it just beginning?

Gibson girl ⇨

atmosphere　雰囲気
Macbethish　マクベスのような ⇨
What has...happen ⇨

Is it over ⇨

Margo finishes her drink in one go, and heads off up the stairs. She stops on the stairs and looks back.

in one go　一気に ⇨

MARGO	: Fasten your seatbelts. It's going to be a bumpy night.

fasten　締める, 固定する
bumpy　ガタガタと揺れる ⇨

On the balcony, Max talks in French with Fife. Two WOMEN bump into Margo.

bump　ばったり会う, ドンとぶつかる ⇨

WOMAN 1	: Margo, darling!
WOMAN 2	: How are you?

Fife speaks to Margo in French.

FIFE	: Mademoiselle. You look ravishing tonight. Thank you for inviting me.
MARGO	: Enchantee to you too.

Mademoiselle （仏）　マドモアゼル ⇨
ravishing　魅惑的な ⇨
Enchantee （仏）はじめまして

マックスのフランス人の友人、フィフィがバルコニーからマックスをフランス語で呼ぶ。

フィフィ ：（画面外）マックス！ やあ！
マックス ：フィフィ！

マックスはフィフィに会いに行く。

マーゴ ：「あの子」、つまりお嬢さんのことだけど、もうすぐ下りてくるわよ。あなたがあの娘に飲み物を持っていってあげないと。
ビル ：新しいのを…

ビルはイヴのために持ってきた飲み物をカレンに渡す。

ビル ：カレン、君はギブソンガールみたいに綺麗だよ。
カレン ：ありがとう、ビル。
ロイド ：ここに広がる雰囲気は極めてマクベス的だ。何があったんだい、それともこれから起こるのかな？
マーゴ ：彼、何のことを言ってるの？
ビル ：マクベスさ。
カレン ：あなたたちのことはわかってるのよ、前にもこんな光景を見たことあるわ。もう済んだの、それともちょうど始まったところ？

マーゴは一気に自分の飲み物をあおり、階上へ向かう。彼女は階段上で立ち止まり、振り返って見る。

マーゴ ：シートベルトを締めて。今夜は揺れるわよ。

バルコニーでは、マックスがフィフィとフランス語で話している。2人の女性がマーゴと出くわす。

女性1 ：あら、マーゴ！
女性2 ：お元気？

フィフィはフランス語でマーゴに話しかける。

フィフィ ：マドモアゼル。今夜のあなたはうっとりするほど素晴らしい。ご招待ありがとうございます。
マーゴ ：こちらこそはじめまして。

■ Mon vieux.
「おい君」
親愛の情を込めた呼びかけ。

■ that is
that is to say のこと。前言を言い返したり、説明を加える際に使われる。

■ Gibson girl
挿絵画家のチャールズ・ギブソン（Charles Dana Gibson, 1867-1944）が描いた女性。1980年から約20年ほどの間、アメリカ女性の理想像となった。

■ Macbethish
Macbeth に接尾辞 -ish を加えた形容詞。『マクベス』は、妻にそそのかされて王を殺し、王位を奪おうとするマクベスという人物を主人公とするシェークスピア劇の1つ。四大悲劇の中でももっとも不吉で暗い作品といわれることが多い。

■ What has or is about to happen?
What has [happened] or [what] is about to happen? から、括弧の語を省略した表現。

■ Is it over
be over で「終わる」の意。
ex. The game isn't over till it's over.（《諺》試合は終わりになるまでは終わっていない→最後まで諦めるな）

■ in one go
= all together on one occasion; in one gulp

■ bumpy
「(道路の)隆起」「(ぶつかってできた)こぶ」などを表す bump と関連する形容詞。表面がでこぼこしている様子を表し a bumpy road, a bumpy flight のように用いるが、転じて a bumpy market（不安定な、浮き沈みの激しい市場）のようにも使われる。

■ bump
against や、ここでの表現のように into などの前置詞を伴い「ぶつかる」の意を表す。

■ Mademoiselle
= Miss

■ ravishing
= gorgeous; extremely beautiful; enchanting; attractive; captivating; fascinating; mesmerizing

Margo takes a drink from a waitress in the stairwell as Addison and CLAUDIA CASWELL arrive there.

MARGO : I distinctly remember, Addison, crossing you off my guest list. What are you doing here?

ADDISON : Dear Margo, you were an unforgettable Peter Pan. You must play it again soon. You remember Miss Caswell?

MARGO : I do not. How do you do?

CLAUDIA : We've never met. Maybe that's why.

ADDISON : Miss Caswell is an actress. A graduate of the Copacabana School of Dramatic Art.

Addison sees Eve coming down stairs.

ADDISON : Ah, Eve.

EVE : Good evening, Mr. DeWitt.

MARGO : I had no idea you two knew each other.

ADDISON : This must be, at long last, our formal introduction. Until now, we've only met in passing.

CLAUDIA : That's how you met me…in passing.

ADDISON : Ah, yes, um.

MARGO : Eve, this is an old friend of Mr. DeWitt's mother. Miss Caswell, Miss Harrington.

EVE : Miss Caswell.

CLAUDIA : How do you do?

MARGO : Addison, I've been wanting you to meet Eve for the longest time.

ADDISON : It could only have been your natural timidity that kept you from mentioning it.

MARGO : You've heard of her great interest in the theater?

ADDISON : We have that in common.

MARGO : Then you two must have a long talk.

マーゴは吹き抜けでウェイトレスから飲み物を受け取る。そのときアディソンとクローディア・カズウェルがそこに到着する。

マーゴ	: 私、はっきり覚えてるんだけど、アディソン、あなたを私の招待客リストから削ったことを。ここで何してるの？
アディソン	: 親愛なるマーゴ、君のピーターパン役は忘れられないよ。近いうちにまたあの役をやるべきだ。カズウェルさんは覚えてるかい？
マーゴ	: 覚えてないわ。はじめまして。
クローディア	: 私たち、お会いしたことはありません。だから覚えてらっしゃらないんでしょう。
アディソン	: カズウェルさんは女優だ。コパカバーナ演劇学校の卒業生でね。

アディソンはイヴが階段を下りてくるのを見かける。

アディソン	: やあ、イヴ。
イヴ	: こんばんは、ドゥイットさん。
マーゴ	: あなたたち２人が知り合いだなんて知らなかったわ。
アディソン	: これが、ようやくの僕たちの正式な顔合わせのはずだ。今まではただついでに会ってただけだからね。
クローディア	: そんな具合にあなた、私に会ったのよね…ついでに。
アディソン	: ああ、そう、うん。
マーゴ	: イヴ、こちらはドゥイットさんのお母さんの古いお友だちよ。カズウェルさん、ハリントンさんよ。
イヴ	: カズウェルさん。
クローディア	: はじめまして。
マーゴ	: アディソン、私、もうずっとイヴをあなたに紹介したかったのよ。
アディソン	: そのことに触れるのを今まで控えてたのは、君の生まれもっての奥ゆかしさからなんだろうね。
マーゴ	: 彼女が演劇にすごく興味を持っているの、聞いてるでしょう？
アディソン	: 僕たちは共通点があるね。
マーゴ	: じゃあ、あなたたち２人で、話に花が咲くはずよ。

■ cross off
delete とほぼ同じ意味。線を引きリストから語や語句を削除する場合に用いる表現。

■ Peter Pan
イギリスの劇作家ジェームズ・バリー (Sir James M. Barrie, 1860-1937) による幻想劇で初演は 1904 年。いつまでも大人にならない少年ピーター・パンがネバーランドでキャプテンフックを退治したり、妖精と繰り広げる物語はあまりに有名。ピーター・パンはしばしば永遠の少年時代・若さを象徴する。

■ that's why
ここでは that's why (you do not remember me.) の括弧内の語句が省略されている。that's why... は「だから～なのだ」「～なのはそのせいである」のように前述の内容に続いてその結果生じた事態、状況を述べる表現。

■ graduate
一般に大学の卒業生、学士を指す。a graduate of Oxford (または an Oxford graduate) (オックスフォード大学の卒業生) のように用いる。アメリカ英語では大学以外でも広く卒業生の意味で a high school graduate のように使い、口語では短く grad も用いられる。

■ I have no idea...
本文中の例のように後ろに文を伴い、「～について全く知らない」= I don't know at all. の意を表す。

■ at long last
as last (ついに、とうとう) に long を加えて強調した表現。

■ in passing
in passing は briefly、casually の意で、話の途中にほかの話題を持ち込むときなどによく用いられる。

■ for the longest time
for a long time を最上級 longest で強調した表現。

■ timidly
形容詞 timid (= shy and nervous) の名詞形で、-lly は「状態、性質、必要条件、程度」の意を表す抽象名詞を作る接尾辞。

■ kept you from mentioning it
「S + keep + O + from...ing」の型で「S は O が～することを妨げる」の意。keep は prevent (妨げる) とほぼ等しい。

■ have...in common
have much/little/in common (共通点が多い/ほとんどない) のようにも用いる。

EVE : I'm afraid Mr. DeWitt would find me boring before too long.

CLAUDIA : You won't bore him, honey. You won't even get a chance to talk.

ADDISON : Claudia, come here.

Addison leads Claudia to get a view of the lounge. He points to Max.

ADDISON : You see that man? That's Max Fabian, the producer. Now, go and do yourself some good.

CLAUDIA : Why do they always look like unhappy rabbits?

Addison removes Claudia's coat.

ADDISON : Cause that's what they are. Now go and make him happier.

A smile fills Claudia's face as she walks off to the lounge. Addison returns to Margo and Eve. He gives Claudia's coat to Margo and leads Eve off to the lounge.

ADDISON : Now, don't worry about your little charge. She'll be in safe hands.

Birdie comes down the stairs and takes the coat from Margo. Margo lifts her glass to toast Addison and Eve, then quickly finishes the entire drink.

MARGO : Amen!

イヴ ： 私の話なんか、ドゥイットさんはすぐに退屈だと思われますわ。

クローディア： あなたが彼を飽きさせることなんてないわよ。話す機会すらないでしょうから。

アディソン： クローディア、こっちへ来てくれ。

アディソンはクローディアを伴ってラウンジの見える所へ行く。彼はマックスを指さす。

アディソン： あの男性が見えるだろう？ あれはマックス・ファビアン、プロデューサーだ。さあ、行って自分を売り込んでおいで。

クローディア： どうして彼らっていつも不幸な顔したウサギみたいに見えるのかしら？

アディソンはクローディアのコートを取る。

アディソン： そりゃ実際そうだからさ。さあ、行って彼をもう少し幸せな気分にしておやり。

クローディアはラウンジへと歩いていきながら、顔中に笑みを浮かべる。アディソンはマーゴとイヴの所へと戻る。彼はクローディアのコートをマーゴに渡し、イヴをラウンジへと案内する。

アディソン： さて、君の小さな預かり人の心配は無用だよ。彼女は僕が面倒をみるから安心だ。

バーディが階段を下りてきて、マーゴからコートを受け取る。マーゴは手にしたグラスを掲げてアディソンとイヴに乾杯してから、その飲み物を一気に飲み干す。

マーゴ： アーメン！

■ boring
= irksome; monotonous; tedious; tiring; tiresome; uninteresting; wearisome

■ before too long
before[too]long で[very]soon の意。

■ view
ここでの view は「眺め、景色」のこと。
ex. We had a spectacular view of the mountains from our room.（私たちの部屋からは壮大な山の景色が見えた）

■ do yourself some good
この表現中の good は advantage, benefit と同義。「do + 目的語 + good」で「(人・事)に効果がある、役に立つ」という意味で次の例のように使われる。
ex. I'm afraid it won't do us any good.（それはあまり私たちのためにならないと思う）

■ charge
ここでの charge は、教師に対する生徒、ベビーシッターに対する乳幼児のように、保護や世話を受ける人を指す形式ばった用法である。ここではマーゴが引き取って面倒を見ているイヴを指す。

■ in safe hands
ここでの hand は、本文中の例のようにしばしば複数形で用いられて「保護、保管、世話」の意を表す。

■ amen
祈りの終わりに唱えるヘブライ語で、So be it.（かくあらせたまえ）の意。同意、承認、賛成の意を表す。

5

A Promise

INT. MARGO'S HOUSE / LOUNGE - NIGHT - Birdie walks in carrying a cup of coffee. A half-drunk Margo sits sadly next to the PIANIST playing "Liebestraum." Birdie offers the coffee to Margo, but she tosses the olive from her martini into the cup instead. Margo looks forlornly into her glass. The pianist starts playing a more up-beat tune.

MARGO	:	"Liebestraum."
PIANIST	:	I just played it.
MARGO	:	Play it again.
PIANIST	:	But that was the fourth straight time.
MARGO	:	Then this will be five.

The pianist plays "Liebestraum" again. Bill arrives at the piano.

BILL	:	Many of your guests have been wondering when they may be permitted to view the body. Where has it been laid out?
MARGO	:	It hasn't been laid out. We haven't finished with the embalming. As a matter of fact, you're looking at it. The remains of Margo Channing...sitting up. It is my last wish to be buried sitting up.
BILL	:	Wouldn't you feel more natural taking a bow?
MARGO	:	You know nothing about feelings, natural or unnatural.
BILL	:	Then without feelings, your guests were also wondering whether the music couldn't be a shade more on the...shall we say, happier side?
MARGO	:	If my guests do not like it here, I suggest they accompany you to the nursery where I'm sure you will all feel more at home.

約束

TIME 00:46:30
□□□□□□

屋内-マーゴの家／ラウンジ-夜-バーディが1杯のコーヒーを持って歩いてくる。『愛の夢』を演奏するピアニストの隣で、半ば酔ったマーゴが悲しげに座っている。バーディはコーヒーをマーゴに勧めるが、彼女は受け取る代わりに、マティーニからオリーブをつまんでカップに放り込む。マーゴはわびしげに自分のグラスの中をのぞく。ピアニストはもっと陽気な曲を弾き始める。

マーゴ　　：『愛の夢』を。
ピアニスト：今弾いたところですよ。
マーゴ　　：もう一度弾いて。
ピアニスト：しかし、さっきのは連続で4回目だったんですが。
マーゴ　　：じゃあ今度は5回目ね。

ピアニストは『愛の夢』を再び演奏する。ビルがピアノの所に来る。

ビル　　：君のゲストの多くが、いつ死体を拝めるのかと思ってるぜ。そいつはどこに安置してあるんだい？
マーゴ　：それはまだ安置してないの。まだ防腐処理が終わってないのよ。実際、あなたはそれを拝んでるわ。マーゴ・チャニングの遺体をね…座ったままの。座ったまま埋葬されるのが私の最後の望みよ。
ビル　　：お辞儀してる方がもっと自然だと思わないか？
マーゴ　：自然だろうが、不自然だろうが、あなたに人の気持ちなんて全然わからないわ。
ビル　　：では気持ちは抜きにして、君のゲストはこうも思ってるぜ。音楽がもっとこう…そう、もっと明るいものにならないかとね？
マーゴ　：もし私のゲストがここにいるのが嫌なら、あなたと一緒に保育園に行くことをお薦めするわ。そこならきっとあなたたちみんな、もっとくつろげるはずよ。

■ **Lioboctraum**
ハンガリーのピアニスト、作曲家フランツ・リスト(Franz List, 1811-86)作曲のピアノ曲『3つのノクターン』の第3番の名称。

■ **forlornly**
= hopelessly; cheerlessly; depressingly; desperately; miserably; pitifully

■ **tune**
= a song or piece of music
番組などのテーマ曲を signature tune という。

■ **permit**
= allow; give permission; grant; say yes

■ **body**
生死にかかわらず人間、動物の体。本文中のように人間の死体の場合は、corpseより穏やかな言い方。

■ **laid out**
laid は lay (置く、横たえる)の過去・過去分詞。lay out には「陳列する、計画する」などの意味もある。

■ **embalming**
遺体の修復や化粧も含め、薬品や香油などで遺体に防腐処置を施すこと。動詞形は embalm、このような処置を行う人を embalmer という。

■ **remains**
remains には「残り物、遺族、遺跡」などの意味があるが、ここでは「遺体」の意。これらの意味で用いるときは常に複数形であることに注意。

■ **sit up**
= sit in an upright position
体を起こして座っている状態をいう。

■ **a shade**
a little、slightly と同義。

■ **feel at home**
at home は「気楽に、くつろいで、順応して」の意。

103

Max arrives at the piano holding his lower chest.

MAX : Margo, you by any chance haven't got any bicarbonate of soda in the house?

MARGO : Poor Max. Heartburn? It's that Miss Caswell. I don't see why she hasn't given Addison heartburn.

BILL : No heart to burn.

MARGO : Everybody has a heart, except some people.

Margo stands up from the piano to comfort Max.

MARGO : Of course I've got bicarb. I've got a box in the pantry. We'll put your name on it. "Max Fabian." It will stay there always, just for you.

Max turns to Bill.

MAX : Let the rest of the world beat their brains out for a buck. It's friends that count.

Max turns back to Margo.

MAX : And I have friends.

MARGO : I love you, Max. I really mean it. I love you. Come to the pantry.

Margo walks off, as Max turns to Bill again.

MAX : She loves me like a father. Also, she's loaded.

INT. MARGO'S HOUSE / PANTRY - NIGHT - Margo and Max enter the pantry which is filled with decanters for the party. Margo opens a cupboard and pulls out some bicarbonate of soda for Max.

MARGO : There you are, Maxie dear. One good burp and you'll be rid of that Miss Caswell.

MAX : The situation I'm in ain't the kind you can belch your way out of. I made a promise.

マックスが自分の胸の下を押えながらピアノの所にやって来る。

マックス ： マーゴ、まさかこの家に重曹は置いていないよね？

マーゴ ： かわいそうなマックス。胸やけなの？ あのミス・カズウェルのせいね。どうして彼女はアディソンに胸やけを起こさせないのかしら。

ビル ： 焼ける胸なんて持ってないからさ。

マーゴ ： 誰でもハートは持ってるわ、例外の人もいるけどね。

マーゴはピアノ席から立ち上がり、マックスを慰める。

マーゴ ： もちろん、重曹は持ってるわ。パントリーに1箱置いてあるの。それにあなたの名前を書きましょう、「マックス・ファビアン」って。あなたのためだけにいつもそこに置いとくわ。

マックスはビルの方を向く。

マックス ： 世の中の残りの連中には、脳みそ絞って金の算段でもさせときゃいいんだ。大事なのは友人だよ。

マックスはマーゴに向きなおる。

マックス ： そしてわしには友人がいる。
マーゴ ： あなたのこと大好きよ、マックス。本当なんだから。愛してるわ。パントリーに来てちょうだい。

マーゴが歩き去ると、マックスは再びビルの方を向く。

マックス ： マーゴはわしを父親みたいに慕ってるんだ。それに．．酔っぱらっている。

屋内 － マーゴの家／パントリー － 夜 － マーゴとマックスは、パーティ用のデカンターが所狭しと並べられたパントリーに入る。マーゴは食器棚を開き、マックスのために重曹を取り出す。

マーゴ ： さあどうぞ、マキシー。1回大きくげっぷすればあなた、あのミス・カズウェルを追い払えるわ。

マックス ： わしがはまった状況はげっぷで抜け出せるようなものじゃないんだ。約束したんだよ。

■ haven't got
= don't have

■ bicarbonate
bicarbonate は重炭酸塩という化学物質。ここでは bicarbonate of soda のことで baking soda と同じもの。胃酸を中和する働きがあり、胸やけのときに水に溶かして飲む。

■ bicarb
= bicarbonate of soda

■ pantry
食料や食器を貯蔵するための部屋やクローゼットを指す。同意語に larder がある。

■ put
ここでは to write の意。

■ beat one's brains out
= to work hard at a task

■ for a buck
buck は口語で dollar (ドル) の意。

■ It's friends that count
count は to be important を意味する動詞で次の例のように用いられる。
ex. Happiness counts more than money.
(幸福はお金より大切である)

■ I really mean it
この mean は to genuinely intend to express something (本気で言う) の意。

■ loaded
この意味で用いるのは主にアメリカ英語の口語。ほかに「金持ちな」などの意味もある。

■ decanter
ワインやブランデーを入れる食卓用のガラス瓶。

■ Maxie
「Max + -ie」の造語。-ie、-y、ey などを名詞に付け、親愛を込めた表現として用いる。John → Johnnie、Ann → Annie のように人名に付く場合だけでなく、dog → doggie、bird → birdie などの幼児語と類似した現象である。

■ belch your way
「One's Way 構文」と呼ばれる形式で、動詞が示す動作をしつつある経路を進む状況を表す。もっとも基本的なものは make one's way。

■ make a promise
give a promise ともする。反対に「約束を破る」は break a promise。

MARGO	: To Miss Caswell? What?	To Miss Caswell ↻
MAX	: Oh, for an audition, you know, for this part we are replacing. What's her name? Your sister?	replace 代わりを見つける, 入れ替える

Margo spoons some bicarbonate of soda into a glass.

spoon スプーンですくう

MARGO	: One?
MAX	: No, two, please.
MARGO	: Well, if she can act, she might not be bad. She looks like she might burn down a plantation.
MAX	: Well, right now, I feel like there is one burning in me.
MARGO	: When's the audition?
MAX	: A couple of weeks.
MARGO	: Tell you what. Why don't I read with her?

burn down 焼き尽くす
plantation 大農園

a couple of ↻
Tell you what ↻

MAX	: Would you?
MARGO	: Anything to help you out, Max.
MAX	: Now that's cooperation. I appreciate it.
MARGO	: Not at all. And now you can do me a great favor, if you would.

cooperation 協力
appreciate 感謝する
do...a favor ↻

MAX	: Just name it.
MARGO	: Give Eve Harrington a job in your office.

name it 何でも言ってくれ ↻

Max drinks all the bicarbonate of soda in one go. He holds off a burp when he has finished.

hold off 〜を我慢する

MARGO	: You get quick action, don't you?
MAX	: I wouldn't think of taking that girl away from you.
MARGO	: You said yourself my inventory was in shape, all my merchandise put away. To keep her here with nothing to do, I'd be standing in her way. And you need her, Max.

in shape ↻
put away 片付ける

stand in her way ↻

マーゴ	：	ミス・カズウェルに？　何を？
マックス	：	ああ、オーディションだ。君も知ってるだろ、入れ替えることになってるあの役だよ。彼女の名前は何だっけ、君の妹役の？

マーゴはスプーンでいくらか重曹をすくい、グラスに入れる。

マーゴ	：	1杯？
マックス	：	いや、2杯頼む。
マーゴ	：	そうね、もし彼女に芝居ができるなら、悪くないかもしれないわ。大きな農園でも焼き尽くしそうに見えるもの。
マックス	：	ふむ、でも今はわし自身の中で火事が起きてるような気分だよ。
マーゴ	：	オーディションはいつ？
マックス	：	2週間後かな。
マーゴ	：	じゃあこうしましょ。私が彼女と一緒に台本を読むってのはどう？
マックス	：	やってくれるのかい？
マーゴ	：	あなたを助けるためなら何でもやるわ、マックス。
マックス	：	ああ、これぞ助け合いだ。感謝するよ。
マーゴ	：	どういたしまして。それで今度はあなたが私のお願い聞いてくれるかしら、もし聞いてくれればだけど。
マックス	：	言ってみてくれ。
マーゴ	：	イヴ・ハリントンをあなたの事務所で仕事させてちょうだい。

マックスは一気に重曹を飲み干す。飲み終えてから彼はげっぷを我慢する。

マーゴ	：	あなたはすぐ行動に移すでしょ？
マックス	：	あの娘を君から奪うことは考えられないよ。
マーゴ	：	あなた自分で言ったわよね、私の在庫は整理できたって。商品はすべて片付いたって。何もすることがないのにここに彼女を引き留めておくのは、私が彼女の邪魔をしてることになるわ。それにあなたには彼女が必要よ、マックス。

■ To Miss Caswell
文頭に You made a promise を補って考える。なお、「約束を守る」は keep one's promise, be true to one's promise、「約束を破る」は break one's promise とする。

■ a couple of
2個、2人など「2つの」の意味で用いられる場合と、a few (いくつかの) の意味で用いられる場合がある。ここでは「2つの」の意。

■ Tell you what.
「あのね、そうだな、じゃあこうしよう」
= I'll tell you what
提案などを持ちかける際に使う表現で、I know what. ともする。
ex. I'll tell you what. Let's have a party here. (ねえ、ここでパーティをしましょうよ)

■ do...a favor
「(人)の願いを聞いてやる」の意。人に頼みごとをするときに頻繁に用いる表現。
ex. Could you do me a small favor? (ちょっとお願いがあるのですが？)

■ name it
= you name it
ここでの name は specify (特定して言う) の意。「何でもすべて」のような意味で、いろいろな例を挙げる際に用いられることもある。
ex. She wants to try out everything — cooking, knitting, sculpting — you name it. (彼女は料理に編み物、彫刻でも何でもかんでもやってみたい)

■ In shape
ここでの shape は「整頓された状態」(orderly arrangement) の意味。

■ stand in her way
stand in a person's way で「人の進行方向を妨げる」の意。in a person's way または in the way で次のような例に用いられる。
cf. Can I move those books? They are in my way. (その本を動かしてもいいかしら？　邪魔になっているわ)

MAX	: What will she do?	
MARGO	: She'd be a great help. She'd read scripts, interview people you have to see, get rid of those you don't have to. You'd be a man of leisure, Maxie.	script 台本 get rid of... ～を取り除く、厄介払いをする a man of leisure ◎
MAX	: Well…	
MARGO	: Think of your health. More time to relax in the fresh air at a racetrack.	racetrack 競馬場
MAX	: I don't think it's such a good idea.	
MARGO	: Promise?	

Max shrugs his shoulders. Margo smiles and touches Max's face.

shrug one's shoulder 肩をすくめる ◎

MAX	: Promise.	
MARGO	: That's my Max.	

Lloyd walks in to the pantry.

LLOYD	: Oh, there you both are, both of you. Max, Karen's decided it's time to go.	there you both are ◎
MARGO	: Where is she now?	
LLOYD	: Up in your room.	
MAX	: If you'll excuse me, I'll go and tell Miss Caswell.	

Max leaves the pantry.

MARGO	: Who's left out there?	
LLOYD	: Too many. And, besides, you got a new guest. A movie star from Hollywood.	
MARGO	: Shucks! And I sent my autograph book to the cleaners. You disapprove of me when I'm like this, don't you?	shucks ちぇっ、しまった、くそっ、残念 ◎ autograph book サイン帳 disapprove of... ～を嫌う、気に入らない
LLOYD	: Not exactly. Sometimes, though, I wish I understood you better.	Not exactly ◎ though とはいっても、だが、でも ◎ I wish…better ◎
MARGO	: When you do, let me in on it.	let…in on (人)に～を打ち明ける ◎
LLOYD	: I will.	
MARGO	: How's the new one coming?	

マックス	：	彼女は何をやるのかね？
マーゴ	：	彼女はとても役立ってくれるわよ。台本を読んでくれるし、会わなければいけない人にインタビューをしてくれるし、会う必要のない人は追い払ってくれるでしょうね。あなたは悠々自適の生活ができるわ、マキシー。
マックス	：	そうだなあ…
マーゴ	：	自分の健康のことを考えて。競馬場の新鮮な空気の中でリフレックスする時間をもっと持たなきゃ。
マックス	：	それはあまりいい考えだと思わんがね。
マーゴ	：	約束よ？

マックスは肩をすくめる。マーゴは笑ってマックスの顔を手で触れる。

マックス	：	約束するよ。
マーゴ	：	それでこそ私のマックスだわ。

ロイドが歩いてパントリーに入ってくる。

ロイド	：	ああ、君たち、ここにいたんだね、2人とも。マックス、カレンが帰る時間だとさ。
マーゴ	：	彼女は今どこにいるの？
ロイド	：	2階の君の部屋さ。
マックス	：	じゃあ失礼して、私はカズウェルさんと話してこよう。

マックスはパントリーから立ち去る。

マーゴ	：	そっちに残っているのは誰？
ロイド	：	まだたくさんいるよ。それに加えて、新しい客も来た。ハリウッドからの映画スターだ。
マーゴ	：	残念！　クリーニング屋さんにサイン帳を出してしまったわ。こんなときの私をあなた、気に入らないのよね、そうでしょ？
ロイド	：	そうでもないさ。ときどき君のことがもっとよく理解できたらと思うことはあるけどね。
マーゴ	：	理解できたら、こっそり私に教えて。
ロイド	：	そうしよう。
マーゴ	：	次の新しい作品はどう？

■ a man of leisure
lady、gentleman など、of leisure とともに用いてあくせくと金を稼ぐ必要のない優雅な生活を送る人をいう。なお、ここでの leisure は「余暇、自由な時間」の意。

■ shrug one's shoulder
疑惑や無関心、不快などの気持ちを表すしぐさ。

■ there you both are
ここでの「There ＋ 代名詞 ＋ be 動詞」は、there に強勢を置き、文末が下降イントネーションで発音され、「あら（ほら）、〜がいた（来た）」の意。なお、人に物を差し出すときの「はい、どうぞ」を表す場合の There you are は文末を下降上昇調で発音する。

■ shucks
アメリカ口語で失望や後悔を表す間投詞的な表現。shuck は本来、豆のさやの部分や貝がらなどを指し、「値打ちのない、くだらないもの」のような意味で使われることがある。

■ Not exactly.
「そうでもない」
返事として使われて「全くその通りというわけではない」ほどの意。

■ though
文尾または本文中の例のように挿入的に用いて「しかし」ほどの意を表す。

■ I wish I understood you better
understood と過去形なのは、マーゴを理解できずにいるロイドがその現実の逆を想像しているため。すなわち仮定法過去の用法。

■ let...in on
ex. If you promise not to tell, I'll let you in on a secret.（誰にも言わないと約束するなら秘密を教えてあげよう）

109

LLOYD	: The play? Oh, all right, I guess.	
MARGO	: Cora. Still a girl of twenty?	Still a girl of twenty ↻
LLOYD	: Twenty-ish. It's not important.	
MARGO	: Don't you think it's about time it became important?	it's about time… ↻
LLOYD	: How do you mean?	
MARGO	: Don't be evasive.	evasive はぐらかすような，回避的な，曖昧な ↻
LLOYD	: Margo, you haven't got any age.	
MARGO	: Miss Channing is ageless. Spoken like a press agent.	ageless 不老の ↻ press agent 広報担当者
LLOYD	: I know what I'm talking about. After all they're my plays.	after all 何しろ，〜だって ↻
MARGO	: Spoken like an author. Lloyd, I'm not twenty-ish. I'm not thirty-ish. Three months ago I was forty years old. Forty! Four-Oh. That slipped out. I hadn't quite made up my mind to admit it. Now I suddenly feel as if I've taken all my clothes off.	slip out （秘密などが）うっかり漏れる，うっかり口をついて出る make up one's mind 決心する，決断する admit 真実であると認める as if まるで〜のように week after week 来る週も来る週も ↻
LLOYD	: Week after week, to thousands of people you're as young as you want.	
MARGO	: As young as they want, you mean. I'm not interested whether thousands of people think I'm six or six hundred.	
LLOYD	: Just one person, isn't that so? You know what this is all about, don't you? It has very little to do with whether you should play Cora. It has everything to do with the fact that you've had another fight with Bill.	have…to do with ↻
MARGO	: Bill's thirty-two. He looks thirty-two. He looked it five years ago. He'll look it twenty years from now. I hate men. Don't worry, Lloyd. I'll play your play. I'll wear rompers and come in rolling a hoop, if you like.	rompers ロンパース ↻ roll a hoop フラフープをする

INT. MARGO'S HOUSE / BEDROOM - NIGHT - Karen sits in front of a large mirror adjusting her hair. Eve enters the room.

adjust ↻

ロイド	:	芝居かい？　ああ、まあまあだと思う。
マーゴ	:	コーラよね。まだ20歳の女の子でしょ？
ロイド	:	20歳くらいだよ。そんなことは重要じゃない。
マーゴ	:	そろそろ重要になるころだと思わない？
ロイド	:	どういう意味だい？
マーゴ	:	ごまかさないで。
ロイド	:	マーゴ、君は年をとっちゃいないよ。
マーゴ	:	ミス・チャニングは年をとらない。広報担当者のような口ぶりね。
ロイド	:	自分が言っていることくらいわかっている。結局、僕の作品だからね。
マーゴ	:	作家みたいな口ぶりね。ロイド、私は20歳くらいじゃないよ。30歳くらいでもないのよ。3か月前に40歳になったわ。40！　4と0よ。ついしゃべっちゃったわ。まだそのことを自分でも認める決心がついてなかったんだけど。何だか急にすべて服を脱いだような気分になっちゃった。
ロイド	:	来る週も来る週も、何千人もの人々にとって君は君が望む若さのままだ。
マーゴ	:	彼らが望むような若さ、ってことね。何千人もの人が私のことを6歳だと思おうが、600歳だと思おうが興味ないわ。
ロイド	:	1人を除いて、そうだろう？　この原因が何なのか、君はわかっているんだろ？　君がコーラを演じるかどうかとはほとんど関係ない。君がビルとまた喧嘩したという事実とすべて関係している。
マーゴ	:	ビルは32歳よ。彼は32歳に見える。5年前も年相応に見えた。今から20年後だってそうでしょうよ。男の人って大嫌い。心配しないで、ロイド。あなたのお芝居は演じるわ。もしお望みならロンパースだって着るし、フラフープしながら出てもいいわ。

屋内－マーゴの家／寝室－夜－カレンが大きな鏡の前に座り髪を整えている。イヴが部屋に入ってくる。

■ Still a girl of twenty?
文頭の Is she が省略されたもの。

■ it's about time...
「It's about time ＋ 動詞の過去形」を含む節の形式で「もう～すべきときである」「当然～であるべきころだ」の意味。過去形を用いることによって、「すでにそうなっているはずであるのに」という含みがある。

■ evasive
＝ ambiguous; deceptive; devious; elusive; elusory; misleading; unclear; vague

■ ageless
ここでの -less は自由に名詞に付けて形容詞を作る接尾辞で、「～のない、～を免れた」などの意を表す。

■ after all
ここでの after all は先に述べたことに対して、理由などを付け加えている。
ex. I shouldn't be working so hard. I'm getting 70, after all.（そんなに必死に働かなくてもいいでしょう。何しろ70歳ですからね）

■ week after week
ここでの after は前後に同じ名詞を用いて反復、継続を表す。いら立ち、困惑などの気持ちを込めることが多い。

■ have...to do with
「～と関係がある／ない」という表現で、have と to do の間にくる語 nothing, a little, much, something, everything などによって関係の程度が表される。本文の例では very little、したがって「ほとんど関係がない」の意。

■ rompers
上着とブルマーが一続きになったような幼児の遊び着。

■ adjust
ここでの adjust は「（衣服などを）整える、あるべき状態にする」などの意。

KAREN : Who'd show up at this hour? It's time people went home.

Karen turns to Eve.

KAREN : Hold that coat up.

Eve holds the coat up for Karen to see. Karen whistles as she sees how expensive it looks.

KAREN : Whose is it?
EVE : Some Hollywood movie star's. Her plane got in late.
KAREN : Discouraging, isn't it? Women with furs like that where it never even gets cold.

EVE : Hollywood.

Eve throws the coat down on the bed.

KAREN : Tell me, Eve. How are things going with you? Happy?
EVE : There should be a new word for happiness. Being here with Miss Channing has been a... I just can't say. She's been so wonderful, done so much for me.
KAREN : Lloyd says Margo compensates for underplaying on stage by overplaying reality.

Karen stands up to put on her coat.

KAREN : Next to that sable, my new mink seems like an old bed jacket. You've done your share, Eve. You've worked wonders with Margo. Good night.

As Karen heads to the door, Eve restarts the conversation.

EVE : Mrs. Richards?
KAREN : Karen.

カレン	：こんな時間に誰が来たの？　みんな帰る時間よ。	

カレンはイヴの方に向く。

カレン	：そのコートを持ち上げてみて。	

イヴはカレンが見えるようにコートを持ち上げる。カレンはそれがどれほど高価そうかわかると口笛を吹く。

カレン	：それ誰の？	
イヴ	：どなたかハリウッドの映画スターの方のです。飛行機が遅れたとか。	
カレン	：気が滅入るわね、そうじゃない？　絶対に寒くなんかならない所なのにそんな毛皮を着る女たちなんて。	
イヴ	：ハリウッドですもの。	

イヴはコートをベッドの上に投げる。

カレン	：教えて、イヴ。どんなふうに過ごしてるの？　幸せ？	
イヴ	：幸せを表す新しい言葉がいるほどです。ここでチャニングさんと一緒にいられるのは…言葉では言えません。彼女は本当に素晴らしいし、私にとてもよくしてくださっています。	
カレン	：ロイドは、マーゴは舞台で控えめに演技している分、現実では過剰に振る舞って埋め合わせをしているんだと言っているわ。	

カレンはコートを着るために立ち上がる。

カレン	：そのセーブルと並ぶと、私の新しいミンクのコートは古い寝間着みたいだわね。あなたは自分のやるべきことをやっているわ、イヴ。あなたはマーゴに奇跡的な効果をもたらしている。お休みなさい。	

カレンがドアの方に向かうと、イヴが再び話し始める。

イヴ	：リチャーズ夫人？	
カレン	：カレンよ。	

■ show up
ここでは she did not show up.(彼女は現れなかった)のように to arrive の意を表しているが、「目立つ」の意味でもよく使われる。
cf. This painting will show up well against that wall.(この絵はあの壁にかけると目立つだろう)

■ expensive
一般の人では通常払えないような高い値段、経費を要することを暗示する。

■ discouraging
この語には勇気や希望を失わせる、あるいはまたやる気をなくさせる、とのニュアンスがある。

■ fur
コートや襟巻などの毛皮製品には furs(複数形)を用いる。

■ How are things going you?
相手の状況や状態を尋ねる疑問文。同様の表現に How are things[with you]?、How's with you/business/everything? などがある。

■ Happy?
Are you happy? のこと。

■ compensate for…
ex. Nothing can compensate for the loss of health.(何物も健康の喪失を償えない)

■ overplay
ex. He overplayed Romeo.(彼はロミオを大げさに演じた)

■ sable
クロテンはイタチに似た哺乳動物で褐色の毛皮が得られるために珍重されている。sable はクロテンとクロテンの毛皮の両方の意味を持つ。

■ bed jacket
パジャマやナイトガウンの上に羽織る短い上着で、通例、婦人用の短い上着。

■ do one's share
ここでの share は「役割、貢献」の意。

EVE	: Karen. Isn't it awful? I'm... I'm about to ask you for another favor, after all you've done already.	awful 嫌な, ひどい, とんでもない favor 願いごと, 頼みごと
KAREN	: Nobody's done so much, Eve. You've got to stop thinking of yourself as one of the hundred neediest cases. What is it?	neediest 極度に貧しい, 最も困窮している ◎
EVE	: Miss Channing's affairs are in such good shape, there isn't enough to keep me as busy as I should be really. Not that I'd even consider anything that would take me away from her. But, the other day, when I heard Mr. Fabian tell Miss Channing that her understudy was going to have a baby and they'd have to replace her...	be in good shape 良い状態である ◎ keep me as busy as... ◎ understudy 代役 have a baby 子どもを産む, 出産する replace 交替させる
KAREN	: And you wanna be Margo's new understudy?	wanna ◎
EVE	: I don't let myself think about it even. But I do know the part so well, and every bit of the staging, there'd be no need to break in a new girl. Suppose I had to go on one night to an audience that came to see Margo Channing. Oh, no. I couldn't possibly.	every bit 何から何まで, 細部まで staging （劇の）上演, 演出 be no need to... ～する必要はない ◎ break in 教え込む, 手ほどきをする Suppouse I...night ◎ couldn't possibly とてもできない, どうしてもだめ ◎
KAREN	: Well, I wouldn't worry too much about that. Margo just doesn't miss performances. If she can walk, crawl or roll, she plays.	miss performances 出演を逃す, 出演しない crawl 這う roll 転がる
EVE	: The show must go on.	The show must go on ◎
KAREN	: No, dear. Margo must go on. As a matter of fact, I don't see any reason why you shouldn't be her understudy.	
EVE	: Do you think Miss Channing would approve?	
KAREN	: I think she'd cheer.	cheer 声援する, 元気づく, 喜ぶ
EVE	: But Mr. Richards and Mr. Sampson?	
KAREN	: They'll do as they're told.	
EVE	: Then...would you speak to Mr. Fabian about it?	

イヴ	:	カレン。ひどくないですかね？　私…すでにこんなにあなたによくしていただいているのに、またお願いをしようとしているなんて。
カレン	:	誰も大したことなどしていないわ、イヴ。自分を最も援助が必要な 100 例の 1 つだと考えるのはよしなさい。どんなこと？
イヴ	:	チャニングさんの身の回りはずいぶん片付いてきて、実際のところ、私が忙しく働けるほどの仕事は残っていません。彼女から離れるような何かを考えているわけではありませんけど。でも、先日、ファビアンさんがチャニングさんに彼女の代役が出産するから、その代わりを探さなければいけないと話しておられるのを耳にしました…
カレン	:	それで、あなたがマーゴの新しい代役になりたいってわけね？
イヴ	:	そんなことを考えることさえもしないようにしています。でも、私はこの役のことも、演出の細部もよくわかっているから、新しい女の子に教え込んだりする必要もなくなるだろうと思って。マーゴ・チャニングを観に来た観客の前に、ある晩、私が立たなければならないとなったら。ああ、だめ。私にはとても無理です。
カレン	:	ええ、私はそのことはあまり心配していないわ。マーゴが舞台を休むことなんてないから。歩くか這えるか、それとも転がることができれば、彼女は演じるわ。
イヴ	:	ショーは続けなければなりませんものね。
カレン	:	いいえ、違うわ。マーゴが続けなければならないからよ。実のところ、あなたが彼女の代役になってはいけないという理由は見つからないわね。
イヴ	:	チャニングさんは賛成してくださるでしょうか？
カレン	:	喜ぶと思うわ。
イヴ	:	でもリチャーズさんやサンプソンさんは？
カレン	:	彼らは言われた通りにするわね。
イヴ	:	それでは…このことについてファビアンさんに話してもらえますか？

■ **neediest**
外部からの援助がなければ生活が困難な状態を暗示する語。neediest は needy の最上級。なお out of the hundred neediest cases は言葉のあやで、hundred は不要。

■ **be in good shape**
ここでの shape は体調、建物、機械、社会などの「状態、調子」の意。

■ **keep me as busy as…**
「S + keep + O + C」の型で「S は O を C の状態にしておく」の意を表す。C は名詞、形容詞(句)、分詞など。
ex. She kept her room clean.（彼女は部屋を綺麗にしていた）

■ **wanna**
want to の発音つづり。

■ **be no need to…**
ここでの need は necessity。
ex. There's no need to worry.（心配することはないよ）

■ **Suppose I had to go on one night**
「Suppose[that] S + V」で、「仮に〜だとしたら」の意味を表す。この表現は If 節に相当する前半の部分しか表現されないことがある。
ex. Suppose he refuses to cooperate.（仮に彼が協力を拒んだとしよう）

■ **couldn't possibly**
ここでの possibly は否定文で用いられて「どうしても、とうてい〜ない」を意味する。

■ **The show must go on.**
「ショーは続けなければなりませんものね」「今さら後には引けない」とか「人々は私たちがこれからすることを期待している」などの意を表して使われる決まり文句。

KAREN	: Of course.
EVE	: You won't forget?
KAREN	: I won't forget.
EVE	: I seem to be forever thanking you for something, don't I?

Eve kisses Karen on the cheek before walking out of the bedroom. As she leaves, Birdie enters.

BIRDIE	: The bed looks like a dead animal act. Which one is sable?
KAREN	: But she just got here.
BIRDIE	: Well, she's on her way with half the men in the joint. It's only a fur coat.
KAREN	: What'd you expect? Live sables?
BIRDIE	: Diamond collar, gold sleeves. You know, picture people.

Birdie and Karen leave the bedroom.

INT. MARGO'S HOUSE / STAIRWELL - NIGHT - Bill, Eve, Addison and Claudia sit on the lower stairs. Max stands in the doorway. The group are all listening to Addison. Karen and Birdie come down the stairs. Karen joins the sitting group, while Birdie passes through with the fur coat.

ADDISON	: (v.o.) Every now and then, some elder statesmen of the theater or cinema assures the public that actors and actresses are just plain folks...ignoring the fact that their greatest attraction to the public is their complete lack of resemblance to normal human beings.
CLAUDIA	: Now there's something a girl could make sacrifices for.
BILL	: And probably has.
CLAUDIA	: Sable.
MAX	: Sable? Did she say sable or Gable?

カレン	：	もちろん。
イヴ	：	忘れませんか？
カレン	：	忘れないわ。
イヴ	：	私、ずっと何かにつけてあなたに感謝することになりそうですね？

イヴは寝室から出ていく前にカレンの頬にキスをする。彼女が去ると、バーディが入ってくる。

バーディ	：	このベッドは死んだ動物の共演のようですね。どれがセーブルです？
カレン	：	でもこの方、着いたばかりよ。
バーディ	：	ええ、彼女は男たちの半分を連れていかがわしい酒場に繰り出すところです。ただの毛皮のコートね。
カレン	：	何を期待していたの？　生きたセーブルとでも？
バーディ	：	ダイヤモンドの襟に、金の袖。何しろ映画人ですからね。

バーディとカレンは寝室を出る。

屋内－マーゴの家／階段吹き抜け－夜－ビル、イヴ、アディソン、それにクローディアは階段の下の方に座っている。マックスは戸口に立っている。グループの全員がアディソンの話に聞き入っている。カレンとバーディが階段を下りてくる。バーディは毛皮のコートを持って通り抜けるが、カレンは座っている集団に加わる。

アディソン	：	(画面外)時々、演劇界や映画界の長老のなかに、俳優や女優はごく普通の人間に過ぎないと一般大衆に断言する者がいるが…それは大衆にとって彼らの最大の魅力が、普通の人間に全く似ていないことだという事実を無視している。
クローディア	：	ええ、女性が犠牲を払ってもいい何かがあるわ。
ビル	：	たぶんある。
クローディア	：	セーブルとか。
マックス	：	セーブル？　彼女はセーブルと言ったのか、それともゲーブルか？

■ thank a person for...
ex. Thank you for calling.(電話、ありがとう)

■ kiss a person on the cheek
身体や衣服の部分などについては定冠詞the を付ける。なお、この表現は kiss someone's cheek とすることもできる。後者はキスする部分に重点を置いた表現。

■ live sable
live を形容詞として用いるときは限定用法のみであり、叙述的には alive や living を用いる。
cf. He is still alive.(彼はまだ生きている)

■ every now and then
every now and again とも表すことができる。occasionally と同義。

■ assure
ex. He assured us that everything would turn out well.(万事うまくいくと、彼は我々を安心させた)

■ human being
動物、神、幽霊、妖精など、人間以外のものとの区別に重点がある。なお、being とは「存在、存在するもの、人間」の意。

■ make sacrifices for...
さまざまな犠牲的行為を表して複数形を用いる。

■ Gable
– William Clark Gable (1901-60)
アメリカの映画俳優、トーキー映画初期のビッグスター。『或る夜の出来事』(It Happened One Night, 1934)で主演男優賞を受賞、『戦艦バウンティ号の叛乱』(Mutiny on the Bounty, 1935)、『風と共に去りぬ』(Gone With the Wind, 1939)はアカデミー賞を受賞、第2次世界大戦にも参戦した。

CLAUDIA : Either one.

ADDISON : We all have abnormality in common. We're a breed apart from the rest of humanity, we theater folk. We are the original displaced personalities.

BILL : You won't have to read his column tomorrow, Eve. You just heard it. I don't agree, Addison.

ADDISON : That happens to be your particular abnormality.

BILL : I'll admit there's a screwball element in the theater. It sticks out, it's got spotlights on it and a brass band. But it isn't basic. It isn't standard. If it were, the theater couldn't survive.

A waiter passes by with a tray of glasses filled with wine.

CLAUDIA : Oh, waiter.

ADDISON : That isn't a waiter, my dear. That's a butler.

CLAUDIA : Well, I can't yell out "butler" can I? Maybe somebody's name is Butler.

ADDISON : You have a point. An idiotic one, but a point.

CLAUDIA : I don't wanna make trouble. All I want is a drink.

MAX : Leave it to me. I'll get you one.

CLAUDIA : Thank you, Mr. Fabian.

ADDISON : Well done. I can see your career rising in the east like the sun. (to Bill) You were saying?

BILL : Oh, I was saying that the theater is nine-tenths hard work. Work done the hard way - by sweat, application and craftsmanship. I'll agree to this, to be a good actor or actress, or anything in the theater, means wanting to be that more than anything else in the world.

クローディア：どちらでもいいわ。
アディソン：我々はみな共通して異常さというものを持っている。我々はほかの人間とは異なる種族なんだ、演劇界の人間はね。そもそも流民なんだよ。

ビル：明日の彼のコラムは読む必要ないよ、イヴ。今聞いたとおりだ。僕は賛成しないな、アディソン。

アディソン：そこがたまたま君特有の異常なところさ。

ビル：演劇界に風変わりな要素があるってことは僕も認める。そこが目立つし、そこにスポットライトが当たり、ブラスバンドが鳴り響く。だが、それが基本ではない。それが標準なんかじゃない。もしそうなら、演劇界は生き残れないさ。

ウェイターがワインで一杯のグラスを載せたトレーを手に通り過ぎる。

クローディア：ああ、ウェイター。
アディソン：あれはウェイターじゃない、君。バトラーだよ。
クローディア：でも、「バトラーさん」って叫べないでしょ？バトラーって名の人がいるかもしれないもの。
アディソン：君の言うことはもっともだ。ばかげているが、一理ある。
クローディア：もめごとはごめんだわ。私はただ飲みたいだけ。

マックス：わしに任せなさい。君に取ってきてあげよう。
クローディア：ありがとう、ファビアンさん。
アディソン：よくやった。君のキャリアが太陽のように東から昇っていくのが見えるよ。（ビルに）君が話していたのは？
ビル：ああ、演劇界の９割は勤勉さによって作られると言っていたところだ。大変な思いをして作られる——汗と精進と職人芸によってね。演劇界でよい俳優やよい女優、何であれその他の演劇界の人間になることは、この世のほかのどんなもの以上にそれを目指すことだ、という点には賛成する。

■ displaced personality
displace が動かしがたいものを無理に移動させることから、displaced personality は戦争や圧政のために故国を追われた人。

■ screwball
= irrational; crazy; strange; odd

■ survive
不利な状況にも負けず首尾よく生き続けること、何かの事故や事件の後も生き残ることを意味する。

■ have a point
ex. She had to admit that they had a point.（彼女は彼らの言うことに一理あると認めざるを得なかった）

■ idiotic
stupid より強意的。

■ leave it to me
ここでの leave は行動や決定などを人、者、事に「任せる、ゆだねる」こと。
ex. She left the cooking to me.（彼女は料理を私に任せた）

■ Well done.
「よくやった、でかした」
賞賛、祝福の決まり表現で、You did that nicely. ほどの意。

■ You were saying?
「君が話していたのは？」
話が中断した際に、相手が言っていたことを聞き返すときの表現。

■ nine-tenths
分数を言い表す場合、分子を奇数、分母を序数で表し、分子が２以上の場合は分母を複数形にする。

EVE	: Yes. Yes, it does.	
BILL	: It means a concentration of desire or ambition and sacrifice such as no other profession demands. And I'll agree that the man or woman who accepts those terms can't be ordinary, can't be just someone. To give so much for almost always so little.	concentration 集中, 専念, 集結したもの profession 職業 ⊘ demand 求める, 必要とする ⊘ terms 条件
EVE	: "So little"? "So little", did you say? Why, if there's nothing else, there's applause. I've listened backstage to people applaud. It's like, like waves of love coming over the footlights and wrapping you up. Imagine, to know every night that different hundreds of people love you. They smile, their eyes shine, you've pleased them. They want you. You belong. Just that alone is worth anything.	applause 声援, 拍手喝采 footlight 脚光, フットライト wrap up 包み込む, くるむ imagine 想像する, 仮定する, 心に描く

Eve stands up as Margo and Lloyd come from the pantry. Margo walks straight up to Eve.

MARGO	: Don't get up. And please stop acting as if I were the queen mother.	queen mother 皇太后 ⊘
EVE	: I'm sorry, I didn't…	
BILL	: Outside of a beehive, Margo, your behavior would hardly be considered either queenly or motherly.	outside of… ～を別にしたら hardly ほとんど～ない ⊘
MARGO	: You're in a beehive, pal. Didn't you know? We're all busy little bees, full of stings, making honey day and night. Aren't we, honey?	beehive ミツバチの巣箱, 蜂の巣 sting 針 day and night 昼も夜も, 日夜, 絶えず ⊘
KAREN	: Margo, really.	honey あなた, きみ, おまえ ⊘
MARGO	: Please don't play governess, Karen. I haven't your unyielding good taste. I wish I could have gone to Radcliffe, too, but Father wouldn't hear of it. He needed help behind a notions counter. I'm being rude now, aren't I? Or should I say, ain't I?	governess 女性の家庭教師 unyielding 何事にも屈しない, 断固とした, 堅い, 絶対的な hear of… ～を聞き入れる, 受け入れる ⊘ notions 小間物, 日用雑貨 I'm being rude…aren't I ⊘

120

イヴ	:	ええ。そう、その通りですわ。
ビル	:	それはほかのどんな職業でも要求されないような欲望や野心、そして犠牲の凝縮が求められるということだ。だから、こんな条件を受け入れられる男女が普通であろうはずがない、ただのどこかの誰かであろうはずがない、ということには賛成する。これほどまでに多大な努力をしてもほとんどいつも得られるものはあまりにも少ない。
イヴ	:	「あまりにも少ない」？「あまりにも少ない」とおっしゃいました？ でも、ほかに何もなくても、拍手がありますわ。私は人々が拍手するのを舞台裏で聞いてきました。それは、まるでフットライトを超えてやってきて全身を包み込む愛の波動のようです。想像してみてください、毎晩異なる何百人もの人々が自分を愛してくれるのを実感できるということを。彼らはほほ笑み、その目は輝いている、自分が彼らを喜ばせたのです。彼らは自分を求めている。自分の居場所がある。それだけでも何ものにも代え難いものです。

■ profession
occupation のことだが、profession は専門的知識とか訓練を必要とする職業をいう。

■ demand
権威を持って要求する。

イヴはマーゴとロイドがパントリーから来ると立ち上がる。マーゴはイヴの所に真っ直ぐに歩いていく。

マーゴ	:	立たないで。それにまるで私が皇太后でもあるかのように振る舞うのをやめてちょうだい。
イヴ	:	ごめんなさい、そんなつもりでは…
ビル	:	ミツバチの巣箱の外では、君の行動が女王や母親のようだと思われることはほとんどないよ、マーゴ。
マーゴ	:	あなたは巣箱にいるのよ。知らなかったの？ 私たちはみんな忙しい働きバチ、いっぱい針をもって日夜蜂蜜を作っている。そうでしょ、あなた？
カレン	:	マーゴ、ほんとにもう。
マーゴ	:	家庭教師みたいに振る舞うのはやめてくれない、カレン。私はあなたのように何事にも屈しない上品さは持ち合わせていないの。私もラドクリフ大学に行きたかったけど、父が聞き入れてくれなかったからさ。彼は小間物屋のカウンターに立つお手伝いが欲しかったのよ。私って今失礼なことを言ってるかしら、どう？ それともどうだべって言うべき？

■ queen mother
現在の国王または女王の母である先王の未亡人、王子または王女のある現女王。親しみを込めて Queen Mum ともいう。

■ hardly
この語は barely や scarcely と共に否定を含意する。

■ day and night
night and day ともする。

■ honey
夫、妻、恋人など愛する人や子どもへの呼びかけに用いる。

■ governess
子どものしつけ、教育を受け持ち、住み込みの場合が多い。

■ hear of...
この意味の場合は主に will, would, could not の否定文で用いられる。

■ I'm being rude now...aren't I?
be 動詞のような状態動詞は原則として進行形にしないが、一時的な状態を表す場合は例外。主語が故意にそうしているという含みを持つことが多い。
ex. Nancy is being kind for the moment.
（ナンシーは今だけ親切にしている）

ADDISON	: You're maudlin and full of self-pity. You're magnificent.	maudlin 感傷的な, 涙もろい self-pity 自己に対する哀れみ magnificent 立派な, 素晴らしい
LLOYD	: How about calling it a night?	call it a night 打ち切る, お開きにする
MARGO	: And you pose as a playwright. A situation pregnant with possibilities, and all you can think of is "everybody go to sleep."	pose as… ～を装う, ふりをする pregnant with… ～に満ちた
BILL	: It's a good thought.	
MARGO	: It won't play.	
KAREN	: As a nonprofessional, I think it's an excellent idea. Excuse me.	nonprofessional 専門家でない人, 素人 excellent 素晴らしい, 卓越した

Karen goes down the stairs.

KAREN	: Undramatic, perhaps, but practical.	
MARGO	: Happy little housewife.	
BILL	: Cut it out.	cut it out やめる, よす, 黙る
MARGO	: This is my house, not a theater. In my house you're a guest, not a director.	
KAREN	: Then stop being a star and stop treating your guests as your supporting cast.	supporting cast 脇役
LLOYD	: Now, let's not get into a big hassle.	hassle 口論, けんか, 激論
KAREN	: It's about time we did. It's about time Margo realized that what's attractive on stage need not be necessarily attractive off.	not be necessarily… 必ずしも～ではない off
MARGO	: All right! I'm going to bed.	go to bed 床につく, 寝る

Margo stumbles through Bill and Addison sitting on the stairs. She stops just behind Addison.

MARGO	: You be host. It's your party. Happy birthday. Welcome home. And we who are about to die salute you.	stumble よろめきながら歩く, よろけながら歩く we who…you
BILL	: Need any help?	Need any help
MARGO	: To put me to bed? Take my clothes off, hold my head? Tuck me in, turn out the lights and tiptoe out? Eve would, wouldn't you, Eve?	put a person to bed 寝かせる tuck…in 気持ちよく毛布でくるむ tiptoe 抜き足差し足で歩く, 忍び足で歩く
EVE	: If you'd like.	
MARGO	: I wouldn't like.	

アディソン	：	君は感傷的になっていて自分をひどく哀れんでいる。君は素晴らしいのに。
ロイド	：	ここでお開きにするのはどうだい？
マーゴ	：	で、あなた、劇作家を気取るわけね。いろいろな展開が考えられる状況なのに、あなたが思いつくのはただ「みんなもう寝よう」ということだけなの。
ビル	：	いい考えだ。
マーゴ	：	そんなの芝居にならないわ。
カレン	：	私は素人だけど、素晴らしい考えだと思う。失礼するわ。

カレンは階段を下りる。

カレン	：	たぶん劇的じゃないけど、でも現実的ね。
マーゴ	：	幸せなかわいい主婦さん。
ビル	：	やめろ。
マーゴ	：	ここは私の家で劇場じゃないのよ。私の家ではあなたは客で、演出家じゃない。
カレン	：	それならスター気取りをするのも、招待客をお芝居の脇役のように扱うのもやめてくれない。
ロイド	：	さあ、いざこざを起こすのはよそう。
カレン	：	起こしてもいい頃よ。舞台で人目を引く振る舞いが、舞台以外では必ずしも魅力的だとは限らないということをマーゴが自覚してもいい頃よ。
マーゴ	：	わかったわよ！　もう寝るわ。

マーゴは階段に座るビルとアディソンの間をよろめきながら通り抜けると、アディソンのすぐ後ろで止まる。

マーゴ	：	あなたが主役なのよ。あなたのパーティよ。お誕生日おめでとう。お帰りなさい。それから死に赴く我らはあなたを賛美するものであります。
ビル	：	助けが必要かい？
マーゴ	：	私を寝かしつけるための？　服を脱がせて、頭に手を当てて？　毛布を掛け、電気を消し、そしてそっと出ていくってわけ？　イヴ、あなたならやってくれるでしょ？
イヴ	：	もしお望みなら。
マーゴ	：	望まないわよ。

■ call it a night
夜間の仕事などを打ち切るという意味からきた表現。

■ pregnant with...
ここでの pregnant は「妊娠している」ではなく、filled with something の意。

■ nonprofessional
ここでの non- は自由に名詞、形容詞、副詞に付けて「非、不、無」の意を表す接頭辞。

■ excellent
= superior; wonderful; admirable; exquisite; fine; great; superb

■ cut it out
通例、命令文で使われる。かなり失礼な言い方。

■ not be necessarily...
necessarily は否定語を伴って「必ずしも～ない」の意。なお、not necessarily は部分否定。

■ off
ここでは off stage のこと。

■ go to bed
「起きる」は get out of bed, get up from bed、「寝床で起き上がる」は sit up in bed、「病気で寝ている」は be ill in bed、「床を離れる」は leave one's bed、「病床についている」は keep one's bed, be confined to one's bed。

■ we who are about...die salute you
古代ローマの剣闘士が戦闘のために円形闘技場へ入る前にローマ皇帝に呼びかけた言葉。ちなみに、salute は「敬意を表する、称える、あいさつする」の意。

■ Need any help?
「手を貸そうか？」
文頭の do you が省略されたもので、助けを申し出る際の決まり文句。

■ tuck...in
夜具を胸の上まで引き上げて、心地よくくるむこと。

■ tiptoe
ここでは tiptoe out of the room。

Margo goes to her bedroom. Claudia takes the drink Max is holding.

MAX	: Oh, I forgot I had it.
CLAUDIA	: I didn't.

Bill runs up the stairs.

ADDISON	: Too bad. We're gonna miss the third act. They're gonna play it offstage.

Eve sits down, looking distraught.

LLOYD	: Coming, Max?
KAREN	: In a minute.

Karen goes to Eve to comfort her.

KAREN	: Eve, you mustn't mind Margo too much, even if I do.
EVE	: There must be some reason, something I've done without knowing.
KAREN	: The reason is Margo and don't try to figure it out. Einstein couldn't.
EVE	: But if I thought I'd offended her, of all people...
KAREN	: Eve... I'm fond of Margo, too. But I know Margo. And every now and then, there is nothing I wanna do so much as kick her right square in the pants.
EVE	: Well, if she has to pick on someone. I'd just as soon it was me.
LLOYD	: Max is gonna drop us.
ADDISON	: Good night.
LLOYD	: Good night.
KAREN	: Good night.
EVE	: Mrs. Richards? You won't forget, will you? What we talked about before?
KAREN	: No, Eve. I won't forget.

Lloyd, Max and Karen leave down the stairs.

マーゴは自分の寝室に向かう。クローディアはマックスが持っている飲み物を取る。

マックス　　：ああ、持っていたのを忘れていた。
クローディア：私は忘れていなかったわ。

ビルが階段を駆け上がる。

アディソン　：残念だ。第3幕を観損なってしまう。彼らは舞台裏で演じるつもりだ。

イヴは取り乱した様子で座っている。

ロイド　　　：マックス、帰るか？
カレン　　　：ちょっと待って。

カレンは慰めようとイヴの所に行く。

カレン　　　：イヴ、私はともかく、あなたはあまりマーゴのこと、気にしちゃだめよ。
イヴ　　　　：何か理由があるんですわ、知らないうちに私は何かしてしまったのかも。
カレン　　　：理由はマーゴよ、だからその答えを出そうとするのはやめなさい。アインシュタインでも無理よ。
イヴ　　　　：でもこともあろうにこの私があの人を怒らせてしまったらと思うと…
カレン　　　：イヴ…私もマーゴは好きよ。でも私はマーゴのことは知っていて、時々、無性に彼女をひどい目に遭わせたくて仕方がないときがあるわ。
イヴ　　　　：でも、もしあの人が誰かをいじめなければ気が済まないなら、むしろ私であればいいと思います。
ロイド　　　：マックスが我々を送ってくれるそうだ。
アディソン　：お休み。
ロイド　　　：お休み。
カレン　　　：お休みなさい。
イヴ　　　　：リチャーズ夫人？　忘れませんよね？　先ほどお話ししたこと？
カレン　　　：ええ、イヴ。忘れないわ。

ロイド、マックスそれにカレンが階段を下りて帰る。

■ I had it
ここでの it は the drink のこと。

■ Too bad.
「残念、ついていない」
It's too bad. のことで It's a pity, but nothing can be done about it. ほどの意。

■ gonna miss
going to miss のことで、gonna は going to の発音つづり。

■ Coming
文頭の Are you が省略されたもの。

■ Einstein
= Albert Einstein (1879-1955)
ドイツ生まれのアメリカの物理学者。1940年にアメリカの市民権を得た相対性原理の提唱者で、1921年にノーベル物理学賞を受賞した。「天才」の意でしばしばこの名が使われる。

■ be fond of…
「〜が好きになる」は become fond of, get fond of.

■ square
= directly; fairly; honestly; straight
ex. I looked her square in the eyes (私は彼女の目をまともに見た)

■ I'd just as soon…
ex. I'd just as soon you didn't tell anyone about that. (どちらかと言えば君にそのことを誰にも口外してほしくない)

Understudy

EXT. / INT. THEATER / THEATER LOBBY - DAY - A taxi stops outside a theater. Margo steps out of the taxi and enters the theater. A billboard with a caricature of Margo, promoting her new play is displayed on the theater wall. It reads: MARGO CHANNING "AGED IN WOOD" Addison is seated in the lobby, smoking a long pipe cigarette as Margo enters.

MARGO	: Why so remote, Addison? I should think you'd be at the side of your protegee, lending her moral support.
ADDISON	: Miss Caswell at the moment is where I can lend no support, moral or otherwise.
MARGO	: In the ladies', shall we say, "lounge"?
ADDISON	: Being violently ill to her tummy.
MARGO	: It's good luck before an audition. She'll be alright once it starts.
ADDISON	: Miss Caswell got lucky too late. The audition is over.
MARGO	: Over? It can't be. I came here to read with Miss Caswell. I promised Max.
ADDISON	: The audition was called for two thirty. It's now nearly four.
MARGO	: Is it really? I must start wearing a watch. I never have, you know. Who read with Miss Caswell? Bill?
ADDISON	: No.
MARGO	: Lloyd?
ADDISON	: No.
MARGO	: Well, it can't have been Max. Who?
ADDISON	: Naturally enough, your understudy.
MARGO	: I consider it highly unnatural to allow a girl in an advanced state of pregnancy...

代役

TIME 01:02:36
□□□□□□

屋外／屋内－劇場／劇場ロビー－昼－タクシーが劇場の前に止まる。マーゴがタクシーから下りて劇場に入る。マーゴの新しい芝居を宣伝する、彼女が滑稽に描かれた広告板が劇場の壁に掲げられている。それには「マーゴ・チャニング『樽で熟成』」とある。マーゴが入っていくと、アディソンがロビーに座って長いパイプでタバコを吸っている。

マーゴ	: なぜ１人なの、アディソン？　秘蔵っ子の横にいて、彼女に心の支えになるべきだと思うけど。
アディソン	: ミス・カズウェルは目下、精神的にもそれ以外でも私が助けることのできない所にいる。
マーゴ	: トイレね、「ラウンジ」とでもいいましょうか？
アディソン	: ひどくお腹をやられたようだ。
マーゴ	: オーディションの前で運がいいわ。始まったら良くなるわよ。
アディソン	: ミス・カズウェルの幸運は手遅れだった。オーディションは終わったよ。
マーゴ	: 終わった？　そんなはずないわ。私はミス・カズウェルと台本を読むためにここへ来たのよ。マックスと約束したの。
アディソン	: オーディションは２時半からだった。今はもうすぐ４時だぞ。
マーゴ	: 本当？　時計をつけるようにしないといけないわね。ほら、私、持ったことないのよ。ミス・カズウェルとの台本読みは誰がしたの？　ビル？
アディソン	: いや。
マーゴ	: ロイド？
アディソン	: いや。
マーゴ	: うん、マックスってことないはずだし。誰？
アディソン	: ごく自然なことだが、君の代役さ。
マーゴ	: 妊娠後期の女の子にやらせるなんてかなり不自然だと思うけど…

■ caricature
風刺的あるいは滑稽に描いた画。

■ remote
ここではほかの人たちから「遠く離れた」との意。

■ protegee
protegee は女性形、protege は男性形。

■ moral or otherwise
or otherwise は「～にせよそうでないにせよ、～かそうでない」など、形容詞的、副詞的、名詞的に用いられる。ここでは「精神的なものであろうと何であろうと」の意。

■ ladies'
ladies' room のことで、ladies ともする。

■ violently
程度について用いられて very intensely or strongly の意を表す。

■ tummy
= stomach; belly

■ alright
= all right

■ read
ここでは、オーディションでセリフを朗読すること。俳優がセリフを「読み合わせする」の意でも使われる。

■ can't have been...
「助動詞 + have + 過去分詞」で現在から過去のことを推量して述べる。また過去において実行されなかった行為を批判的に述べる。ここでは前者の用法。

■ highly
= very; awfully; extremely; greatly; tremendously; terribly

■ advanced state of pregnancy
advanced が時について用いられた場合は「進んだ、進行した」ほどの意。ここでは「妊娠後期、出産間近」となる。

127

ADDISON : I refer to your new and unpregnant understudy, Miss Eve Harrington.
MARGO : Eve? My understudy?
ADDISON : Didn't you know?
MARGO : Of course I knew.
ADDISON : It just slipped your mind?
MARGO : How...was Miss Caswell?
ADDISON : Frankly, I don't remember.
MARGO : Just slipped your mind?
ADDISON : Completely. Nor, I'm sure, can anyone else present tell you how Miss Caswell read, or whether Miss Caswell read or rode a pogo stick.
MARGO : Was she that bad?
ADDISON : Margo, as you know, I have lived in the theater as a Trappist monk lives in his faith. I have no other world, no other life. And once in a great while, I experience that moment of revelation for which all true believers wait and pray. You were one. Jeanne Eagels another, Paula Wessely, Hayes. There are others, three or four. Eve Harrington will be among them.
MARGO : I take it she read well.
ADDISON : It wasn't a reading, it was a performance. Brilliant, vivid, something made of music and fire.
MARGO : How nice.
ADDISON : In time, she'll be what you are.
MARGO : A mass of music and fire. That's me. An old kazoo with some sparklers.

Margo walks up to a large version of her caricature which stands next to the door.

MARGO : Tell me, was... Bill swept away too? Or were you too full of revelation to notice?

アディソン　：僕が言っているのは、妊娠していない君の新しい代役、ミス・イヴ・ハリントだ。

マーゴ　：イヴが？　私の代役？

アディソン　：知らなかったのか？

マーゴ　：もちろん知ってたわ。

アディソン　：うっかり忘れていたか？

マーゴ　：どうだった…ミス・カズウェルは？

アディソン　：正直言って、覚えていない。

マーゴ　：うっかり忘れたのかしら？

アディソン　：完全にね。そこにいた人間でほかの誰もミス・カズウェルがどんなふうに読んだのか、それともミス・カズウェルは読んだのか、ホッピング棒に乗っていたのかを言える者はきっといないだろう。

マーゴ　：そんなにひどかったの？

アディソン　：マーゴ、知っていると思うが、私はトラピスト会修道士が信仰に生きるように演劇界で暮らしてきた。私にはほかの世界はなかった、ほかのどんな生き方も。そして、本当にごくたまにだが、すべての真の信者が待ちわびて祈る啓示の瞬間に遭遇する。君もそうだった。また、ジーン・イーゲルズ、パウラ・ヴェッセリやヘイズもそうだった。ほかにも3、4人いる。イヴ・ハリントンはその仲間入りを果たすだろう。

マーゴ　：彼女が上手く読んだということね。

アディソン　：あれは読んだというのではなく、演技そのものだった。輝いて、生き生きとして、音楽と炎を秘めた演技だったよ。

マーゴ　：まあ素敵。

アディソン　：やがて、彼女は君のようになるだろう。

マーゴ　：音楽と炎の固まり。これが私ね。線香花火付きの古いカズー笛。

マーゴがドアの横に立つ大判の自分の風刺画の方に歩く。

マーゴ　：教えて…ビルも夢中だった？　それとも、あなたもまた啓示のことで頭がいっぱいで気づかなかったのかしら？

■ slip one's mind
slip が「滑り落ちる」から、この表現は出来事や人の名前などが記憶、意識、心から「抜ける、消え去る」の意を表す。

■ frankly
frankly speaking のこと。

■ pogo stick
竹馬に似た遊び道具、上部に一対の取っ手と底部に強力なバネが付いていて、取っ手を握り、足掛け台に乗って跳びはねて進む。pogo-stick ともする。なお、pogo は以前は商標名。

■ Trappist
トラピスト会とは1664年フランス Normandy の La Trappe に設立された厳格な戒律を守るシトー修道会系の会。厳重な沈黙、完全な共同生活、菜食を特色とした。ただし、現在は乳類をとることができる。

■ monk
ここではトラピスト会士のこと。なお、monk とは宗教上の特殊な規則に従い、清貧、貞潔、従順の誓いを立てて共同生活を営む修道会の一員として世を捨てた人。

■ Jeanne Eagels
オーストリアの女優（1890-1929）。ミズーリ州カンザスに生まれ、7歳のときからステージに立ち、15歳の頃から旅回りの劇団と中西部を公演して回る。ハリウッド映画にも何本か出演したが、ヘロインの過剰摂取により若くしてこの世を去った。

■ Hayes
= Helen Hayes（1900-93）
アメリカの女優で、5歳のときから舞台に立ち、シェークスピアやオニールなどの作品に主演して、人気を博した。映画にも出演し、『マデロンの悲劇』（The Sin of Madelon Claudet, 1931）でアカデミー賞を受賞している。なお、ニューヨークのヘレン・ハイズ劇場は彼女の舞台生活50年を記念して命名されたもの。

■ take it
成句的に take it[that] の型で「〜であると思う」の意を表す。なお、この it は、通例、省略できない。

■ kazoo
両端が開いた筒の洞に羊皮紙や薄膜を貼った穴が1つあるおもちゃの笛で、穴に向かって歌うかハミングすると、自分の声が違って聞こえる。

ADDISON : Bill didn't say. But Lloyd was beside himself. He listened to his play as if it had been written by someone else, he said. It sounded so fresh, so new, so full of meaning.

MARGO : How nice for Lloyd. How nice for Eve. How nice for everybody.

ADDISON : Eve was incredibly modest. She insisted that no credit was due her. That Lloyd felt as he did only because she read his lines exactly as he'd written them.

MARGO : The implication being that I had not been reading them as written?

ADDISON : To the best of my recollection, neither your name nor your performance entered the conversation.

Claudia comes out of the bathroom and joins Addison and Margo.

ADDISON : Ah, feeling better, my dear?

CLAUDIA : Like I just swam the English Channel. Now what?

ADDISON : Your next move, it seems to me, should be towards television.

Margo leaves, walking between the two.

CLAUDIA : Tell me this. Do they have auditions for television?

ADDISON : That's, ah...all television is, my dear. Nothing but auditions.

INT. THEATER GALLERY - DAY - Margo enters the theater and walks down the aisle towards the stage. Max sits in one of the seats. Margo lifts her fur coat to slide over Max's head as she walks between a two rows of seats without talking to him.

MAX : Margo, darling. Ahem.

Max warns Bill, Lloyd and Eve on the stage that Margo is coming.

アディソン　：ビルは何も言わなかった。しかしロイドは我を忘れていたよ。自分の作品なのに、ほかの誰かの作品でもあるかのように聞き入ってしまったと言っていた。実に新鮮で斬新で含蓄に富んでいたとね。

マーゴ　：ロイドにとって良かったわね。イヴにとっても良かった。みんなにとって結構なことじゃない。

アディソン　：イヴは信じられないほど謙虚だったよ。彼女は、自分はどんな手柄にも値しないと言っていた。ロイドが書いた通りに正確に彼のセリフを読んだだけなので、彼がそう感じたのだろうと。

マーゴ　：私が書かれた通りに読んでいなかったという意味ね？

アディソン　：私が覚えている限り、君の名前も君の演技のことも話には出なかったさ。

クローディアがトイレから出てきてアディソンとマーゴに加わる。

アディソン　：あ、良くなったかい、君？
クローディア：イギリス海峡を泳いで渡った直後のようだわ。今後どうするの？
アディソン　：君の次の目標はテレビに挑戦すべきだと思う。

マーゴは2人の間を歩いて去る。

クローディア：ねえ教えて。テレビにオーディションはあるの？

アディソン　：あのね…すべてのテレビがそうなんだよ、君。オーディションだけなんだ。

屋内－劇場桟敷－昼－マーゴが劇場に入り、舞台に向かって廊下を歩いていく。マックスは椅子の1つに腰掛けている。マーゴは彼に話しかけないで座席の間を歩きながら、毛皮のコートを持ち上げ、マックスの頭の上に滑らせる。

マックス　：マーゴ、君か。エヘン。

マックスが舞台上のビル、ロイドそれからイヴに、マーゴが来ていると警告する。

■ beside oneself
喜びや怒りなどで我を忘れること。
ex. I was beside myself with anger. (私は怒りで我を忘れた)

■ incredibly
= impossibly; inconceivably; ridiculously; unbelievably; unthinkably

■ due her
due to herのことで、アメリカ英語ではtoを省くことが多い。なお、dueとは尊敬、感謝などが人に「当然払われるべき」を意味する形容詞。

■ lines
この意の場合は、通例、複数形linesとする。

■ to the best of...
この表現は「～の限りでは」の意で、通例、文頭で用いられる。

■ neither...nor...
I have neither time nor money for a long vacation. = I don't have either time or money for a long vacation. (私には長い休暇をとる暇も金もない) のように使う。後者の方が口語的。

■ the English Channel
イングランドの南岸とフランスの北岸との間の大西洋の海峡。フランス語名はLa Manche。

■ Tell me this
thisとは、この直後にする質問のこと。

■ nothing but...
ex. The man was nothing but a disgusting teacher. (その男は嫌な教師に過ぎなかった)

■ Ahem
相手の注意を引いたり、不満、疑念、軽い警告を表したり、言葉に詰まったときなどの発声。

MARGO	: Terribly sorry I was late. Lunch was long and I, I couldn't find a cab. Where's Miss Caswell? Shall we start? Oh, hello, Eve.	Terribly sorry ◎ cab タクシー
EVE	: Hello, Miss Channing.	
MARGO	: How are you making out in Mr. Fabian's office? Now, Max, I don't want you working this child too hard just because you promised. As you see, I kept my promise, too.	make out うまくやっていく as you see ごらんの通り、見ての通り、ほうらね keep one's promise 約束を守る
BILL	: It's all over.	all over 全く終わって ◎
MARGO	: What's all over?	
BILL	: The audition. Eve read with Miss Caswell.	
MARGO	: Eve? Oh, how enchanting. How ever did you two get the idea of letting Eve read with Miss Caswell?	enchanting うっとりさせる、魅惑的な、ほれぼれするような ◎
LLOYD	: Well, she's your understudy.	
MARGO	: Eve? My understudy? I had no idea.	
LLOYD	: Why, I thought you knew. She was put on over a week ago.	put on （人を仕事に）つける、雇う
MARGO	: It seems inconceivable. I've never seen her backstage, but of course, with so many people loitering about... Well, well. So Eve is not working for Max, after all. Max, you sly puss.	inconceivable 想像できない、思いもよらない ◎ loiter about うろつきまわる、ぶらつく well, well やれやれ、おやまあ、へええ ◎ sly puss ずるい人 ◎
EVE	: Miss Channing, I can't tell you how glad I am... that you arrived so late.	
MARGO	: Really, Eve? Why?	
EVE	: If you had been here to begin with, I never would have dared to read at all.	to begin with まず第一に、そもそも ◎ dare to... 思い切って〜する、〜する勇気がある ◎

Margo lights up her cigarette.

MARGO	: Why not?	
EVE	: If you'd come in the middle, I would have stopped. I couldn't have gone on.	in the middle 途中で go on 続ける ◎
MARGO	: What a pity. All that fire and music being turned off.	what a pity 何てかわいそうな、かわいそうに、残念だわ turn off 消す ◎

マーゴ	:	遅れちゃって本当にごめんなさい。昼食が長引いて、それに私、タクシーが見つからなかったの。ミス・カズウェルはどこ？　始めましょうか？　あら、こんにちは、イヴ。
イヴ	:	こんにちは、チャニングさん。
マーゴ	:	ファビアンさんの事務所ではうまくやってる？　ねえ、マックス、約束したからといって、この子をあまりこき使わないでね。ほらこの通り、私も約束を守ったわよ。
ビル	:	すべて終わったよ。
マーゴ	:	何が終わったの？
ビル	:	オーディションさ。イヴがミス・カズウェルとセリフを読んだ。
マーゴ	:	イヴが？　あら、それは素敵だこと。あなたがた２人はどうやってイヴを、ミス・カズウェルと読み合わせさせることを思いついたのかしら？
ロイド	:	その、彼女が君の代役だからさ。
マーゴ	:	イヴが？　私の代役ですって？　知らなかったわ。
ロイド	:	そうか、君は知っていると思っていたが。彼女は１週間以上前に決まった。
マーゴ	:	信じられないって感じだわ。舞台裏で彼女を全然見かけなかったけど、もちろん、多くの人がぶらついているから…ふーん、そうなの。すると結局イヴは、マックスの所では働いていないわけね。マックス、あなたってずるじゃない。
イヴ	:	チャニングさん、遅れてくださったこと…私がどんなに嬉しく思っているか言葉では言い表せません。
マーゴ	:	そうなの、イヴ？　どうして？
イヴ	:	第一に、もしあなたがここにおられたら、私は台本を読む勇気などとても持てなかったでしょう。

マーゴはタバコに火をつける。

マーゴ	:	なぜできないの？
イヴ	:	もしあなたが途中で入っていらしたら、私はやめてしまったでしょう。とても続けられませんでした。
マーゴ	:	かわいそうに。そのすべての火と音楽のスイッチが切れるわけね。

■ Terribly sorry
文頭の I'm が省略されたもの。なお、ここでの terribly は very の意。

■ make out
ex. How are you making out in your new job?（新しい仕事でうまくやっていますか？）

■ all over
この表現は、そのほか I have looked all over for my watch.（私はそこいら中時計を探した）のように everywhere とか「全く、あらゆる面で」の意でもよく使われる。
cf. She is her mother all over.（彼女は全く彼女の母親だ→彼女は母親そっくりだ）

■ enchanting
= fascinating; delightful; attractive; captivating; charming; entrancing; lovely

■ inconceivable
in- は not の意を表す接頭辞。

■ well, well
驚き、非難などを表す間投詞。

■ sly puss
ここでの puss は親しさや非難を込めて「小娘、めめしい男」。なお、sly は clever or cunning の意。

■ to begin with
ex. You shouldn't have come here to begin with.（あなたは、そもそも、ここへ来てはいけなかったのです）

■ dare to...
dare は助動詞としても本動詞としても用いられ、本動詞は普通 to を伴うが、否定文や疑問文では to の付かない場合が多い。

■ go on
話や行為などを続けること。

■ turn off
通例、栓、バルブ、スイッチなどを回して切るものについて使われる。

BILL	: What fire and music?	
MARGO	: You wouldn't understand. How was Miss Caswell?	
LLOYD	: Back to the Copacabana. But Eve, Margo. Let me tell you about Eve.	
EVE	: I was dreadful, Miss Channing. Believe me. I have no right to be anyone's understudy, much less yours.	dreadful 嫌な, 実にひどい Believe me ↻ much less... まして〜ではない ↻
MARGO	: I'm sure you underestimate yourself, Eve. You always do. You were about to tell me about Eve.	underestimate 過小評価する, 低く見積もる, 見くびる ↻
LLOYD	: You'd have been proud of her.	be proud of... 〜を誇りに思う, 〜を自慢する ↻
MARGO	: I'm sure.	
LLOYD	: She was a revelation.	
MARGO	: Oh, to you, too?	
LLOYD	: What do you mean by that?	
MARGO	: Well, I mean, among other things, it must have been a revelation to have a twenty-four year old character played by a twenty-four year old actress.	among other things 特に, とりわけ ↻
LLOYD	: Well, that's beside the point.	beside the point 的外れで, 見当違いで, 無関係で ↻ to the point 当を得た, 要を得た
MARGO	: It is right to the point.	

Eve backs away from the three talking about her.

MARGO	: Also, it must have seemed so, so new and fresh to you, so exciting, to have your lines read just as you wrote them.	to have your lines read ↻
BILL	: Addison.	
MARGO	: So full of meaning, fire and music.	

Margo turns away in anger.

LLOYD	: You've been talking to that venomous fishwife, Addison DeWitt.	venomous 悪意に満ちた, 害をなす ↻ fishwife 口汚い女, 言葉づかいの乱暴な女 ↻ apparently 明らかに, 明白に trustworthy 信頼できる world almanac 世界年鑑
MARGO	: In this case, apparently as trustworthy as the world almanac.	

ビル	:	何の火と音楽だい？
マーゴ	:	あなたにはわからないでしょうね。ミス・カズウェルはどうだった？
ロイド	:	コパカバーナに逆戻りだな。だが、イヴはね、マーゴ。イヴのことについて言わせてくれ。
イヴ	:	私はひどいものでした、チャニングさん。本当です。私は誰かの代役になる権利などありません、ましてやあなたの代役になんて。
マーゴ	:	あなたは自分を過小評価しているわ、イヴ。いつもそう。あなたはイヴについて私に話そうとしていたわよね。
ロイド	:	君は彼女を誇りに思っていい。
マーゴ	:	そうでしょうとも。
ロイド	:	彼女は啓示だった。
マーゴ	:	まあ、あなたにも？
ロイド	:	それはどういう意味だ？
マーゴ	:	そうね、つまり、なかでも、24歳の役を24歳の女優に演じてもらうという啓示だったに違いないってこと。
ロイド	:	ああ、それは関係ない。
マーゴ	:	まさにそこが問題なのよ。

イヴが自分について話している3人から後ずさりして離れる。

マーゴ	:	しかも、あなたが書いたその通りにあなたのセリフを読んでくれるなんて、あなたには実に斬新で新鮮で、とても刺激的に見えたに違いないわね。
ビル	:	アディソンだ。
マーゴ	:	含蓄と、炎と音楽に満ち溢れているってね。

マーゴは怒りで顔を背ける。

ロイド	:	君はあの毒のある口汚いアディソン・ドゥイットと話をしていたんだな。
マーゴ	:	この場合、世界年鑑のように信頼できることは明らかよ。

■ Believe me.
「本当です、嘘じゃない」
挿入的に用いられる表現で、強調するときは Believe you me. となる。

■ much less…
ここでの less は否定の意味を持つ文に続き、本文中の例のように much や still、even などを前に置いて用いられる。
ex. I can't play the guitar, much less the violin.（私はギターは弾けません、バイオリンはなおのことです）

■ underestimate
ここでの under- は「より少ない、低い、劣った」などを意味する接頭辞。

■ be proud of
褒める際に使われる表現で、「君ってすごいね」といった場合には、これを用いて I'm very proud of you. とする。また、父親が息子を褒めて「おまえは私の自慢の息子だ」という時にも用いる。

■ among other things
among others とする。

■ beside the point
point が「要点、核心」の意で使われる場合は、通例 the point となる。ちなみに核心に触れるは come to/get/touch the point。
cf. That's the point.（それが肝心な点だ）

■ to have your lines read
「have + O + 過去分詞」で「O を～させる（してもらう）」の意を表す。

■ venomous
本来は「(動物が)毒腺を持つ、(噛んだり刺したりして)毒を分泌する」の意。

■ fishwife
-wife（妻）という語からわかる通り、通例女性に対して使われる。ただし、この語が俗語で「ホモ男の法律上の妻」を意味するように、軽蔑的に男性に対して用いられることもある。ここでは「口汚い女みたいなやつ」ほどの意。

LLOYD : You knew when you came in the audition was over, that Eve was your understudy. Playing that childish little game of cat and mouse.

MARGO : Not mouse. Never mouse. If anything, rat.

LLOYD : This genius of yours for making a bar-room brawl out of a perfectly innocent misunderstanding at most.

MARGO : Perfectly innocent? Men have been hanged for less. I'm lied to, attacked behind my back, accused of reading your silly dialogue as if it were the holy gospel.

LLOYD : I never said it was.

MARGO : When you listen as if someone else had written your play. Whom do you have in mind? Arthur Miller? Sherwood? Beaumont and Fletcher?

MAX : May I say a word?

LLOYD : No! What makes you think either Miller or Sherwood would stand for the nonsense I take from you? You'd better stick to Beaumont and Fletcher. They've been dead for three hundred years!

Lloyd storms off the stage, leaving through a side curtain.

MARGO : All playwrights should be dead for three hundred years!

Lloyd comes back in through the curtain. After that he comes into the seated area to gather his belongings before leaving the gallery.

LLOYD : That would solve none of their problems because actresses never die! The stars never die and never change.

---

game of cat and mouse ◊

if anything どちらかと言えば, まあ
rat ドブネズミ ◊

bar-room brawl 酒場での乱闘, 口論
innocent 悪意のない, 無邪気な
at most せいぜい, よくて

hang 絞首刑にする ◊

for less もっと小さなことで
be lied 嘘をつかれる
be attacked behind... ～の後ろから攻撃される
accuse of... ～のことで非難する, 責める ◊
dialogue 対話, 会話
the holy gospel 福音 ◊

have...in mind ～のことを考えている ◊
Arthur Miller アーサー・ミラー ◊
Sherwood シャーウッド ◊
Beaumont ボーモント ◊
Fletcher フレッチャー ◊

stand for... ～に耐える, ～を我慢する
stick to... ～にこだわる, ～に固執する, ～に執着する

storm off the stage 怒って舞台から去る

belongings 持ち物

solve 解決する

ロイド	:	君は来たときにオーディションが終わったと知っていた、イヴが君の代役だということも。猫がネズミをもてあそぶような子どもじみたまねをしていたわけだ。
マーゴ	:	ネズミじゃない、絶対にネズミじゃない。どちらかと言えばドブネズミよ。
ロイド	:	本当に無邪気な、せいぜい考え違いから酒場の喧嘩を作り出すことにかけては、君は天才だ。
マーゴ	:	本当に無邪気な、ですって？　人類はもっとさいなことで絞首刑にされてきたのよ。私は嘘をつかれ、背後から襲われ、あなたの書いたばかげた掛け合いをまるで神聖なる福音書のように読んでいると責められているのよ。
ロイド	:	僕はそう言ったことはない。
マーゴ	:	あなたの芝居をその耳で聞いて、誰かほかの人が書いたように思ったとき、誰を思い浮かべていたわけ？　アーサー・ミラー？　シャーウッド？　ボーモントやフレッチャー？
マックス	:	私も一言、言ってもいいかな？
ロイド	:	だめだ！　僕が君から言われたばかげたことをミラーやシャーウッドが我慢すると思うかね？　ボーモントやフレッチャーに固執しているがいい。彼らは 300 年前に死んでしまっているがね。

ロイドは横脇の幕を通り抜け、勢いよく舞台から下りる。

マーゴ	:	劇作家なんてみんな 300 年前に死ぬべきだったのよ！

ロイドは幕を通り抜け戻ってくる。その後、彼は桟敷を去る前に自分の所持品を集めるために座席にやってくる。

ロイド	:	そんなことをしたって**問題は１つも解決しない**、女優は絶対に死なないからな！　スターは決して死なないし、絶対に変わらないのさ。

■ game of cat and mouse
「猫がネズミをもてあそぶようなこと」の意。cat and mouse は子どもの遊びで、追いかけっこの一種。そこから play cat and mouse で「(人や気持ちなどを)もてあそぶ、いたぶる」の意を表す。

■ rat
ハツカネズミより大型で、ドブなどに住んで病気を媒介する不快なネズミ。人間に用いるときは「裏切り者、卑劣漢、ならず者」。

■ hang
be hanged で「絞首刑になる」。

■ accuse of...
ex. He was accused of having lied about the affair.（彼はそのことについて嘘をついたといって責められた）

■ the holy gospel
新約聖書冒頭の 4 書 Matthew, Mark, Luke, John に記されているキリストの生涯と教えの物語。

■ have...in mind
ex. What do you have in mind?（何を考えているんだい？）

■ Arthur Miller
アメリカの劇作家(1915-2005)。ニューヨークで生まれ、社会と個人の接点から多くのドラマを構築した。『セールスマンの死』(Death of a Salesman, 1949)、『るつぼ』(The Crucible, 1953)など数多くの作品がある。私生活ではマリリン・モンローと結婚して話題になった。

■ Sherwood
= Robert Emmet Sherwood(1896-1955)
アメリカの劇作家、戦争風刺を込めた『ローマへの道』(The Road to Rome, 1927)で注目を集め、『もはや夜は来たらず』(There Shall Be No Night, 1940)など多くの秀作を発表した。

■ Beaumont
= Francsis Beaumont(1584-1616)
イギリス、エリザベス朝時代の劇作家。ジョン・フレッチャーとの合作で知られる。1613 年に結婚して劇壇から引退した。

■ Fletcher
= John Fletcher(1579-1625)
イギリス、エリザベス朝時代の劇作家で、フランシス・ボーモントとの合作で知られる。

MARGO : You may change this star any time you want for a new and fresh and exciting one, fully equipped with fire and music. Any time you want, starting with tonight's performance.

Max gathers his jacket and prepares to leave after Lloyd.

MAX : This is for lawyers to talk about. This concerns a wrong of the play contract that you cannot rewrite or ad-lib.

Margo stamps out her cigarette on the stage floor.

MARGO : Are you threatening me with legal action, Mr. Fabian?
MAX : Are you breaking the contract?
MARGO : Answer my question.
MAX : Who am I to threaten? I'm a dying man.

MARGO : I don't hear you.
MAX : I said I'm a dying man!
MARGO : Not until the last drugstore has sold its last pill.
MAX : Ah…
LLOYD : I shall never understand the weird process by which a body with a voice suddenly fancies itself as a mind. Just when exactly does an actress decide they're her words she's saying and her thoughts she's expressing?
MARGO : Usually at the point when she has to rewrite and rethink them to keep the audience from leaving the theater.
LLOYD : It's about time the piano realized it has not written the concerto!

Lloyd and Max leave the theater gallery. Bill lies on a four-poster bed on the stage.

マーゴ	：炎と音楽を十分に兼ね備えた新しく新鮮で刺激的な女優が欲しかったらいつでもこのスターを変えることができるのよ。いつでも好きなときにどうぞ、今夜の上演から始めても結構だわ。

マックスは背広を手に取り、ロイドの次にその場を離れようとする。

マックス	：これは弁護士がする話だ。これは書き換えたり、アドリブなどできない公演契約の不当行為に当たるんだぞ。

マーゴはタバコを舞台の床で踏み消す。

マーゴ	：法的手段を取るって脅かしてるわけ、ファビアンさん？
マックス	：契約を破棄するのかね？
マーゴ	：私の質問に答えて。
マックス	：わしが誰を脅かそうとしているだって？　わしは死にかけている男だよ。
マーゴ	：聞こえないわ。
マックス	：わしは死にかけてると言ったんだよ！
マーゴ	：最後に残った薬屋は最後の薬を売り尽くすまで死ぬもんですか。
マックス	：ああ…
ロイド	：僕には決して理解できないだろう、声を持つ体が突然自分自身を心そのものだと思い込む奇妙なプロセスを。一体女優はまさにどんなときに、セリフを自分の言っている言葉であり、自分の表現している考えだ、と決めつけるんだ？
マーゴ	：たいていは、書き直したり考え直したりしなければいけないときよ。お客が劇場から出ていくのを防ぐために。
ロイド	：ピアノは、自分が協奏曲を作ったんじゃないということに、そろそろ気づくべきだな！

ロイドとマックスは劇場の客席から出る。ビルは、舞台上の四柱式ベッドに横になっている。

■ equipped with...
equip with は必要な学問、能力、感情などを「身につけさせる、授ける」こと。

■ start with
ex. Let's start with something simple.(何か簡単なものから始めよう)

■ wrong
この意味では文語であり、法律用語でもある。
ex. Two wrong don't make a right.(《諺》2つ不正があるからといって正しいことにはならない→ほかに例があっても不正は不正)

■ legal action
ここでの action は法律関係で用いられて「訴訟」を意味する。
ex. He is thinking of bringing an action against them.(彼は彼らに対して訴訟を起こすことを考えている)

■ not until...
ここでの until は否定語と共に用いられて「～するまで～しない」を意味する。

■ drugstore
薬以外にも日用雑貨をはじめ化粧品、新聞、雑誌などを売る。

■ weird
= eccentric; peculiar; queer; spooky; odd; strange; bizarre

■ concerto
1個またはごくまれに1個以上の独奏楽器と管弦楽のための曲で、独奏楽器のすぐれた技巧を示すことを目的としたもの。

■ four-poster bed
ここでの poster は「柱のある」を意味する形容詞。

MARGO	: And you, I take it, are the Paderewski who plays his concerto on me, the piano? Where is Princess Fire and Music?	I take it　私が思うに Paderewski　パデレフスキー ↻
BILL	: Who?	
MARGO	: The kid. Junior.	

Bill sits up slightly to look around.

BILL	: Gone.	Gone ↻
MARGO	: I must have frightened her away.	frighten...away　〜を脅かして追い払う
BILL	: I wouldn't be surprised. Sometimes you frighten me.	I wouldn't be surprised　別に驚いたりはしない、無理もないね
MARGO	: Poor little flower. Dropped her petals and folded her tent.	petal　花びら fold　たたむ
BILL	: Don't mix your metaphors.	metaphor　隠喩、暗喩、比喩 ↻
MARGO	: I'll mix what I like!	
BILL	: Okay, mix.	
MARGO	: I'm nothing, but a body with a voice. No mind.	
BILL	: What a body. What a voice.	
MARGO	: That ex-ship news reporter. No body, no voice, all mind.	ex-ship news reporter　元船舶新聞記者 ↻
BILL	: The gong rang, the fight's over, calm down.	calm down　気持ちを静める
MARGO	: I will not calm down.	
BILL	: Don't calm down.	
MARGO	: You're being terribly tolerant, aren't you?	terribly　ものすごく、非常に、ひどく tolerant　寛容な、寛大な
BILL	: I'm trying terribly hard.	
MARGO	: Well, you needn't be. I will not be tolerated and I will not be plotted against.	tolerate　許容する、大目に見る、耐える plot　企む ↻
BILL	: Here we go.	Here we go ↻
MARGO	: Such nonsense. What do you all take me for? Little Nell from the country? Been my understudy for over a week without my knowing it. Carefully hidden no doubt.	take for...　〜と思う、〜とみなす ↻ Little Nell　ネル ↻ no doubt　きっと、おそらく、たぶん
BILL	: Now don't get carried away.	get carried away　興奮する、夢中になる、取り乱す
MARGO	: Arrives here for an audition when everyone knows I will be here, and gives a performance out of nowhere. Gives a performance.	out of nowhere　どこからともなく、突然 ↻

マーゴ	：そしてあなたは、私が思うに、協奏曲を弾くパデレフスキーということね、私というピアノで。炎と音楽のお姫様はどこ？
ビル	：誰？
マーゴ	：あの子よ、若い子。

ビルはわずかに起き上がり、見回す。

ビル	：出てったよ。
マーゴ	：私、きっとあの子を怖がらせたのね。
ビル	：そうだとしても驚かないよ。時々、君は僕を怖がらせるし。
マーゴ	：かわいそうな小さなお花ちゃん。花びらを落として、テントをたたんで。
ビル	：比喩をごちゃ混ぜにするなよ。
マーゴ	：私は好きなものを混ぜるわ！
ビル	：じゃあ、混ぜろよ。
マーゴ	：私は声を持つ体に過ぎないの。心はないのよ。
ビル	：何て体だ。何という声だ。
マーゴ	：あの船舶新聞記者あがりは。体もない、声もない、持っているのは頭だけ。
ビル	：ゴングは鳴った、試合は終わりだ、落ち着けよ。
マーゴ	：私は落ち着かないわよ。
ビル	：じゃあ、落ち着くな。
マーゴ	：ずいぶん寛大に振る舞ってるわね。
ビル	：ずいぶん努力してるんだ。
マーゴ	：いえ、そんな必要ないわよ。私は、大目に見てほしくもないし、陰謀を企てられるつもりもないわ。
ビル	：またか。
マーゴ	：こんなばかげたこと。あなたたち、私を何だと思ってるの？ 田舎出のネルちゃんだとでも？ 1週間以上も、私にわからないようにして、代役を仕立てたってこと。きっとうまく隠してたのね。
ビル	：なあ、興奮するなよ。
マーゴ	：みんな、私が来るとわかっているときに、オーディションを受けにここに来る、そして、いきなり演技を見せるなんて。演技をするなんてさ。

■ Paderewski
= Ignacy Jan Paderewski
ポーランドのピアニスト、作曲家、政治家 (1860-1941)。1919年1月ポーランド共和国の初代首相となる。ピアニストとして輝かしい演奏で大熱狂を巻き起こした。「私が1日練習しなかったら聴衆にそれがわかってしまうだろう」と、万全の技術を身につけるのには忍耐が必要なことを述べた言葉はよく知られている。オペラ『マンル』(1901)やピアノ曲『ユーモレスク』が有名。

■ Gone
文頭の She's が省略されたもの。

■ metaphor
比喩の一種で Life is a journey.（人生は旅である）のように as, like を用いない例え。

■ ex-ship news reporter
ship news reporter は、船舶が外国との主な交通手段だった頃の職業で、船上で有名人などに取材して記事にした。なお、ex- は「前の〜、元の〜」を表す接頭辞。cf. She is my ex-girlfriend.（彼女は僕の元カノさ）

■ plot
悪いこと、特に利己的な、しばしば反逆的な目的で密かに計略を巡らすこと。

■ Here we go.
「ああ、またか」
特に不快なことが再び起こる際に使われる表現で、Here we go again. ともする。

■ take for...
ex. Do you take me for a fool?（君は私をばかとでも思っているのか？）

■ Little Nell
英国の小説家チャールズ・ディケンズ (Charles Dickens, 1812-70)の小説『骨董屋』(The Old Curiosity Shop, 1840-41)のヒロインで、清らかな性格と優しい気質の少女。骨董屋だった祖父と暮らし、迫害を逃れて旅に出るが、田舎の古い教会で薄幸のまま生涯を閉じる。

■ out of nowhere
ex. The man appeared out of nowhere.（その男は突然現れた）

BILL	: You've been all through that with Lloyd.	through... ～を終えて、済ませて
MARGO	: The playwright doesn't make the performance. And it doesn't just happen. And this one didn't. Full of fire and music and whatnot. Carefully rehearsed, I have no doubt. Full of those Bill Sampson touches.	whatnot 何やかや、その他同じようなもの rehearse 下稽古をする touch タッチ、手法、特質

Bill suddenly stands up from the bed to face Margo.

BILL	: I am sick and tired of these paranoiac outbursts.	paranoiac 誇大妄想の、偏執狂の outburst （感情などが）どっと溢れること、爆発
MARGO	: Paranoiac?	
BILL	: I didn't know Eve Harrington was your understudy until half past two this afternoon.	half past two
MARGO	: Tell that to Dr Freud along with the rest of it.	Dr Freud フロイト博士
BILL	: No, I'll tell it to you. For the last time I'll tell it to you.	for the last time 最後に、これを最後に、それを終わりとして

Bill pushes Margo down on to the bed and holds her down.

BILL	: Cos you've got to stop hurting yourself, and me, and the two of us by these paranoiac tantrums.	Cos tantrum かんしゃく、立腹、むかっ腹
MARGO	: Oh, that word again. I don't even know what it means.	
BILL	: Well, it's about time you found out. I love you. I love you.	
MARGO	: Ha!	
BILL	: You're a beautiful and an intelligent woman.	
MARGO	: A body with a voice.	
BILL	: A beautiful and an intelligent woman, and a great actress. A great actress at the peak of her career. You have every reason for happiness.	at the peak of... ～の最盛期に、～の絶頂期に have every reason for...
MARGO	: Except happiness.	

ビル	: そのことは、ロイドともう話しただろう？
マーゴ	: 脚本家が上演するわけじゃないから、そんなことがたまたま起こるはずはないのよ。だから今回のことはそう。炎と音楽と何やかやに満ち溢れているだって。十分に練習したに違いないわ。あのビル・サンプソンらしさに溢れている演技でね。

ビルは突然ベッドから立ち上がり、マーゴに向き合う。

ビル	: こんな偏執症の爆発にはうんざりだ。
マーゴ	: 偏執症？
ビル	: 僕は、イヴ・ハリントンが君の代役だということは、今日の午後2時半まで知らなかった。
マーゴ	: そんなことフロイト博士に言ってよ。ほかのことも一緒にさ。
ビル	: いや、君に言う。これを君に言うのはこれが最後だ。

ビルはマーゴをベッドに押し倒し、押さえつける。

ビル	: というのも、こんな偏執症みたいなかんしゃくで、君自身と僕、それに僕たち2人を傷つけるのはやめるべきだからだ。
マーゴ	: あら、またその言葉ね。それがどういう意味かさえ知らないわ。
ビル	: じゃあ、そろそろわかってもいい頃だ。僕は君を愛してる。愛してるんだ。
マーゴ	: フン！
ビル	: 君は美しく、聡明な女性だ。
マーゴ	: 声を持つ体よ。
ビル	: 美しく、聡明な女性だ、そして偉人な女優だよ。芸歴の絶頂期にある偉大な女優だ。君は幸せになって当然なんだよ。
マーゴ	: 幸せ以外はよ。

■ through…
ここでは終了、完了を表す前置詞。
ex. I'm through with this book.（この本は読み終えた）

■ whatnot
本文中の例のように and whatnot として and other things also の意を表す。なお、この語は特に話者がその名を言いたくないときに用いる婉曲語。

■ paranoiac
ちなみに paranoia とは他人の敵意を想像して妄想を抱き、心理的な葛藤を他人に投射する精神障害。

■ half past two
「2時30分過ぎの」の意で、two thirty ともする。ちなみに「2時15分過ぎ」は a quarter past two または two fifteen とする。

■ Dr Freud
= Sigmund Freud (1856-1939)
オーストリアの精神医学者、無意識の研究をし、精神分析を創始した。その理論は精神医学の基礎となったのみならず、文学、芸術、人間理解に大きな影響を与えた。

■ Cos
because のこと。'cos, 'cause, cuz ともする。

■ tantrum
ex. She is in her tantrums.（彼女はかんしゃくを起こしている）

■ have every reason for…
文字通りの訳「〜のためのあらゆる理由がある」から「〜して当然だ」。

BILL	: Every reason. But due to some strange, uncontrollable, unconscious drive, you permit the slightest action of a kid like...	due to... ～のために，～の原因によって unconscious 無意識の drive 衝動 slightest ほんのささいな，全く取るに足りない
MARGO	: A kid.	
BILL	: ...of a kid like Eve to turn you into an hysterical, screaming harp. Now, once and for all, stop it.	once and for all 今回限りで，それを最後に，きっぱりと

Bill releases Margo and stands away from the bed. Margo sits up on the bed.

MARGO	: It's obvious you're not a woman.	obvious 明らかな，明白な
BILL	: I've been aware of that for some time.	be aware of... ～に気づいている，～は知っている for some time しばらくの間，かなり長い間
MARGO	: Well, I am.	
BILL	: I'll say.	I'll say
MARGO	: Don't be condescending.	condescending 恩着せがましい，相手を見下したような，偉そうな
BILL	: Come on, get up. I'll buy you a drink.	
MARGO	: I'll admit, I may have seen better days, but I'm still not to be had for the price of a cocktail. Like a salted peanut.	see better days もっとましな時があった not to be had だまされない salted peanut 塩漬けのピーナッツ，塩で味をつけた

Bill sits down on the bed close to Margo.

BILL	: Margo, let's make peace.	make peace 仲直りする，和解する
MARGO	: The terms are too high. Unconditional surrender.	term 条件 unconditional surrender 無条件降伏
BILL	: Just being happy? Just stopping all this nonsense about Eve? And Eve and me?	
MARGO	: It's not nonsense.	
BILL	: But if I tell you it is, as I just did...were you listening to me? Isn't that enough?	
MARGO	: I wish it were.	
BILL	: Then what would be enough? If we got married?	get married 結婚する
MARGO	: I wouldn't want you to marry me just to prove something.	

ビル	:	当然なんだ。だが、なぜか奇妙で、抑えがきかない無意識な衝動に駆られて、君は、あんな子どものささいな行動に…
マーゴ	:	子どもね。
ビル	:	…イヴみたいな子どもの行動に対し、ヒステリックでわめき散らすハープのようになってしまうんだ。さあ、これ限りで、やめてくれ。

ビルはマーゴを離し、ベッドから離れて立つ。マーゴはベッドに起き上がり座る。

マーゴ	:	あなたが女じゃないのは明らかね。
ビル	:	そのことなら、しばらく前から気づいていたよ。
マーゴ	:	でも私はそうなの。
ビル	:	全くだ。
マーゴ	:	茶化さないで。
ビル	:	さあ、立って。1杯おごろう。
マーゴ	:	昔のほうがいい時代だったかもしれないってことは認めるわ、でもまだカクテル1杯なんかでだまされたりしないわ。塩味のピーナッツみたいに。

ビルはベッドの上のマーゴのそばに座る。

ビル	:	マーゴ、仲直りしよう。
マーゴ	:	条件が厳しすぎるわ。無条件降伏なんて。
ビル	:	ただ幸せになることが？　イヴに関するこのすべてのたわごとをやめることが？　イヴと僕についてのことも？
マーゴ	:	たわごとじゃないわ。
ビル	:	だが僕がそうだと言ったら、さっき言ったように…僕が言ったこと、聞いていたかい？　それだけじゃ足りないのか？
マーゴ	:	足りればいいんだけど。
ビル	:	じゃあ、何だったら足りるんだ？　僕たちが結婚したら？
マーゴ	:	何かを証明するだけのために、結婚してほしくなんかないわ。

■ due to…
= because of; owing to; be reason of

■ drive
本能的な要求あるいは、行動に駆り立てる心の動き。

■ slightest
slight の最上級。

■ once and for all
= permanently; one time and never again

■ obvious
= apparent; clear; evident; unmistakable; plain

■ be aware of…
動作を言い表す場合は become aware of とする。
ex. You should be aware of the danger of cigarette smoking.（君は喫煙の危険に気づくべきだ）

■ I'll say.
「なるほどね、全くね、もちろんですよね」強い同意の表現で、Yes indeed. の意。

■ see better days
この意の場合は完了形。未来については「ましなときが来る」。

■ not to be had
have には「だます、欺く、不利な立場に置く」などの意味がある。

■ salted peanut
酒のおつまみとして出てくるところからこの表現がある。ここでは「安っぽい、軽い女」ほどの意。

■ make peace
ここでの peace は「和解、仲直り」の意。
ex. He made peace with his friend.（彼は友人と仲直りした）

■ get married
この表現で「～と結婚する」とする場合は「get married to + 人」とする。「get married with + 人」とはしないので注意すること。なお marry の場合は、本文中の例のように、「marry + 人」となる。

BILL : You've had so many reasons for not wanting to marry me. Margo, tell me what's behind all this.

MARGO : I... I don't know, Bill. It's just a feeling. I don't know.

BILL : I think you do know. But you won't or can't tell me. I said before it was gonna be my last try, and I meant it. I can't think of anything else to do. I wish I could. We usually wind up screaming and throwing things as the curtain comes down. Then it comes up again and everything's fine. But not this time. You know, there isn't a playwright in the world who could make me believe this would happen between two adult people. Goodbye, Margo.

Bill gets up from the bed and starts to walk away. Margo calls out to him, stopping him for a moment.

MARGO : Bill? Where are you going? To find Eve?

BILL : That suddenly makes the whole thing believable.

Margo starts crying in the middle of the bed.

ビル　　　：君には僕と結婚したくない理由が、これまでもたくさんあった。マーゴ、その裏にどういった問題があるのか言ってくれ。

マーゴ　　：私…わからないわ、ビル。ただそう感じるだけなの。わからないわ。

ビル　　　：君はわかっていると思う。しかし僕には言わないし、言えないんだ。さっき、僕はこれが最後の努力だ、と言ったけど、あれは本気だ。ほかに何ができるか思いつかない。思いつけばいいのだが。僕たちはたいてい、幕が下りると、わめき散らして、物を投げつける。そうして幕がまた上がると、すべては丸く収まってる。でも今回は違うぞ。いいか、2人の大人の間で、こんなことが起こるってことを僕に納得させられるような劇作家は世界に1人としていない。さよなら、マーゴ。

ビルはベッドから立ち上がり、歩き去ろうとする。マーゴは彼に呼びかけ、一瞬呼び止める。

マーゴ　　：ビル？　どこへ行くの？　イヴを探しに？
ビル　　　：これで急にすべてがわかったよ。

マーゴは、ベッドの中央で泣き始める。

■ for not wanting to marry me
前置詞の目的語として用いられている動名詞の否定語はその直前に置かれる。

■ feeling
漠然とした感じのこと。
ex. I got a feeling she didn't like me.（彼女は私のことが好きではないという感じをもった）

■ I meant it
I meant what I say の意。

■ I wish I could
現在の事態と反対の願望を表す仮定法。

■ wind up
ex. They usually wind up saying nothing.（彼らはいつも何も言わずじまいになる）

■ scream
特に苦痛や恐怖から高い金切り声を出すこと。類似した語 shriek は短い叫び声や軽薄な女性の甲高い叫び声に用いる。

■ who could make me believe
「S＋make＋O＋do」の型で「SはOに強制的に〜させる、SがOが〜する原因となる」の意を表す。
ex. He made them leave the room.（彼は彼らを部屋から出した）

■ makes the whole thing believable
「S＋make＋O＋C」の型で「SはOをCの状態にする」の意を表す。ここでのCは形容詞、過去分詞、名詞。

The Shubert

INT. LLOYD'S HOUSE / LIVING ROOM - DAY - Karen is painting a picture of some fruit in the living room as Lloyd returns home, disgruntled.

KAREN : Lloyd. Lloyd, what's happened?

LLOYD : Up to here, that's where I've got it. Up to here. Of all the star-ridden, presumptuous, hysterical...

KAREN : Margo again.

LLOYD : And again and again. Two hours late for the audition, to begin with.

KAREN : Well, that's on time for Margo.

LLOYD : And then a childish, heavy-handed routine about not knowing Eve was her understudy.

KAREN : Well, it's just possible she didn't.

LLOYD : Of course she knew. For one thing, Addison told her how superbly Eve had read the part. Karen, let me tell you about Eve. She's got everything. A born actress. Sensitive, understanding, young, exciting, vibrant.

KAREN : Don't run out of adjectives, dear.

LLOYD : Everything a playwright first thinks of wanting to write about, until his play becomes a vehicle for Miss Channing.

Lloyd begins to climb the spiral staircase.

KAREN : Margo hasn't done badly by it.

LLOYD : Margo, Margo's great. She knows it, that's the trouble. She can play Peck's Bad Boy all she wants and who's to stop her?

シューバート劇場

TIME 01:15:35
□□□□□□

屋内-ロイドの家／リビングルーム-昼-カレンがリビングルームで果物の絵を描いているところへ、ロイドが不機嫌な様子で帰宅する。

カレン ： ロイド、ロイド、何があったの？

ロイド ： ここまで来てるよ、うんざりだ。ここまでだよ。あの威張りくさった、尊大でヒステリックな…

カレン ： またマーゴね。

ロイド ： またまたさ。手始めに、オーディションに2時間遅ただ。

カレン ： まあ、マーゴにとっては時間通りね。

ロイド ： それから、イヴが自分の代役だとは知らなかったと言って、いつもの子どもじみた高圧的な振る舞いだよ。

カレン ： でも、実際彼女は知らなかったのかもしれないわ。

ロイド ： もちろん知ってたさ。まず第一に、アディソンが、イヴがどんなに素晴らしくセリフを読んだかを彼女に教えたんだ。カレン、イヴのことを話させてくれ。彼女はすべてを兼ね備えている。生まれながらの女優だ。繊細で、理解力があって、若くて、刺激的で、生き生きしている。

カレン ： あなた、形容詞を使い果たさないようにね。

ロイド ： 劇作家が書いてみたい、と最初に思うようなものすべてを備えている。結局は、彼の戯曲はミス・チャニングの魅力を引き出すものになるんだがね。

ロイドは、らせん階段を登り始める。

カレン ： マーゴはこれまでよくやってきてるわ。

ロイド ： マーゴ、マーゴはすごいよ。彼女はそのことを知ってる、それが困ったところなんだ。彼女はペックの悪戯小僧よろしく好きなふうにやれる、それを誰が止めるんだい？

■ up to here
しばしば手のひらをあご、目など、体の部分に当てて here を示しながら用いられる。

■ Of all the...
驚きやいら立ちを表す表現。

■ star-ridden
ridden は ride の過去分詞。「～に支配された、～に苦しめられる」の意味で、bed-ridden は「寝たっきりの」、debt-ridden は「借金に悩まされている」などのように使われる。

■ routine
判で押したように変わらない言動についてもいう。

■ for one thing
「もう1つの理由として」の場合は for another。

■ a born actress
ここでの born は「生得の、先天的な」、すなわち having a natural talent from birth の意。

■ vehicle
特定の出演者の才能を発揮したり、魅力を伝えるための手段、作品のこと。

■ Peck's Bad Boy
アメリカのジャーナリストでミルウォーキーの市長も勤めた George Wilbur Peck (1840-1916) によるペックの悪戯小僧シリーズの主人公。*Peck's Bad Boy and His Pa* (1883), *Peck's Bad Boy with the Cowboys* (1907) などがある。なお、ここでは「好きなだけペックの悪戯小僧を演じることができる」、すなわち意訳すると「彼女は悪戯のし放題。彼女は好き勝手なことをする」といったところ。

149

LLOYD	: Who's to give her that boot in the rear she needs and deserves?	give a boot in the rear お尻をける, おしおきをする ◎ deserve 受けるに足る, 値する
KAREN	: It's gonna be a cozy weekend.	cozy 気持ちの良い, 居心地の良い ◎
LLOYD	: What is?	
KAREN	: We're driving out to the country tomorrow night. Just the four of us. Bill, Margo, you and I.	
LLOYD	: Well, we've spent weekends before with nobody talking. Just be sure to lock up all blunt instruments and throwable objects.	be sure to... 必ず〜する ◎ lock up しまい込む, 閉じ込める ◎ blunt instrument 鈍器 ◎ throwable 投げられる ◎

Lloyd carries on upstairs. Karen sits down in an armchair to contemplate.

contemplate 熟考する, 瞑想する, 静観する

KAREN	: (v.o.) Newton, they say, thought of gravity by getting hit on the head by an apple. And the man who invented the steam engine, he was watching a teakettle. But not me. My big idea came to me just sitting on a couch. That boot in the rear to Margo. Heaven knows, she had one coming. From me, from Lloyd, from Eve, Bill, Max and so on. We'd all felt those size fives of hers often enough. But how? The answer was buzzing around me like a fly. I had it. But I let it go.	Newton ニュートン ◎ gravity 重力, 引力, 重力加速度 get hit 当たる, ぶつかる teakettle やかん Heaven knows 神のみぞ知る, 誰も知らない and so on など, その他 ◎ those size five of hers ◎ buzz ブンブン飛び回る, ざわめく let it go 何もしないで放っておく

Karen stands again and returns to her painting.

KAREN	: (v.o.) Screaming and calling names is one thing, but this could mean... Why not? "Why" I said to myself "not?" It would all seem perfectly legitimate. And there were only two people in the world would know. Also, the boot would land where it would do the most good for all concerned. And after all, it was no more than a perfectly harmless joke which Margo herself would be the first to enjoy. And no reason why she shouldn't be told about it...in time.	call names ののしる, 悪口を言う ◎ say to oneself 自分に言って聞かせる, 心の中で思う legitimate 正当な, 合法的な land (打撃などを)加える ◎ do good for... 〜のためになる ◎ all concerned 関係者全員 no more than... ただの〜にすぎない in time そのうち, ゆくゆくは, 将来

ロイド	：誰が彼女に当然必要な、またそうすべきお仕置きをする？
カレン	：楽しい週末になりそうね。
ロイド	：何のこと？
カレン	：明日の夜、田舎へドライブよ。私たち4人だけで。ビルとマーゴ、あなたと私で。
ロイド	：まあ、前も誰もしゃべらないで週末を過ごしたことがあったな。鈍器や投げられるものはきちんとしまっておけよ。

ロイドは上に進み続ける。カレンは肘掛け椅子に座り、熟考する。

カレン	：（画面外）ニュートンは、リンゴが頭に落ちてきて引力を思いついたらしい。そして、蒸気機関車の発明者は、やかんを見ていたそうだ。でも私は違う。私の途方もない考えは、ちょうど長椅子に座ったときにひらめいた。マーゴへのおしおき。誰も知らない、彼女がおしおきを喰らうってことを。私から、ロイドから、イヴやビルやマックスやほかの人たちから。私たちは、みんな嫌というほど痛い目に遭ってきたんだから。でもどうやって？　答えが私の周りにハエのようにブンブン飛び回っていた。それだ。でもやめよう。

カレンは再び立ち上がり、絵に戻る。

カレン	：（画面外）叫び散らし、ののしるのも、ひとつの手だけど、それではちょっと…でもいいじゃない？　私は自分に言い聞かせた「いい…じゃない？」と。すべてが完璧に正当だと思えた。しかも世界中で気づくのはたった2人だけ。それに、そのおしおきは、関係者すべてに最高の結果をもたらすところに加えられる。そして結局は、マーゴ自身も真っ先に楽しんでくれるような、全く害のないただの冗談になるわ。また、彼女にそのことを話したっていいんだし…そのうちにね。

■ give a boot in the rear
ここでの boot は「（ブーツの足で）けりとばすこと」、すなわち kick の意で、通例、a boot とする。

■ cozy
= comfortable; cheerful; easy; enjoyable; relaxing; snug

■ be sure to...
話し手の主観的な確信を表し、命令文では「必ず～しなさい」となる。

■ lock up
錠を掛けてしまい込む、といった意味合い。

■ blunt instrument
ここでの blunt は道具の刃や先端などが「鈍い、とがっていない」の意。

■ throwable
-able は受動の意味で他動詞に自由に付けて「～できる、～するに適する」などの意を表す接尾辞。

■ Newton
= Sir Isaac Newton (1642-1727)
英国の哲学者、物理学者、天文学者。万有引力の法則を発見したことで有名。

■ and so on
and so forth ともする。

■ those size five of hers
サイズ5の靴を履いた彼女の足で何度もけりを喰らった、すなわち「痛い目に遭った」を滑稽に表現したもの。

■ call names
「～をののしる」とする場合は call someone names となる。call someone's names としたら「人の名を呼ぶ」なので、違いに注意。
ex. She called me names in public.（彼女は人前で私をののしった）

■ land
ex. He landed me a blow on the nose.（彼は私の鼻に一撃を喰わせた）

■ do good for...
ex. Taking a walk will do you good.（散歩は体に良いですよ）

Karen sits on a sofa and begins to dial the telephone.

KAREN : Hello. Will you please call Miss Eve Harrington to the phone? Not at all. I'll wait.

call someone to...	人を〜へ呼び出す

EXT. / INT. COUNTRY ROAD / CAR - NIGHT - An old car drives up the road.

KAREN : (v.o.) It was a cold weekend, outside and in. Bill didn't come at all. Margo didn't know where he was and didn't care...she kept saying. Somehow we staggered through Sunday, and by the time we drove Margo to the station late Monday afternoon, she and Lloyd had thawed out to the extent of being civil to each other.

outside and in	外も中も
she kept saying	
stagger	よろよろする、何とかやっていく、切り抜ける
thaw out	打ち解ける、和らぐ
to the extent of...	〜の程度まで
civil	礼儀正しい、丁寧な

Karen and Margo sit in the car heavily wrapped in their fur coats as Lloyd drives the car.

KAREN : What time is it?

LLOYD : When you asked a minute ago, it was five forty-two. It is now five forty-three. When you ask again a minute from now...

KAREN : I just don't want Margo to miss her train. As it is, she'll barely make the theater.

LLOYD : Five fifty-five. We'll be at the station in plenty of time.

MARGO : That little place "just two hours from New York." It's on my list of things I'll never understand, like collecting shrunken Indian heads.

KAREN : Well, of all people, you should know what it means to want a little peace and quiet.

MARGO : Peace and quiet is for libraries.

as it is	現状では、実際は
barely	かろうじて、やっと
make	辿り着く、時間に間に合う
shrunken	しなびた、縮んだ

The car slips on the icy road, but Lloyd manages to regain control.

manage to...	何とかして〜する、どうにかやり遂げる
regain	取り戻す

152

カレンはソファに座り、電話のダイヤルを回し始める。

カレン　：もしもし。イヴ・ハリントンさんを電話に呼び出していただける？　構いませんわ。待ちます。

屋外／屋内－田舎道／車－夜－古びた車が道を走っている。

カレン　：（画面外）寒々とした週末だった、外も中も。ビルは結局来なかった。マーゴは、彼がどこにいるのか知らないし、どうでもいい…と言い続けた。私たちは日曜までどうにか過ごしたが、月曜の午後遅くにマーゴを駅まで送る頃には、彼女とロイドは打ち解け、互いに対し、丁寧な態度で接するほどになっていた。

ロイドが車を運転している間、カレンとマーゴはその車の中で毛皮のコートにどっしりと身を包み、座っている。

カレン　：何時？
ロイド　：1分前に君が聞いたときは、5時42分だった。今は5時43分だ。今から1分後にまた聞くなら…
カレン　：マーゴが電車に乗り遅れてほしくないだけよ。実際、ぎりぎりで公演に間に合うくらいなんだから。
ロイド　：5時55分だ。駅に行くのに時間はたっぷりある。
マーゴ　：あの「ニューヨークからたった2時間」というささやかな場所。あそこは、私が決して理解できないもののひとつだわ、インディアンのしなびた頭を収集するのと同じくらいにね。
カレン　：でも、ほかの誰よりも、あなたは、ささやかな平和と静けさを求めるということがどういうことかを知るべきでしょう。
マーゴ　：平和と静けさなら、図書館でいいじゃない。

車は凍った道でスリップするが、ロイドは何とか元の運転操作を取り戻す。

■ call someone to…
「つなぐ」とする場合は give me, put me through, connect me などとする。
ex. I was called to the office by telephone.（私は電話でオフィスに呼び出された）
cf. Connect me with the president.（社長につないでください）

■ she kept saying
「S + keep + C」の型で「SはずっとCである」の意を表す。ここでのCは形容詞（句）、現在分詞。
ex. She kept crying.（彼女は泣き続けていた）

■ thaw out
thaw の「（雪や氷などが）解ける」から、態度、緊張、敵意などが「解ける、和らぐ」を意味する。

■ civil
= civilized; cordial; courteous; genteel; kind; polite; well-mannered

■ as it is
ここでの it は具体的なものを指さない。

■ barely
hardly, scarcely が否定の意味に用いられているのに対して、barely は肯定的に「やっと～する」という意味を表す。

■ make
ex. If you hurry, you can make the train.（急げば列車に間に合うよ）

■ shrunken
shrink の過去分詞形。なお、shrunken head は特にアマゾンのヒバロ族が作る縮んだ首、干し首。

■ manage to…
ex. I managed to control my anger.（私は怒りを何とかこらえた）

KAREN : Lloyd. Please.
LLOYD : Just a little skid, that's all. This road's like glass.
MARGO : Karen and I just don't want an accident.
LLOYD : I have no intention of having an accident.
MARGO : It isn't important whether you do. We are wearing long underwear.

The car's engine loses power and stops.

LLOYD : Now what's this?

Lloyd tries to restart the car, but has no luck.

LLOYD : But it can't be. We can't be out of gas. I filled it myself yesterday. Wasn't it full when you drove to Brewster this morning?
KAREN : Well, I guess I didn't look. You know I don't pay attention to those things.
LLOYD : Just incredible.
MARGO : How much time have we got?
LLOYD : Oh, roughly ten minutes.
MARGO : How far to the station?
LLOYD : Oh, about three or four miles.
MARGO : Any farms or houses around where we can borrow some gas?
LLOYD : None in sight. There's not much along this back road.
MARGO : Not many cars either. Not much chance of a lift.
LLOYD : Well, no sense in just sitting here. I'm gonna walk up about half a mile, just in case.

Lloyd exits the car and walks down the road. Karen and Margo remain inside. Margo turns on some music on the car's radio. The radio plays "Liebestraum."

MARGO : You want it on?
KAREN : It doesn't matter.

カレン	：ロイド。お願い。	
ロイド	：ちょっと滑っただけ、それだけのことさ。この道はまるでガラスみたいだよ。	
マーゴ	：カレンも私も事故は嫌よ。	
ロイド	：僕だって事故を起こすつもりはないさ。	
マーゴ	：あなたがそのつもりがあるかどうかは重要じゃないの。私たちは長い下着をつけているんだから。	

車のエンジンが力を失い、止まる。

ロイド	：今度は何だ？

ロイドは車のエンジンを再度かけようとするが、かからない。

ロイド	：だが、そんなことあり得ない。ガス欠なんてあり得ないよ。僕が自分で昨日満タンにしたんだから。今朝、君がブリュースターに出かけたとき満タンじゃなかった？
カレン	：さあ、見てないと思うわ。私がそういうことを気にしないのは知ってるでしょ。
ロイド	：全く信じられない。
マーゴ	：あと時間はどれくらいあるの？
ロイド	：ああ、10分くらいだ。
マーゴ	：駅までの距離は？
ロイド	：そうだな、だいたい3、4マイル。
マーゴ	：ガソリンを借りられそうな農家とか家はどう？
ロイド	：全く見えないな。この田舎道沿いにはそうはないよ。
マーゴ	：車もあまりないものね。誰かに乗せてもらうことも大して期待できないわね。
ロイド	：さて、ここでただ座っていても仕方ない。この先半マイルほど歩いていってみるよ、念のため。

ロイドは車を出て、道を歩いていく。カレンとマーゴは車内に残る。マーゴは車のラジオの音楽をかける。ラジオでは「愛の夢」が流れる。

マーゴ	：つけておきたい？
カレン	：どちらでも。

■ skid
ex. My car went into a skid on the snowy road.（私の車は雪に覆われた道路で横滑りした）

■ have an accident
「事故を引き起こす」は cause/bring an accident。
ex. He had an accident on his way to school.（彼は学校へ行く途中で事故に遭った）

■ underwear
格式ばった表現は underclothes。なお、ここでのセリフは、事故でけがをし病院に運ばれたときにみっともない、との意味合いで使われたもの。

■ have no luck
ここではエンジンがかからないこと。
ex. He has no luck with women.（彼は女運がない）

■ Brewster
ニューヨーク州のルート22沿いにある村。

■ incredible
= unbelievable; impossible; beyond belief

■ roughly
= approximately; about; around; nearly

■ in sight
「見えてくる」は come into sight、「見えない所に」は out of sight、「見えなくなる」は get out/go out of sight。
ex. Mt. Fuji is in sight.（富士山が見える）

■ lift
親切から人を車に乗せることを give someone a lift（人を車に乗せる）とする。なお、lift に代わって ride も使われる。
ex. Shall I give you a lift to the station?（駅まで車でお送りしましょうか？）

■ just in case
ex. I'll wait for him just in case.（万一の場合を考えて、彼を待ってみよう）

MARGO : I detest cheap sentiment.

Margo turns off the radio and pulls out her cigarettes, offering one to Karen.

MARGO : Karen?
KAREN : No, thank you.
MARGO : I haven't been very pleasant this weekend.
KAREN : We've all been a little tense lately.
MARGO : Come to think of it, I haven't been very pleasant for weeks. For that, I'm truly sorry. More than any two people I know, I don't want you and Lloyd to be angry with me.
KAREN : We're never deeply angry. We just get mad the way you do. We know you too well.
MARGO : So many people know me. I wish I did. I wish someone would tell me about me.
KAREN : You're Margo. Just... Margo.

Margo lights up a cigarette.

MARGO : And what is that? Besides something spelled out in light bulbs, I mean. Besides something called a temperament, which consists mostly of swooping about on a broomstick and screaming at the top of my voice. Infants behave the way I do, you know. They carry on and misbehave. They'd get drunk if they knew how, when they can't have what they want. When they feel unwanted or insecure or...unloved.
KAREN : What about Bill?
MARGO : What about Bill?
KAREN : He's in love with you.
MARGO : More than anything in this world, I love Bill. And I want Bill. And I want him to want me. But me, not Margo Channing. And if I can't tell them apart, how can he?

マーゴ　　：安っぽい感傷は嫌いよ。

マーゴはラジオを消し、タバコを取り出し、カレンに1本差し出す。

マーゴ　　：カレン？
カレン　　：いえ、結構よ。
マーゴ　　：この週末、私、愛想がよくなかったわね。
カレン　　：私たち、みんな、最近少しぴりぴりしているわ。
マーゴ　　：考えてみれば私、何週間もあまり愛想がよくなかった。それに関しては、本当にごめんなさい。私の知るどんな2人より、あなたとロイドだけは怒らせたくないの。
カレン　　：私たちは、決して本気で怒ることはないわ。あなたと同様、ただカッとするだけよ。私たちは、あなたをよく知りすぎているもの。
マーゴ　　：非常に多くの人が私のことを知ってる。私も知りたいわ。誰か私のことを教えてくれないかしら。
カレン　　：あなたはマーゴよ。そう…マーゴ。

マーゴはタバコに火をつける。

マーゴ　　：で、それって何？　電球でつづられたもの以外に、ってことよ。ほうきに乗って突然降りてきて、声の限り叫び散らすかんしゃく持ちと呼ばれているもの以外よ。ほら、子どもって私のように振る舞うのよね。駄々をこねて、無作法に振舞う。もし子どもが酔っぱらい方を知っていれば、欲しいものが手に入らなかったときには、きっと酔っ払うわ。自分が必要とされず、不安で…愛されてないと感じたら。

カレン　　：ビルはどうなの？
マーゴ　　：ビルが何よ？
カレン　　：彼はあなたに恋してる。
マーゴ　　：この世界でどんなものよりも、私はビルを愛してる。それにビルが必要なの。だから、彼にも私を必要だと思ってほしい。でも、私をよ、マーゴ・チャニングではなく。だいたい、私がこの2つを区別できないのに、彼にできるはずないでしょ。

■ detest
dislike より強意的で、軽蔑を伴った嫌悪感を表す。

■ offer one to…
one は代名詞。ここでは、取り出した cigarettes のうちの1本を指している。

■ tense
ここでは、マーゴとビル、カレン夫妻が緊張した関係にあったことを表している。

■ More than any two people I know
「私の知るどんな2人よりも」とはカレン、ロイド夫妻がかけがえのない友人であることを述べたもの。

■ want you and…with me
「S + want + O + to do[be]」の型で「SはOに〜してほしい、SはOに〜であってほしい」の意を表す。

■ get mad
直前の be deeply angry は、怒っている状態を表すが、get mad は、怒鳴るなどの怒る行為そのものを表す。

■ the way you do
= as you do
ここでは、as you get mad の意。the way は接続詞的に「〜するように」の意。

■ I wish I did
I wish I knew me.（私が自分のことを知っていたらと思う）のこと。つまり、マーゴは自分自身のことがわからず、嘆いている。

■ something spelled out in light bulbs
「いくつもの電球で文字にした何か」とはここでは、舞台の宣伝のために劇場の入り口などにかけられている、電飾で書かれた Margo Channing という文字を指す。

■ on a broomstick
broomstick とは魔女が乗って空を飛ぶ乗り物であることから、彼女は自分が性悪な女であることを自覚している。

■ if they knew how
if they know how to get drunk のこと。

■ tell…apart
can, cannot と共に用いて2者を区別すること。know…apart ともする。ここでは、才能豊かな女優であるマーゴと、1人の女性としての幸せを追求する自分のこと。

KAREN	: Well, why should he and why should you?	why should he ⊙
MARGO	: Bill's in love with Margo Channing. He's fought with her, worked with her, and loved her. But ten years from now Margo Channing will have ceased to exist. And what's left will be...what?	
KAREN	: Margo, Bill is all of eight years younger than you.	all of... わずか〜だけ ⊙
MARGO	: Those years stretch as the years go on. I've seen it happen too often.	stretch 伸びる, 広がる as the years go on 年が経つにつれて
KAREN	: Not to you, not to Bill.	
MARGO	: Isn't that what they always say?	

Margo switches on the radio again.

MARGO	: I don't suppose the heater runs if the motor doesn't.	run 動く, 作動する, かかる
KAREN	: Silly, isn't it? You'd think they'd fix it so people could just sit in a car and keep warm.	
MARGO	: About Eve. I've acted pretty disgracefully toward her too.	disgracefully 恥ずかしいほどに, みっともなく ⊙
KAREN	: Well...	
MARGO	: Don't fumble for excuses. Not here and now with my hair down. At best, let's say I've been oversensitive to... Well, to the fact that she's so young, so feminine and so helpless. To so many things I want to be for Bill. Funny business, a woman's career. The things you drop on your way up the ladder so you can move faster. You forget you'll need them again when you get back to being a woman. That's one career all females have in common, whether we like it or not. Being a woman. Sooner or later, we've got to work at it. No matter how many other careers we've had or wanted.	fumble for... 〜を手探りで探す, まごまご探し回る ⊙ Not here and... ⊙ with one's hair down くつろいで, 打ち解けて ⊙ at best せいぜい, 良くて(も) oversensitive 神経質すぎる, 神経質な feminine 女性らしい, か弱い funny business おかしなこと, 妙なもの ⊙ career 生涯, 職業 ⊙ ladder はしご, 道 ⊙ being a woman ⊙ sooner or later 遅かれ早かれ have got to 〜しなければならない ⊙ work at... 〜に取り組む, 直面する no matter how... いかに〜でも

158

カレン	：でも、彼もあなたもなぜ区別する必要があるの？	■ why should he 次に tell them apart が省略されている。なお、この should はすべての人称で、義務、当然、勧ме、期待などを表して使われる。must, ought to, should の順で意味が弱くなる。
マーゴ	：ビルはマーゴ・チャニングに恋してるの。彼は彼女と戦ってきたし、一緒に仕事をして、愛してもくれた。でも、これから10年後には、マーゴ・チャニングはいなくなるわ。そしたら後に何が残るの…何が？	
カレン	：マーゴ、ビルはたった8歳あなたより若いだけよ。	■ all of… all of に数詞を伴って only、すなわち「〜だけ」という意を表す。 ex. The dinner will cost you all of 40 dollars.（ディナーはたった40ドルさ）
マーゴ	：年々この歳の差は広がるの。そんな例をあまりに多く見てきたわ。	
カレン	：あなたとビルは別よ。	
マーゴ	：それって、誰もがいつも言うことじゃない？	

マーゴは再びラジオをつける。

マーゴ	：エンジンが止まると、暖房も効かないわよ。	
カレン	：ばかげてるわよね？ 車内で座って、暖かくしていられるようにつくったって、よさそうなものを。	■ disgracefully = shamefully; degradingly; disreputably; meanly; offensively; unrespectably ■ fumble for… 文頭のIが省略されたもの。 ex. She fumbled in her bag for the car-key.（彼女はごそごそとバッグの中の車のキーを探した）
マーゴ	：イヴのことだけど。彼女に対しても、ずいぶん恥ずかしい行動を取ったわ。	
カレン	：そんな…	
マーゴ	：言い訳を探したりはしないわ。ここで、こうして打ち解けているときにはね。よく言ってこういうことかしら、私は神経質になり過ぎていた…そう、彼女があまりに若く、女性らしくて、無力であるということに。私がビルに対してそうでありたい、と思うあまりに多くのことに対してね。おかしなものね、女性のキャリアって。はしごを上る途中で、速く駆け上がりたいためにいろんなものを捨てていく。女に戻るときに、またそれらが必要になるということを忘れてしまうの。好むと好まざるとにかかわらず、それはすべての女性に共通するキャリア。女であるからには、遅かれ早かれ、私たち女性はそのことに直面するの。ほかにどんなたくさんのキャリアを積んでも、求めても。	■ Not here and… 文を否定したもので、「ここで〜のときには言い繕ったりしない」ということ。 ■ with one's hair down かつて社会の場に出る際に女性は髪をアップにし、自宅に戻るとその髪を下ろしてリラックスしたことから、この表現がある。 ■ funny business ここでの business は、「仕事、商売」ではなく、「事柄、漠然としたもの」の意。なお、business は、busy（手がふさがっている）と -ness（抽象名詞を作る接尾辞）の合成。 ■ career ここでは、女性の職業と生涯の両方を意味している。 ■ ladder ここでは the ladder of success のこと。 ■ being a woman 女性であること、その状態の意。 ■ have got to = have to; must

159

MARGO : And in the last analysis, nothing's any good unless you can look up just before dinner or turn around in bed and there he is. Without that, you're not a woman. You're something with a French provincial office or a...a book full of clippings. But you're not a woman. Slow curtain. The end.

KAREN : Margo. Margo, I want you to know how sorry I am about this.

MARGO : About what?

KAREN : This. I can't tell you how sorry I am.

MARGO : Don't give it a thought. One of destiny's merry pranks. After all, you didn't personally drain the gasoline tank yourself.

EXT. / INT. THEATER CORRIDOR / BACKSTAGE OF THEATER - NIGHT - Addison walks down a backstage corridor, through various small rooms filled with props.

ADDISON : (v.o.) Eve, of course, was superb. Many of the audience understandably preferred to return another time to see Margo. But those who remained cheered loudly, lustily and long for Eve. How thoughtful of her to call and invite me that afternoon. And what a happy coincidence that several representatives of other newspapers happened to be present. All of us invited that afternoon to attend an understudy's performance, about which the management knew nothing until they were forced to ring up the curtain at nine o'clock. Coincidence.

INT. DRESSING ROOM - NIGHT - Addison arrives at a door and is about to knock when he hears Bill talking to Eve inside.

マーゴ	: そして結局は、夕食の直前に見上げたり、ベッドで寝返ったりしたとき、そこに彼がいなければ何も良いことはない。それがなければ、女じゃないの。フランスの地方のオフィスの役職か…記事の切り抜きがたくさんある人物。でも女じゃないのよ。ゆっくりと幕を降ろして。終演。
カレン	: マーゴ。マーゴ、この件では本当に申し訳ないと思ってるわ。
マーゴ	: 何のこと？
カレン	: このことよ。何とおわびをしたらいいかわからないわ。
マーゴ	: どういたしまして。運命の愉快ないたずらの1つよ。だって、あなたがわざと自分でタンクからガソリンを抜いたわけじゃないんだし。

屋外／屋内－劇場の廊下／劇場の舞台裏－夜－アディソンが、小道具で埋もれたさまざまな小部屋を通って、舞台裏の廊下を歩いていく。

アディソン	: （画面外）イヴは、もちろん、素晴らしかった。観客の多くは、もっともなことだが、別の機会に再度来てマーゴを見る方を選んだ。だが、残った観客はイヴに対して、大きな声で力強く長い間、拍手喝采を送った。あの日の午後、彼女は何と気の利いたことに、私に電話し招待してくれた。そして、何と嬉しい偶然だろう、他紙の記者まで何人も居合わせたのだ。その日の午後は、我々全員が代役の公演に招待されていたわけだが、そのことについて劇場側は、9時に開幕せざるを得なくなるまで何も知らなかったのだ。偶然だ。

屋内－楽屋－夜－アディソンが入口に着き、ノックしようとすると、中でビルがイヴと話しているのが聞こえる。

■ **in the last analysis**
= in the end
長年の経験、分析によって、結論に達した、ほどの意。last に代わって final, ultimate も使われる。

■ **turn around in bed**
turn around が「向きを変える、振り向く」の意から。

■ **and there he is**
and find him there の意。ここでの is は「いる」の意味。

■ **a French provincial office**
若いときは有能で、また美人であったとしても年を取ると地方に飛ばされる、といった意味合いで使われた表現。

■ **a book full of clippings**
全盛期に毎日のように新聞紙上を賑わせていた女性も、年を取るとその新聞記事の切り抜きのように、過去の思い出になってしまうということ。clippings は「新聞、雑誌の切り抜き」の意。

■ **how sorry I am about this**
I am very sorry about this の意。ここでは、カレンが車のガソリンを抜き、車を走れなくさせてしまったことをとても申し訳なく思っている。

■ **give it a thought**
本文中のように Don't give it a thought で「どういたしまして」の意。Don't give it another thought, Don't give it a second thought ともする。

■ **walk down**
down は話し手から遠ざかる描写に使う。近づく場合は walk up。

■ **prop**
property の短縮形。イギリス英語では、一般に衣装も含む。

■ **those who**
ex. There's none so blind as those who will not see.（《諺》見ようとしない者ほど目の見えない者はいない）

■ **representative**
ここでは、新聞社の代表者を指す。会議出席のための代表者は delegate。

■ **management**
ここでは劇場の経営者、劇場側。

BILL : (v.o.) **You were better than all right. You gave a performance. You rang a bell. Little things here and there, but it doesn't matter. You can be proud of yourself. You've got a right to be.**

Addison prods the door open with his cane. He watches Bill and Eve through the half-open door. Eve is still wearing her costume from the play.

EVE : Are you proud of me, Bill?
BILL : I'll admit I was worried when Max called. I had my doubts.
EVE : You shouldn't have had any doubts.
BILL : Well, after all, the other day was one scene. The woods are full of one-scene sensations. But you did it. With work and patience, you'll be a good actress…if that's what you wanna be.
EVE : Is that what you want me to be?
BILL : I'm talking about you and what you want.
EVE : So am I.
BILL : What have I got to do with it?
EVE : Everything.
BILL : The names I've been called, but never Svengali. Good luck.

Bill starts to walk out of the dressing room. Addison quickly retreats so as not to be seen eavesdropping.

EVE : Don't run away, Bill.
BILL : From what would I be running?
EVE : You're always after truth on the stage. What about off?
BILL : I'm for it.
EVE : Then face it. I have. Ever since that first night here in this dressing room.
BILL : When I told you what every actress should know?

ビル	:（画面外）君は素晴らしかったよ。いい演技をした。成功だ。ところどころささいな点はあるが、大したことじゃない。誇りに思っていい。君にはその権利がある。	■ better than all right all right（申し分ない）以上の出来だった。つまり、期待以上の出来であったという、褒め言葉。 ■ Little things here and there Little things... は There were little mistakes... の意。here and there は「あちらこちら」を意味する。日本語どおりの語順で there and here とは言わないので注意。

アディソンはドアを杖で突いて開ける。彼は半分開いたドアから、ビルとイヴを見つめる。イヴはまだ劇の衣装を着ている。

イヴ	: ビル、私のことを誇りに思う？	
ビル	: はっきり言うと、マックスから電話があったとき、心配だった。疑ってたよ。	■ I'll admit... will は、たった今決めたことを表すときに使う助動詞。I'm going to... は、前もって決めていた予定を表すときに使う。
イヴ	: 疑う必要なんかなかったわ。	■ The woods ここでは「世界、この世、世間」ほどの意を表している。
ビル	: いや、何しろ、先日は、1シーンだけだったからね。森はセンセーショナルなシーンの連続だ。だが君はやり遂げた。努力と忍耐があれば、君はいい女優になれるよ…それが君の望むことならね。	■ one-scene sensations 1つのシーンを演じて呼び起こす感動。演劇界には、ワンシーンのみのオーディションを勝ち抜いてきた人がいっぱいいる、ということの比喩表現。
イヴ	: それがあなたの望みなの、私がそうなることが？	■ So am I 直前にビルが言ったことを受けて、I'm talking about you and what you want, too. と言ったもの。
ビル	: 僕は、君と君の望みの話をしてるんだ。	
イヴ	: 私もそう。	
ビル	: それと僕と何の関係がある？	
イヴ	: すべてよ。	■ Svengali イギリスの小説家デュモーリエ（George du Maurier, 1834-96）の小説 Trilby (1894)に登場する催眠術師。ヒロインのTrilby は、全く音程がわからず、ひとりで歌うことができないが、彼女を催眠状態にして操り、聴衆の前で素晴らしい歌声で歌っているように見せかけてしまう。ここから「抗しがたい力で人を操る人物」の意を表して使われる。
ビル	: 僕はいろんな名前で呼ばれてきたが、スヴェンガーリと呼ばれたことはない。幸運を祈るよ。	

ビルは歩いて楽屋から出ていこうとする。アディソンは立ち聞きしている所を見られないように、急いで後退する。

イヴ	: 逃げないで、ビル。	■ so as to... in order to とは違って、純粋な目的以外に自然な成り行き、結果が同時に含意される。ここでは否定形で「〜しないように」の意。
ビル	: 僕が何から逃げるっていうんだ？	
イヴ	: あなたは舞台の上ではいつも真実を追っているわ。舞台の外ではどう？	■ From what would I be running? would は、逃げているという事実はないが、もし、逃げているとしたら、という仮定を表している。
ビル	: 追ってるよ。	
イヴ	: じゃあ、ちゃんと向き合って。私はそうしてきたわ。ここで、この楽屋での初めての夜からずっと。	■ What about off? 文尾の the stage が省略されたもの。 ■ I'm for it ここでの for は「〜を求めて」の意。it は前出の truth。
ビル	: すべての女優が知っておくべきことを話したときのことか？	

EVE	: When you told me that whatever I became, it would be because of you.	
BILL	: Makeup's a little heavy.	heavy 濃い ◎
EVE	: And for you.	
BILL	: You're quite a girl.	
EVE	: You think?	You think ◎
BILL	: I'm in love with Margo. Hadn't you heard?	Hadn't you heard ◎
EVE	: You hear all kinds of things.	
BILL	: I'm only human, rumors to the contrary, and I'm as curious as the next man.	to the contrary それと反対に, そうでなく as…as the next man 誰にも劣らず
EVE	: Find out.	
BILL	: Only thing: what I go after I want to go after. I don't want it to come after me.	only thing これだけは言っておく go after… ～を追求する, ～を追い求める come after… ～を求めて来る ◎

Eve turns away solemnly as Bill walks out the door.   solemnly 重々しく, 厳粛に, まじめくさって

BILL	: Don't cry. Just score it as an incomplete forward pass.	score 記録する incomplete （アメリカンフットボール）パスが不成功の forward pass フォワードパス ◎

Eve roughly removes her stage wig and throws it onto the dresser. She picks it up and tries to tear it in half, just as there is a knock on the door. Addison enters.

roughly 乱暴に, 荒々しく
remove 脱ぐ, 外す
tear…in half ～を半分に裂く ◎

EVE	: Who is it?	
ADDISON	: May I come in?	
EVE	: Certainly, Mr. DeWitt.	certainly もちろん, 承知しました ◎
ADDISON	: I expected to find this little room overcrowded with a theaterful of people at your feet.	overcrowded 込み合った, 超満員の ◎ theaterful 劇場いっぱいの at someone's feet 人の足元に, 人に魅了されて
EVE	: I consider myself lucky they didn't throw things.	
ADDISON	: Of course, your performance was no surprise to me. After the other day, I regarded it as no more than a promise fulfilled.	no more than… ～にすぎない fulfill （約束などを）果たす, 実行する, 遂行する more than… ～以上で ◎
EVE	: You're more than kind. But it's still Miss Channing's performance. I'm just the carbon copy you read when you can't find the original.	carbon copy （カーボン紙で複写した）写し ◎

イヴ	:	私が何になろうとも、それはあなたのおかげだ、と教えてくれたときのことよ。
ビル	:	化粧が少し濃いな。
イヴ	:	そして、あなたのためだと。
ビル	:	君は大した娘だ。
イヴ	:	そう思う？
ビル	:	僕はマーゴを愛してる。聞いてなかったかい？
イヴ	:	あらゆることが聞こえてくるわ。
ビル	:	噂に反して、僕はただの人間さ、それに誰よりも好奇心が強い。
イヴ	:	知って。
ビル	:	ひとつだけ言っておく。僕は自分が欲しいものは自分で追いかける。それから追いかけられたくはない。

ビルがドアから出ていく際、イヴは重々しく背を向ける。

ビル	:	泣くんじゃない。不成功に終わったフォワードパスとして記録しておくことだな。

イヴは、舞台かつらを乱暴に外し、鏡台の上に投げつける。彼女はそれを取り上げ、半分に切り裂こうとしたところ、ドアをノックする音が聞こえる。アディソンが入ってくる。

イヴ	:	誰？
アディソン	:	入っていいかな？
イヴ	:	もちろんですわ、ドゥイットさん。
アディソン	:	この小さい部屋は、君の足元に詰めかけた劇場いっぱいの人たちで埋まってると思っていたんだがね。
イヴ	:	物を投げつけられなかっただけでも幸運だと思っていますわ。
アディソン	:	もちろん、君の演技は僕にとって驚きではなかったよ。あの日見せてもらった後でね、約束が果たされたに過ぎないくらいに思っている。
イヴ	:	本当にご親切に。でも、これはあくまでもチャニングさんの演技です。私なんか、オリジナルが見つからないときに読むカーボンコピーに過ぎません。

■ heavy
化粧が濃い場合は heavy、薄い場合には light が使われる。
ex. She always wears heavy makeup.（彼女はいつも化粧が濃い）

■ You think?
= Do you think so?

■ Hadn't you heard?
Hadn't you heard that I'm in love with Margo? の略。ここでの、hear は「〜と噂に聞いている」の意味。

■ come after...
come after someone or something は to pursue someone or something とか to chase after someone or something の意。

■ forward pass
アメリカンフットボールで、1ダウン間に1回だけ認められる前方へのパス。

■ tear...in half
tear...in two ともいう。

■ certainly
質問や依頼への返答などに用いて Definitely.、Sure.、Yes, I agree. などの意を表す。

■ overcrowded
ここでの over- は「限度を超えて、極端に、〜すぎる」を意味する接頭辞。なお、ハイフンは古くから用いられている語や確立した語には普通ない。

■ more than...
名詞、形容詞、副詞、動詞、節の前に置いて「〜以上で、〜どころではない」の意を表す。
ex. That noise is more than I can bear.= I can't bear that noise.（その騒音は私が耐えられる以上のものだ）

■ carbon copy
ここでは、マーゴの演技をまねたこと。

ADDISON : You're more than modest.

Addison and Eve sit on the chair. Eve puts her stage wig on the wig stand and to comb her hair.

EVE : It's not modesty. I just don't try to kid myself.
ADDISON : A revolutionary approach to the theater. But if I may make a suggestion...
EVE : Please do.
ADDISON : I think the time has come for you to shed some of your humility. It is just as false not to blow your horn at all as it is to blow it too loudly.
EVE : I don't think I've done anything to sound off about.
ADDISON : We all come into this world with our little egos equipped with individual horns. If we don't blow them, who else will?

EVE : Even so...one pretty good performance by an understudy, it'll be forgotten tomorrow.

ADDISON : It needn't be.
EVE : Even if I wanted to, as you say, be less humble, blow my own horn, how would I do it? I'm less than nobody.

ADDISON : I am somebody.
EVE : You certainly are.

Eve makes her way to the dressing room's bathroom to change.

ADDISON : Leave the door open a bit...so we can talk. After you change, if you're not busy elsewhere, we could have supper.
EVE : (v.o.) I'd love to. Or should I pretend I'm busy?
ADDISON : Let's have a minimum of pretending. I shall want to do a column about you.

アディソン： ずいぶん謙虚だね。

アディソンとイヴは椅子に座る。イヴは舞台かつらをかつら台に置き、髪をとかす。

イヴ　　　： 謙虚なんかじゃありません。私は自分を甘やかさないようにしているだけです。

アディソン： 演劇に対する画期的な姿勢だ。だが、ひとつ提案してよければ…

イヴ　　　： お願いします。

アディソン： 私が思うに、君がそんなに謙遜ばかりしなくていい時が来たのだ。あまり声高に自慢するのもよくないが、全く自分を主張しないのも間違っている。

イヴ　　　： 自慢できることなど何ひとつしていないと思いますが。

アディソン： 我々はみんな、自己主張をするささやかなうぬぼれを持って、この世界にやってくるんだよ。我々が自己主張をしなかったら、ほかの誰がやってくれるかね？

イヴ　　　： そうだとしても…代役による1回限りのちょっとしたいい演技なんて、明日には忘れられてしまいますわ。

アディソン： そうとは限らない。

イヴ　　　： もし私がそうしたいと思ったとしても、あなたがおっしゃるように、謙遜せずに自分を主張しようと思ったら、どうすればいいんです？　私はただのなんてことない人間です。

アディソン： 私は有名人だ。

イヴ　　　： その通りですわ。

イヴは着替えるため、楽屋のバスルームに向かう。

アディソン： 少しドアを開けておきたまえ…話しができるように。君が着替えてから、ほかに予定がなければ、夕食を一緒にしよう。

イヴ　　　： （画面外）喜んで。それとも忙しいふりをした方がいいのかしら？

アディソン： ふりをするのは、お互い最小限にしよう。君についてのコラムを書こうかと思っている。

■ **modest**
= shy; diffident; discreet; humble; moderate; prudent; reserved
数行下にある modesty は名詞。

■ **approach**
演劇界に入ろうとする人が謙遜するのは、画期的だということ。

■ **make a suggestion**
offer a suggestion ともする。

■ **blow one's horn**
brag about oneself のことで、toot one's own horn、blow one's trumpet ともいう。なお、horn は「ラッパ、トランペット」。

■ **sound off about**
ここでの about の目的語は、anything。

■ **humble**
= modest or unassuming in behavior or attitude; reserved; unassertive

■ **nobody**
= a person who has no importance or influence

■ **somebody**
ここでは an important person の意。
ex. He thinks he's somebody.（彼は自分は重要人物だと思っている）

■ **leave the door open**
「leave + O + C」の型で「OをC（状態）にしておく」の意。
ex. Let's leave the door open.（ドアを開けたままにしておこう）

■ **elsewhere**
somewhere else より堅い語。

■ **do a column**
この do は「何らかの方法で処理する」という意味で、具体的な意味内容は目的語の意味内容によって決定される。do verse（詩を書く）、do one's room（部屋を掃除する）、do the dishes（皿を洗う）、do a sum（計算をする）、do a Latin passage into English（ラテン文を英訳する）など。

EVE	: (v.o.) **I'm not even enough for a paragraph.**	
ADDISON	: **Perhaps more than one. There's so much I want to know. I've heard your story in bits and pieces. Your home in Wisconsin, your tragic marriage, your fanatical attachment to Margo. It started in San Francisco, didn't it? I say your idolatry of Margo started in San Francisco, didn't it?**	one ↻ bits and pieces （全体像がつかめないままの）断片的なもの, こまごましたもの, はしばし tragic 悲劇的な fanatical 熱狂的な, 熱烈な attachment 愛着, 傾倒, 愛慕 idolatry 偶像崇拝, 崇拝, 心酔 ↻
EVE	: (v.o.) **That's right.**	
ADDISON	: **San Francisco, an oasis of civilization in the California desert. Tell me, do you share my high opinion of San Francisco?**	oasis オアシス ↻ civilization 文明 share 共にする, 共有する ↻
EVE	: (v.o.) **Yes, I do.**	
ADDISON	: **And that memorable night when Margo first dazzled you from the stage, what theater was it in San Francisco? Was it the Shubert?**	memorable 記憶すべき, 忘れられない, 重要な dazzle 目をくらませる, 圧倒する, 感嘆する ↻ the Shubert シューバート劇場 ↻
EVE	: (v.o.) **Yes, the Shubert.**	
ADDISON	: **Fine old theater, the Shubert. Full of tradition. Untouched by the earthquake. Or should I say fire? Tell me, what was your husband's name?**	untouched 影響を受けない ↻
EVE	: (v.o.) **Eddie.**	
ADDISON	: **Eddie what?**	

Eve appears in the doorway wrapped in a towel.

EVE	: **I'm about to go into the shower. I won't be able to hear you.**	go into the shower ↻
ADDISON	: **Well, it can wait. Where would you like to go? We must make this a special night.**	
EVE	: **You take charge.**	take charge 責任を持つ, 責任を引き受ける
ADDISON	: **I believe I will.**	

Eve closes the bathroom door. Addison waits for her, smoking on his long cigarette pipe.

イヴ ：（画面外）私なんか、1段落も埋まりません。

アディソン ：1段落以上にはなるだろう。私は、知りたいことがたくさんある。君の話は断片的に聞いているがね。故郷はウィスコンシン、悲劇的な結婚、マーゴへの熱烈な思い入れ。始まりはサンフランシスコだったかね？ つまり、君のマーゴ崇拝はサンフランシスコで始まったんだろう、違うかな？

イヴ ：（画面外）そうです。

アディソン ：サンフランシスコはカリフォルニアという砂漠の中の文明のオアシスだ。教えてくれ、私のサンフランシスコに対する高い評価に賛成するかね？

イヴ ：ええ。賛成ですわ。

アディソン ：それで、マーゴが舞台から君を初めて感嘆させたという記念すべき夜だが、サンフランシスコの何ていう劇場だったんだ？ シューバートかな？

イヴ ：（画面外）ええ。シューバートです。

アディソン ：古くて良い劇場だ、シューバートは。伝統に満ちている。地震にも無傷だった。それとも火事というべきかな？ それで、君のご主人の名前は？

イヴ ：（画面外）エディです。

アディソン ：エディ、何だい？

イヴがタオルに包まれた姿でドアの所に現れる。

イヴ ：私、今からシャワーを浴びます。お声が聞こえなくなりますわ。

アディソン ：じゃあ、後にしよう。どこに行きたいかね？ 今夜は特別な夜にしないといけないな。

イヴ ：あなたにお任せしますわ。

アディソン ：そうするとしよう。

イヴがバスルームのドアを閉める。アディソンは長いシガレットパイプをくゆらせながら彼女を待つ。

■ one
代名詞。ここでは、前出の a paragraph のこと。イヴの記事が1段落以上の記事になると言っている。

■ idolatry
なじみのある関連した語に idol があるが、これは盲目的に崇拝あるいは偶像視される人や物をいう。ここから「人気が落ちた人、落ちた偶像」を a fallen idol とする。

■ oasis
比喩的に日常生活の単調さ、わずらわしさなどから解放される気晴らし、気分転換などの「慰安」を表す。

■ share
この「共有する」の意から、発言、意見、感情などに用いられて、「同感である」とか「同意見である」の意でも頻繁に使われる。
ex. I share your feelings.（あなたと同感です）

■ dazzle
= to amaze or impress somebody

■ the Shubert
架空の劇場名。

■ untouched
1906年のサンフランシスコ大地震で大半の建物が崩壊し、消失したが、この建物は被害を受けなかった、との意。なお un- は形容詞およびその派生副詞、名詞に付けて否定、反対の意を表したり、動詞につけて逆の行為、状態にすることを表す。

■ go into the shower
「シャワー室に入る」から「シャワーを浴びる」。一般的に「シャワーを浴びる」は have/take a shower。また動詞の shower を使って I shower every morning.（私は毎朝シャワーを浴びる）のようにする。

Cora

EXT. / INT. RESTAURANT - DAY - Many cars and pedestrians pass down the street outside a restaurant.

KAREN : (v.o.) Some of the morning papers carried a little squib about Eve's performance. Not much, but full of praise. I couldn't imagine how they found out about it. But Lloyd said Max's publicity man probably sent out the story. At any rate, I felt terribly guilty and ashamed of myself and wanted nothing so much as to forget the whole thing. Margo and I were having lunch at Twenty-One, just like girlfriends...with hats on.

A taxi arrives in front of the restaurant. Karen steps out of the taxi and walks into the restaurant. Karen makes an inquiry to a MAN at the front desk as she walks into the restaurant.

KAREN : Has Miss Channing come in?
MAN : Not yet, Mrs. Richards.
KAREN : Thank you. Oh, Eve! I've heard the most wonderful things about your performance.
EVE : Mostly relief that I managed to stagger through it at all.
ADDISON : She was magnificent.
KAREN : Well, then you've heard, too.
ADDISON : I was there. An eyewitness.
KAREN : You were there, at the play last night?
ADDISON : A happy coincidence.
EVE : We're having lunch with a movie talent scout.
KAREN : Well, they certainly don't waste much time, do they?

コーラ

TIME　01：30：49
□□□□□□

屋外／屋内－レストラン－昼－レストランの外を多くの車と通行人が行き交っている。

カレン　　：（画面外）朝刊の数紙がイヴの演技について機知に富んだ文を掲載していた。長くはないが、賞賛に溢れていた。記者たちがどうやってかぎつけたのか私には想像もできなかった。しかし、ロイドはおそらくマックスの宣伝担当者が話を流したんだろうと言った。いずれにしても、私はひどく罪悪感を覚え自身を恥じ、ただひたすらすべてを忘れたかった。マーゴと私は21クラブで食事をすることになっていた。女友だちらしく…帽子をかぶって。

タクシーがレストランの前に到着する。カレンがタクシーから出てきて、レストランへと入っていく。レストランに入るとカレンは受付の男に尋ねる。

カレン　　：チャニングさんはいらしてるかしら？
受付の男　：まだでございます、リチャーズ様。
カレン　　：ありがとう。ああ、イヴ！　あなたの演技がとっても素晴らしかったって話を聞いたわよ。
イヴ　　　：何とかやり遂げられて、ほっとしています。

アディソン：彼女は素晴らしかったよ。
カレン　　：あら、じゃあ、あなたも聞いたのね。
アディソン：私はその場にいたんだよ。目撃者さ。
カレン　　：その場にいたのね、昨夜、劇場に。
アディソン：うれしい偶然だよ。
イヴ　　　：私たち映画タレントのスカウトの方と昼なんです。
カレン　　：まあ、あの連中ってほんとに時間を無駄にしない人たちなのね。

■ pedestrian
車に乗っている人（motorist）に対して、通りを歩いている人を指す。

■ morning paper
「夕刊」は an evening paper、「新聞」は newspaper、paper。ちなみに、paper はややくだけた表現。

■ squib
短いニュースや記事、時に埋め草に使われる。

■ find out
「隠された、または知られていない事実を見つけ出す」が本義。

■ at any rate
= in any case; anyhow; whatever happens

■ want nothing so much as to…
ここでは「何よりも、すべてを忘れてしまいたい」の意。

■ Twenty-One
ニューヨークのマンハッタン52丁目にある名門レストラン21クラブのこと。有名人が多く来店し、小説や映画などにもしばしば登場する。

■ front desk
イギリスでは reception desk という。

■ stagger
困難にも関わらず何とかやっていく、ほどの意。

■ magnificent
= glorious; wonderful; brilliant; excellent; impressive; splendid; superior

■ not waste much time
文字通りの訳「長い時間を無駄にしない」から「時間を無駄なく使う、時間を有効に使う」ほどの意を表す。waste は「時間や金を浪費する」という意味。

171

EVE	: It's nothing definite, yet. It's just to have lunch.	It's nothing definite ⮕
ADDISON	: They'll be wasting this much of their time at any rate. Eve has no intention of going to Hollywood. By the smartness of your dress, I take it that your luncheon companion is a lady?	have no intention of… ～するつもりはない ⮕ luncheon 昼食会 ⮕ companion 仲間, 連れ
KAREN	: Margo.	
ADDISON	: Margo lunching in public?	in public 人前で ⮕
KAREN	: Oh, it's a new Margo, but she's just as late as the old one.	new 新しい, 今までのものとは全く違う ⮕ the old one ⮕
ADDISON	: She may be later than you think.	

Addison walks to the front desk to get a newspaper which he gives to Karen.

ADDISON	: Why not read my column to pass the time? The minutes will fly like hours.	pass the time (時を)退屈しないように過ごす ⮕ The minutes…hours ⮕
KAREN	: Thank you, Addison.	
ADDISON	: Now we must join our sunburnt eager beaver.	sunburnt eager beaver 日焼けした仕事の虫 ⮕
EVE	: Goodbye, Karen.	
KAREN	: Goodbye.	

Addison and Eve leave up some stairs. Karen sits on the chair and takes a moment to read the newspaper in the restaurant lobby, but she quickly departs the restaurant with the newspaper.

INT. MARGO'S HOUSE - DAY - Margo angrily reads aloud the article from the newspaper from Karen.

MARGO	: "And so my hat which has, lo, these many seasons, become more firmly rooted about my ears, is lifted to Miss Harrington. I am once more available for dancing in the streets and shouting from the housetops." I thought that one went out with Woollcott. Now down here, here. Listen to this.	read aloud 声を出して読む ⮕ lo 見よ, そら ⮕ root （根が付いたように）定着させる, 動けなくする housetop 屋根 Woollcott ウールコット ⮕

イヴ	：	まだ何も決まってないんですよ。ただ昼をするだけですわ。
アディソン	：	いずれにしても彼らはこの時間分は無駄にするだろうね。イヴはハリウッドに行く気なんて全くないんだよ。粋な装いからして、昼のお相手はご婦人のようだね。
カレン	：	マーゴよ。
アディソン	：	マーゴが人前で昼食かい？
カレン	：	ええ、新しいマーゴ。でも、遅いのは前のままだけど。
アディソン	：	君が思っているより遅れるかもしれないよ。

アディソンは、受付まで歩いていき新聞を取ると、それをカレンに渡す。

アディソン	：	暇つぶしに私のコラムでも読まないか？　すぐに時間がたってしまうよ。
カレン	：	ありがとう、アディソン。
アディソン	：	さて、我々は日焼けした仕事人間に会わないとな。
イヴ	：	それでは、カレンさん。
カレン	：	さよなら。

アディソンとイヴは階段を上がって去る。カレンはレストランのロビーの椅子に座り新聞を読むが、すぐさま、新聞を手にレストランを急いで後にする。

屋内－マーゴの家－昼－マーゴはカレンの持ってきた新聞の記事を怒った様子で読み上げる。

マーゴ	：	「そして、いやはや、ここ何シーズンもの間、耳までしっかりとかぶっていた私の帽子をミス・ハリントンのために脱ぐことにしよう。私はもう一度、通りで踊り、屋根から叫んでもいい」。こんなのウールコットと共に消え失せたものと思ってたわ。ほら、ここ、ここのとこ。聞いてよ。

■ It's nothing definite
nothing を修飾する形容詞は後置する。これは、something, anything と同様である。definite は「明確な、明白な、はっきりした」の意。
cf. I want to drink something cold.（何か冷たい物を飲みたいです）

■ have no intention of…
通例では Eve doesn't intend to go to Hollywood. のように、intend to do の方が好まれるが、Eve has no intention of going to Hollywood. の方が強意的。

■ luncheon
特に会合や特別行事での正式な昼食会に関して、招待状などが多用される。

■ in public
反対の意を表す表現は in private（非公式に、内緒で、人目を避けて）。

■ new
既に出た、あるいは前後の状況などから指されているものがわかっているときは、定冠詞 the だが、この場合のように今まで存在しなかった、「新しいマーゴ」ということから不定冠詞の a が使われた。

■ the old one
ここでは、以前とは違うマーゴでも、以前と同様、約束の時間に遅れてくることを言っている。

■ pass the time
ここでの pass は時を退屈しないで「過ごす」の意。

■ The minutes will fly like hours
文字通りには「数分が数時間のように過ぎていく」だが、自分の記事に関することであるために、「時間がすぐにたつ」を謙虚に、面白おかしく言ったもの。

■ sunburnt eager beaver
陽光の強い西海岸ハリウッドから来た人物であることから sunburnt が使われたもの。また beaver は、常に忙しく動き回っている様子から「あくせく働く人」の意を表す。

■ read aloud
反対に「黙読する」は read silently とする。

■ lo
驚くべきことを述べるときに使われる感嘆詞で、特に意味はない。

■ Woollcott
= Alexander Humphreys Woollcott (1887-1943)
アメリカのジャーナリスト、随筆家。ここでのマーゴのセリフはアディソンの気取った文章をいったもの。

MARGO : "Miss Harrington had much to tell and these columns shall report her faithfully about the lamentable practice in our theater of permitting, shall we say, mature actresses to continue playing roles requiring a youth and vigor of which they retain but a dim memory."

KAREN : I just can't believe it.

MARGO : It gets better. "About the understandable reluctance on the part of our entrenched first ladies of the stage to encourage, shall we say, younger actresses, about Miss Harrington's own long and unsupported struggle for opportunity."

KAREN : I can't believe Eve said those things.

MARGO : In this rat race, everybody's guilty till they're proved innocent. One of the differences between the theater and civilization.

Margo throws the newspaper into the fireplace.

MARGO : What gets me is how all the papers happened to catch that particular performance.

KAREN : Lloyd says it's a publicity release.

MARGO : The little witch must have sent out Indian Runners, snatching critics out of bars, and steam rooms and museum or wherever they hole up. Well, she won't get away with it. Nor will Addison DeWitt and his poison pen. If Equity or my lawyer can't or won't do anything about it, I shall personally stuff that pathetic little lost lamb down Mr. DeWitt's ugly throat!

Bill comes running up the stairs and into the room.

BILL : I came as soon as I read that piece of filth. I ran all the way.

マーゴ	:「ミス・ハリントンは多くを語ってくれた。そこでこのコラムでは彼女の言葉を正確に伝えよう。我々の演劇界の嘆かわしい習慣について、つまり、円熟した女優に、かすかな記憶としてしか残っていないような若さと活力を必要とする役をずっと演じ続けさせているということを」
カレン	: 信じられないわ。
マーゴ	: もっとよくなるわよ。「地位を確立した舞台のファーストレディたちが、いうなればより若い女優の、もっともなことではあるが、後押しをしようとしないということを。ミス・ハリントン自身がチャンスをつかむために経験した長く孤立無援の努力について」
カレン	: イヴがそんなこと言ったなんて信じられないわ。
マーゴ	: この激しい生存競争においては、無実が証明されるまでは誰もが有罪っていうことよ。演劇界と文明社会との違いの1つね。

マーゴが暖炉に新聞を投げ込む。

マーゴ	: しゃくにさわるのはどうしてどの新聞もこの公演のことを書いてるのかってことよ。
カレン	: ロイドは、宣伝部が流したって言ってるわ。
マーゴ	: あの小悪魔が使者を送って、評論家をバーとかサウナとか博物館とか連中が隠れてそうな所から引っ張り出してきたに違いないわ。でも、彼女、ただじゃすまないわよ。アディソン・ドゥイットも毒入りのペンもね。衡平法や私の弁護士が何もできない、あるいは何もしないとしても、私が自分自身であの哀れな迷える子羊をドゥイットの醜いのどに詰め込んでやるわ。

ビルが階段を駆け上り部屋に入ってくる。

ビル	: あの汚い記事を読んで飛んできたよ。ずっと走ってきた。

■ mature
capable of doing what is right; responsible ほどの意。ここでは年をとりすぎて、若い役には不向きになっている、ということの婉曲表現。

■ but
ex. He is but a child.(彼はほんの子どもだ)

■ opportunity
この語はやりたいことができる状況、好機をいう。類似した語の chance は運よく訪れる状況をいう。

■ rat race
= the endless competition for success among fellow-workers in business

■ guilty
評決で「無罪」という場合は not guilty で innocent は使わない。
ex. The jury found him guilty.(陪審員たちは彼を有罪と評決した)

■ innocent
ex. She is innocent of the crime.(彼女はその罪を犯していない)

■ Indian Runner
アメリカの開拓時代に白人とインディアンの戦いで、白人側がしばしば好意的なインディアンを使者に使ったことから。なお、ここでの runner は「使者」の意。

■ steam room
サウナ風呂などのような蒸し部屋をいう。

■ get away with…
悪事などをうまくやったり、何の罰もうけないで逃れることをいう。

■ equity
公平と正義に基づいてコモン・ローの欠陥や厳格性を補充、矯正するために生まれた法で、コモン・ローと同等に執行されている。

■ that piece of filth
ここではアディソンの書いた記事のことをいったもの。ちなみに filth とは「汚物、ゴミ、くず」の意。

■ all the way
ex. I ran all the way to the station.(私は駅までずっと走った)

As Margo turns and cries, Bill consoles her with a hug.

BILL : Bill's here, baby. Everything's all right now.

Bill signals to Karen to leave.

KAREN : I guess at this point I'm what the French call "de trop."
BILL : Maybe just a little around the edges.

Karen leaves the lounge.

INT. LLOYD'S HOUSE - DAY - Lloyd and Karen sit at a table in dressing gowns having a meal. Lloyd reads the newspaper article about the play.

LLOYD : It's Addison from start to finish. It drips with his brand of venom. Taking advantage of a kid like that, twisting her words, making her say what he wanted her to say.
KAREN : Where did you get all that information?
LLOYD : Eve.
KAREN : Eve?
LLOYD : She's been to see me.
KAREN : Oh?
LLOYD : As a matter of fact, she left just before you came in. You just missed her.
KAREN : That was a pity.
LLOYD : Wanted to explain about the interview. Wanted to apologize to someone, and didn't dare face Margo.
KAREN : I wonder why.
LLOYD : She started to tell me all about it and couldn't finish. She cried so. You know, I've been going over our financial condition, if you'll pardon the expression.
KAREN : That's quite a change of subject.

マーゴが振り返り泣くと、ビルは彼女を抱きかかえ慰める。

ビル ： ビルはここにいる、ベイビー。もう、すべて大丈夫だ。

ビルがカレンに行くようにサインを送る。

カレン ： この場面では、私はフランス人が言うところの「邪魔者」だわね。
ビル ： 少しばかりそうかもしれないね。

カレンがラウンジを去る。

屋内－ロイドの家－昼－ロイドとカレンがドレッシングガウン姿でテーブルについて食事を取っている。ロイドは新聞の芝居についての記事を読んでいる。

ロイド ： 最初から最後までアディソンのせいさ。やつ特有の毒がしたたり落ちている。あんな子どもにつけ込んで、彼女の言葉をねじ曲げたり、やつが彼女に言ってほしいことを言わせたのさ。

カレン ： そんな情報どこで仕入れてきたのよ？
ロイド ： イヴさ。
カレン ： イヴ？
ロイド ： 彼女が私に会いにきたんだ。
カレン ： あら。
ロイド ： 実を言えば、君が来る直前に出たところだ。ほんの少しの差で会えなかったね。
カレン ： それは残念だったわ。
ロイド ： 例のインタビューのことを説明したいって。誰かに謝りたかったけど、マーゴに合わせる顔がなかったそうだ。
カレン ： なぜかしらね。
ロイド ： すべてを話そうと始めたけど最後までは話せなかった。ひどく泣いてしまってね。それはそうと、我が家の経済状況を調べてみたんだ。こんな言い方も何だけど。
カレン ： ずいぶん話題が変わるのね。

■ As
ここでの as は時を表して使われる接続詞で、when や while よりも同時性が強い。

■ Everything's all right now.
「もうすべて大丈夫」
相手を安心させたり、元気づけたりする際の表現の1つ。類似したものに、Everything will turn out all right.(すべてはうまくいくさ)、Don't worry yourself.(くよくよしないで)、Cheer up.(元気を出せよ)などがある。

■ de trop
ex. Vous n'etes pas de trop.(あなたは邪魔ではありません)

■ just a little around the edges
= just a little bit

■ sit at a tale
「テーブルに向かっている」とする場合は、be at a table。なお、on a table とすると「テーブルの上に」なので注意すること。

■ venom
この語は、蛇、サソリ、クモ、蜂などが分泌する毒をいう。なお、毒を表す一般的な語は poison。
ex. He spitted out the words with venom.(彼は毒のある言葉を吐いた)

■ take advantage of...
ex. He took advantage of her weakness.(彼は彼女の弱さにつけ込んだ)

■ Wanted to explain...
文頭の She が省略されたもの。

■ go over
= to examine someone or something
ex. He went over his work carefully.(彼は仕事を念入りに調べた)

■ pardon
この語には上役などが特別に寛容、慈悲の心を示して許す、といったニュアンスがある。類似した語の excuse は「(比較的軽い失敗とか間違いなどを)許す」、といった意味。

177

LLOYD : What with taxes coming up, and, since I'm a playwright and not an oil well operator, well, I've been thinking...

KAREN : I'm trying hard to follow you.

LLOYD : If, instead of waiting until next season to do "Footsteps on the Ceiling", which is in pretty good shape, and if Margo can be talked into going on tour with "Aged in Wood", we could put "Footsteps" into production right away.

KAREN : I'm beginning to catch up.

LLOYD : If we can cast it properly, that is.

KAREN : Maybe get some younger actress for the part? Someone who'd look the part as well as play it?

LLOYD : You've got to admit, it'd be a novelty.

KAREN : Now you're quoting Addison...or Eve.

LLOYD : Mmm... Eve did mention the play, but just in passing. She'd never ask to play a part like Cora. She'd never have the nerve.

KAREN : Eve would ask Abbott to give her Costello.

LLOYD : No, I got the idea myself while she was talking to me about the play.

KAREN : With gestures, of course.

LLOYD : For once, to write something and have it realized completely. For once, not to compromise.

Karen stands up from the table to rebuff Lloyd's suggestion.

KAREN : Lloyd Richards, you are not to consider giving that contemptible little worm the part of Cora!

LLOYD : Now just a minute...

what with	ひとつには、〜やら で
come up	生じる、近づく、やってくる
oil well	油井 ◊
operator	経営者 ◊
follow	ついていく、理解する、言うことがわかる ◊
shape	状態、調子
talk...into...	〜を説得して〜させる
put...into...	（時間、労力）を（こと）に費やす
catch up	追いつく、遅れずについていく ◊
cast	劇の配役を決める
properly	適切に
look the part	その役らしく見える ◊
it'd be ◊	
novelty	目新しいこと
quote	（人）の言葉を引用する
have the nerve ◊	
Abbott to...Costello ◊	
have it...completely ◊	
for once	今度だけは、いつもと違って
compromise	妥協する
contemptible	卑劣な、軽蔑に値する、見下げ果てた

ロイド	:	税金の支払いも近づいているし、それに僕は劇作家で油田の経営者ではないわけだから、それで考えていたんだが…
カレン	:	あなたの話しについていくの大変ね。
ロイド	:	もし、良い感じに仕上がっている『天井の足音』の発表を来シーズンまで待たないとして、それに、もしマーゴが『樽で熟成』で巡業に出てくれるというなら、すぐにでも『天井の足音』の製作に入れるんだが。
カレン	:	段々わかってきたわ。
ロイド	:	つまり、もし配役がうまくいけばの話だけど。
カレン	:	若い女優をその役にするつもりでしょ？ 誰かその役に見えて演技もできる子ね？
ロイド	:	君も認めるだろうが、斬新なものになるよ。
カレン	:	ほら、あなたアディソンを引用してるのね…それともイヴかしら。
ロイド	:	うーん…イヴは確かにこの劇のことを口にしたけど、あくまでついでにだよ。彼女は決してコーラのような役をやらせてくれなんて頼んだりしない。それほど図太い神経はないよ。
カレン	:	イヴならアボットにコステロ役にだってくれって頼むわね。
ロイド	:	いいや、彼女があの劇について話しているときに、僕が自分で思いついたんだ。
カレン	:	もちろん身振りもつけてでしょ。
ロイド	:	一度だけでもいいから自分が書いたものを完全な形で舞台にしてみたいんだ。一度だけでいい、妥協なしにね。

カレンはテーブルから立ち、ロイドの提案をはねつける。

カレン	:	ロイド・リチャーズ、あなた、あの軽蔑すべき虫けらにコーラの役をやるなんて考えないで。
ロイド	:	おい、ちょっと待ってくれよ…

■ oil well
well は石油、天然ガスなどの採掘のための井。

■ operator
a coal operator（炭鉱業者）、a mine operator（鉱山業者）のように、oil well operator は、油田業者、または、石油王のこと。

■ follow
ここでは、ロイドが新聞記事の話から自分たちの経済状態へと話題を急に変えたので、話の筋についていくのが困難なことを意味している。なお、この意味の場合は主として疑問文、否定文。
ex. Do you follow what I'm saying?（私の言っていることがわかりますか？）

■ talk...into...
= to persuade...to do...
なお、talk someone out of something とすると talk someone not to do something の意となる。

■ catch up
ここでは、ロイドの話題にようやくカレンがついていくことができる、つまり、話の筋が理解できるようになったということ。

■ look the part
ここでは、配役を決める上で、登場人物を演じることができるだけではなく、外見上も、若い役には若い役者を起用しようということ。

■ it'd be
= it would be
もし、若い役者を起用したら、という仮定を含んでいる。

■ have the nerve
次に to ask を補って考える。なお、have the nerve to do は「～する勇気がある、厚かましくも～する」の意。

■ Abbott to give her Costello
Bud Abbott(1895-1974)と Lou Costello (1906-59)は 1940 年代から 1950 年代にかけてアメリカのラジオ、映画テレビで人気だったコメディアンのコンビ。

■ have it realized completely
it は自分で書いた作品のこと。ここでは、「作品を完璧に上演する」、という意味。

KAREN : Margo Channing's not been exactly a compromise all these years. Why, half the playwrights in the world would give their shirts for that particular compromise.

LLOYD : Now just a minute...

KAREN : It strikes me that Eve's disloyalty and ingratitude must be contagious.

LLOYD : All this fuss and hysteria because of an impulsive kid got carried away by excitement and conniving of a professional manure-slinger named DeWitt. She apologized, didn't she?

KAREN : On her knees, I've no doubt. Very touching. Very Academy of Dramatic Arts.

LLOYD : That bitter cynicism of yours is something you've acquired since you left Radcliffe.

KAREN : That cynicism you refer to I acquired the day I discovered I was different from little boys.

The phone rings. Lloyd answers the phone.

LLOYD : Hello. Oh. Hi, Margo. No, no, no not at all. Karen and I were just chatting. Why yes, I'm sure we can. And I'm sure we'd love too. Right, eleven-forty five-ish. Ah… See you then.

Lloyd hangs up the phone.

LLOYD : Margo and Bill want us to meet them at the Cub Room tonight after the theater for a bottle of wine.

KAREN : Margo Channing in the Cub Room. I couldn't be more surprised if she'd said Grant's tomb.

LLOYD : I'm glad Bill's back.

KAREN : They'd die without each other.

カレン	: マーゴ・チャニングはこれまで必ずしも妥協なんかじゃなかったわ。そうよ、その妥協のためになら世界中の劇作家の半分が財産のすべてを投げ打つわよ。
ロイド	: なあ、ちょっと待つんだ…
カレン	: どうやらイヴの不誠実さと恩知らずは伝染するようね。
ロイド	: この騒ぎもヒステリーも、衝動的な子どもが興奮と、ドゥイットという名の悪意のあるプロの汚いほら吹きに乗せられてしまったからなんだ。彼女は謝ったじゃないか？
カレン	: きっとひざまずいてでしょう。とても感動的だわ。ほんと演劇学校みたいね。
ロイド	: 君のその辛辣な皮肉はラドクリフを出てから身につけたものだ。
カレン	: あなたの言っている皮肉は、私が小さな男の子たちとは違うことを発見した日くらい昔に身につけたものよ。

電話が鳴る。ロイドが電話に出る。

ロイド	: もしもし。ああ、やあ、マーゴ。いや、いや、全然。カレンとしゃべっていたところだ。ああ、大丈夫、行けるよ。それに、もちろん喜んで。そう、11 時 45 分頃だね。ああ…それじゃそのときに。

ロイドは電話を切る。

ロイド	: マーゴとビルが今夜、芝居の後、カブ・ルームで落ち合って一緒にワインでも飲まないかって。
カレン	: マーゴ・チャニングがカブ・ルームにね。グラント将軍のお墓に行くっていう方がまだ驚かないわ。
ロイド	: ビルが帰ってきてくれて嬉しいよ。
カレン	: あの人たち、お互いがいないと死んじゃいそうだものね。

■ why
当然の承認、抗議、反対、驚きなどを表す間投詞。

■ give one's shirts…
着ているものまで与える、といったイメージから本文の意味になる。

■ It strikes me that…
「〜といった印象を与える、〜という風に思わせる」の意。ここでの strike は「印象づける、思わせる、感じさせる」の意。

■ disloyalty
反意語は loyalty（忠誠、誠実）。

■ ingratitude
反意語は gratitude（感謝の気持ち、謝意）。

■ get carried away
通例、be/get/become/carried away で使われる。

■ manure-slinger
slinger に、ほら吹きの意味もあり、ほらを吹いて回る人物、トラブルメーカーを比喩的に表している。

■ touching
= affecting; moving; heartbreaking; impressive; stirring; tear-jerking

■ Academy of Dramatic Arts
1884 年に設立されたアメリカの演劇専門学校。トニー賞、アカデミー賞、エミー賞受賞者や、エンターテイメント業界で活躍する人材を数多く輩出している。

■ bitter
ここでのロイドのセリフは、私と出会った頃の君は皮肉などは言わない素直な娘だった、を暗示している。

■ Cub Room
ニューヨーク 5 番街の東 3 East 53rd street にあった有名なナイトクラブ Stork Club の VIP ルームのこと。なお、このナイトクラブは 1929 年にオープンし 1965 年 10 月 4 日に閉店した。

■ Grant's tomb
Grant は南北戦争時の北軍の将軍 Ulysses Grant（1822-85）のことで、第 18 代大統領（1869-77）。

LLOYD	: Darling, I didn't promise Eve anything. Just that I thought that she'd be fine for the part, but there were some practical difficulties.
KAREN	: Such as?
LLOYD	: Well, you for one. I told her you were set on Margo playing the part and I certainly wouldn't make a change without your approval.
KAREN	: That's fine. Fine and dandy. Just refer all of Miss Eve Harrington's future requests to me.

INT. CUB ROOM - NIGHT - Bill, Margo, Lloyd and Karen sit around a table discussing the recent play in which Margo starred in.

BILL	: The so-called art of acting is not one for which I have a particularly high regard.
MARGO	: Hear, hear.
BILL	: But you may quote me as follows. Quote, "Tonight Miss Margo Channing gave a performance in your cockamamie play, the like of which I have never seen before and expect rarely to see again." Unquote.
MARGO	: He does not exaggerate. I was good.
BILL	: You were great.
LLOYD	: It's been quite a night. I understand that your understudy, a Miss Harrington, has given her notice.
MARGO	: Too bad.
BILL	: I'm broken up about it.
LLOYD	: For some reason you just can't pick up champagne and drink it. Somebody's got to be very witty about a toast.
BILL	: I shall propose the toast, without wit, with all my heart.

Bill raises his glass and gazes into Margo's eyes as he makes a toast.

182

All About Eve

ロイド	:	ねえ、僕はイヴと何の約束もしていない。ただ、彼女は例の役に合うなと思っただけだ。でも、現実的にはいくつか問題がある。
カレン	:	例えば？
ロイド	:	そう、1つには君だ。彼女には君が例の役はマーゴがやるものと決めているし、僕は君の同意なしには変更なんてしないと言っておいたよ。
カレン	:	それで結構。とってもいいわ。イヴ・ハリントンの今後の頼み事は全部私に話して。

屋内-カブ・ルーム-夜-ビル、マーゴ、ロイド、それにカレンがテーブルを囲んで座り、マーゴが主演した最近の芝居について話している。

ビル	:	いわゆる演技の技術を僕は特に重視しているわけではないんだ。
マーゴ	:	賛成。
ビル	:	でも、僕のこの言葉は引用してもらっても結構だ。引用。「今夜、ミス・マーゴ・チャニングが君の低級な劇で見せた演技は、私自身これまで見たこともなく、今後再びお目にかかることはできないだろうというほどのものだった」。引用終わり。
マーゴ	:	彼、大げさに言ってるわけじゃないわ。私は本当に良かったのよ。
ビル	:	君は素晴らしかったよ。
ロイド	:	素晴らしい晩だった。君の代役のミス・ハリントンとやらが辞めたそうだね。
マーゴ	:	残念なこと。
ビル	:	そのことについてはがっかりだな。
ロイド	:	どういう訳だか、シャンパンというのはただ手に取って飲むというわけにはいかないようだな。誰か乾杯の気の利いた言葉を言うべきだ。
ビル	:	僕が乾杯をしよう。気が利いてはいないが、心を込めて。

ビルはグラスを掲げ、マーゴの目を見つめながら乾杯する。

■ **Such as?**
話の続きを促して使われる。

■ **be set on...**
ex. I'm set on going abroad.（私は海外に行くことに決めている）

■ **fine and dandy**
= okay
しばしば皮肉で用いられる。

■ **so-called**
ex. the so-called generation gap（いわゆる世代の断絶）

■ **art**
ex. He is a master at the art of conversation.（彼は話術の達人だ）

■ **Hear, hear.**
「賛成、そうだそうだ、いいぞ」
演説などで発言に対して賞賛、同意、嘲笑などの意を示すために使われる決まり文句。

■ **quote**
話し手が引用文の最初に使う。終わるときには、unquote と言う。これは、引用部分に対して、話者が客観性を強調したり、全面的に信用、賛成しないニュアンスを出したいときに用いる。

■ **a Miss Harrington**
このように称号付きの人名に不定冠詞を付けた場合は「～とかいう人」の意で、軽蔑的な意味が込められることが多い。

■ **Too bad**
本文中のように下降調で、そっけなく言った場合は「いい気味だ」ほどの意味合い。

■ **break up**
本文中のようにしばしば受身で用いられる。

■ **witty**
= resourceful; amusing; bright; entertaining; ingenious; penetrating; piercing

183

BILL : To Margo. To my bride-to-be.
MARGO : Glory hallelujah.
KAREN : Margo.
LLOYD : Well, of all the…
BILL : Drink.

Bill, Lloyd and Karen all quickly drink some Champagne.

KAREN : When? When are you going to do it?
BILL : Tomorrow we meet at City Hall at ten. And you're gonna be on time.
MARGO : Yes, sir.
LLOYD : City Hall, that's for prizefighters and reporters. I see a cathedral, a bishop, banks of flowers.
BILL : It's only for the license. There's a three-day wait for blood tests and things like that.
MARGO : I'll marry you if it turns out you have no blood at all.
KAREN : What are you going to wear?
MARGO : Something simple, a, a fur coat over a nightgown.
BILL : The point is this. In a cathedral, a ballpark or a penny arcade, we want you two beside us, as our nearest and dearest friends.
KAREN : Which we are. Which we'll always be.
LLOYD : There are very few moments in life as good as this. Let's remember it.

Lloyd raises his glass to make a toast.

LLOYD : To each of us and all of us. Never have we been more close. May we never be farther apart.

Everyone raises their glass in response and takes a drink. A WAITER arrives with a note for Karen.

WAITER 1 : Mrs. Richards.

ビル	:	マーゴに。我が未来の花嫁に。
マーゴ	:	神への感謝を。
カレン	:	マーゴ。
ロイド	:	ええ、一体…
ビル	:	飲もう。

ビル、ロイド、それにカレン全員が素早くシャンパンを飲む。

カレン	:	いつ？　あなたたち、いつ結婚するの？
ビル	:	明日、市庁舎で10時に会う。君も時間通りに来るんだぞ。
マーゴ	:	了解。
ロイド	:	市庁舎っていえば、プロボクサーや記者のための場所だよ。大聖堂、司教、花束とこなくっちゃあ。
ビル	:	結婚許可証のためだけだよ。血液検査やら何やらに3日はかかる。
マーゴ	:	あなたに血が全然ないことがわかったとしても結婚するわ。
カレン	:	何を着るの？
マーゴ	:	何かシンプルなものね。寝間着の上に毛皮のコートかしら。
ビル	:	大事なのはこういうことだ。大聖堂でも野球場でも娯楽場でもいい、君たち2人に、僕らの最も近しい親友として付き添ってほしいんだ。
カレン	:	ほんとの親友よ。これからもずっとね。
ロイド	:	人生でこれほど素晴らしい瞬間なんてそうはない。しっかりと記憶にとどめよう。

ロイドがグラスを上げ乾杯する。

ロイド	:	我々一人一人に、そしてみんなに。我々はこれほど強く結びついたことはなかった。決して離れ離れにならないように。

全員がグラスを掲げて応え、飲む。ウェイターがカレンにメモを持ってやってくる。

ウェイター1: リチャーズ夫人。

■ bride-to-be
to-be は「将来の、未来の」の意を表す複合語。

■ hallelujah
神の賛美あるいは喜び、感謝を示す叫びで、Praise ye the Lord.(主を褒めたたえよ)の意。

■ drink
しばしば「乾杯」の意で使われる。そのほか、よく使われるものに cheers、toast などがある。

■ prizefighters
prize が「賞金、賞品」の意を表すことからも明らかな通り、「賞金や賞品を争うボクサー」の意から。

■ banks of flowers
bank は「土手、盛り土」の意だが、ここでは「土手のように盛りあがったもの、～の山」ほどの意味。

■ license
アメリカでの結婚には、結婚許可証が必要。この license は marriage license のこと。

■ blood test
州によっては、結婚するために健康診断が必要になる。

■ if
ここでは、even if の意。

■ turn out
通例、副詞(句)を伴って「事態が～という結果になる」ということを表現する。
ex. Her story turned out to be false.(彼女の話は嘘だということが判明した)

■ ballpark
baseball stadium ともいう。

■ beside
next to に同じ。ある程度の距離を含む場合は、near[to]。

■ May…
感嘆文で祈願、願望、呪いなどを表して使われる。
ex. May you be very happy!(ご多幸を祈ります!)

■ note
日本語のノートは notebook という。

KAREN	: Yes?	
WAITER 1	: For you.	
KAREN	: Oh, thank you.	
LLOYD	: Very indiscreet. A note in the open like that. Next time, tell your lover to blow smoke rings or tap a glass.	indiscreet 思慮のない, 軽率な ↺ in the open 公然と, 明るみに出て blow （タバコの煙などを）吐き出す, 吹き出す smoke ring 煙の輪 tap 物を軽くたたく big 心の広い, 寛大な ↺
MARGO	: Lloyd, I want you to be big about this. The world is full of love tonight. No woman is safe.	
KAREN	: Well, this beats all world's records for running, jumping or standing gall.	beat 破る, 打ち負かす, 出し抜く ↺ standing gall 厚かましさに耐えること ↺

Karen passes the note to Margo. She reads it.

MARGO	: "Please forgive my butting in to what seems such a happy occasion, but it's most important that I speak with you. Please", and that's underlined, "meet me in the ladies' room. Eve"	butt in 邪魔する, くちばしを入れる, 干渉する occasion 特別なとき, 重要な行事 most important とても重要な ↺ ladies' room （ホテル, 劇場の）婦人用化粧室 ↺

Margo shows the note and passes it to Bill.

BILL	: I understand she's now the understudy in there.	
MARGO	: Hand me that empty bottle. I may find her.	hand 渡す

Bill passes Margo the empty Champagne bottle. She spots Addison sitting by himself at one of the other tables in the restaurant.

		spot 見つける, 確認する by oneself 1人で, 1人きりで ↺
MARGO	: Well, look. There's Rasputin.	Rasputin ラスプーチン ↺

Another WAITER arrives.

MARGO	: Encord, de champagne.	Encord de champagne (仏)シャンパンのおかわり
WAITER 2	: More champagne, Miss Channing?	
MARGO	: That's what I said, bub.	bub 君 ↺
LLOYD	: After all, maybe she just wants to apologize.	
KAREN	: I have no possible interest in anything she'd have to say.	

カレン : はい?

ウェイター１: あなたにです。

カレン : あら、ありがとう。

ロイド : ぶしつけだな。あんなに大っぴらにメモをよこすとは。この次は、君の恋人に煙の輪を吹くか、グラスを鳴らすように言っておくんだな。

マーゴ : ロイド、この件については寛大になってあげて。今夜は世界が愛で溢れているんだから。どんな女も安全じゃないわよ。

カレン : ねえ、これは、競走、ジャンプ、あるいは厚かましさに耐える競技の世界記録をすべて塗り替えるような内容よ。

カレンがメモをマーゴに渡す。彼女はそれを読む。

マーゴ : 「おめでたい席の様子のところをお邪魔して申し訳ございません。でも、是非ともあなたとお話しをさせていただきたく存じます」。そこのところに下線が引いてあるわ。「化粧室で会ってください。イヴ」

マーゴはそのメモを見せ、ビルに渡す。

ビル : きっと今はそこで代役をやっているんだろう。

マーゴ : その空のビンちょうだい。私があの女を見つけてやるわ。

ビルがマーゴにシャンパンの空ビンを渡す。彼女はレストラン内のほかのテーブルに１人で座っているアディソンを見つける。

マーゴ : ほら、見てご覧。ラスプーチンがいるわよ。

もう１人ウェイターが来る。

マーゴ : シャンパンのおかわりを。
ウェイター２: さらにシャンパンでございますか、チャニング様?
マーゴ : そう言ったのよ、ボク。
ロイド : 結局、彼女は謝りたいだけなのかもな。
カレン : 私、彼女が言うことには何であれ興味ないわ。

■ indiscreet
= lacking good judgement; unwise or tactless

■ big
= generous; big-hearted; considerate; greathearted

■ beat
ex. He beat his own record at the athletics meet.(彼はその競技会で自身の持つ記録を破った)

■ standing gall
競技の一種に例えたダジャレ。なお、stand は「耐える、我慢する」、gall は「厚かましさ、図々しさ」の意。

■ most important
ここでの most は very を意味して形容詞、副詞を修飾する副詞。そのため通例 the を付けない。

■ ladies' room
公共の場所での「男性用トイレ」は men's room。公共の場所の「トイレ」は rest room。個人宅の「トイレ」は米では、bathroom、英では lavatory。「化粧室」は toilet、「手洗い」は washroom。

■ by oneself
ex. His father lives by himself.(彼のお父さんは１人暮らしです)

■ Rasputin
= Grigori Efimovich Rasputin (1869-1916)
シベリアの農夫出身の怪僧で、ロシア皇帝ニコラス２世とその皇后に取り入って権勢を得たが、後に暗殺された。ここでは、黒幕のこと。

■ bub
通例、目下への親しい呼びかけに用いられる。ドイツ語 Bube(少年) の短縮形。

BILL	: But what could she say? That's what fascinates me.	fascinate 興味をそそる、惹きつける ♦
LLOYD	: Go on, find out.	Go on 進め、行け、さあ
MARGO	: Karen, during all the years of our long friendship, I have never let you go to the ladies' room alone. Now I must. I am busting to find out what's going on in that feverish little brain waiting in there.	be busting to... とても〜したがっている ♦ feverish 発熱している、熱っぽい、熱にうかされた little 小さい ♦
KAREN	: Well...all right.	

Karen stands and walks through restaurant past Addison to meet Eve. Addison notices Karen and stands to greet her. Karen walks right past without acknowledging him.

greet あいさつする
acknowledge 気づいていることを知らせる、会釈などに答える ♦

ADDISON	: Karen! How nice.

Addison lifts his glass and toasts in the direction of Bill, Lloyd and Margo. Margo raises up a vegetable stick to respond to Addison, before taking a bite.

lift 持ち上げる
in the direction of... 〜の方向へ ♦
respond 答える、応答する ♦
take a bite 一かじりする、一口食べる

BILL	: Very effective, but why take it out on me?	take it out on... 〜に当たり散らす、八つ当たりする ♦

Bill takes a vegetable sticks and bites it.

INT. LADIES' ROOM - NIGHT - Karen enters the room and finds Eve sitting on a sofa in the corner. Eve stands up.

EVE	: I was wondering whether you'd come at all.	
KAREN	: Don't get up. And don't act as if I were the queen mother.	Don't get up ♦
EVE	: I don't expect you to be pleasant.	pleasant 楽しい、心地良い、愉快な
KAREN	: I don't intend to be.	intend to be ♦
EVE	: Can't we sit down just for a minute? I've got a lot to say and none of it's easy.	
KAREN	: There can't be very much.	
EVE	: But there is.	
KAREN	: Easy or not, I won't believe a word of it.	I won't... 〜するつもりはない

ビル	：でも、何て言うんだろう？ それには僕は興味があるな。	
ロイド	：行って、聞いてきなよ。	
マーゴ	：カレン、私たちの友情もずいぶん長いけど、その間、一度だってあなたを1人で化粧室に行かせたことなんてなかったわ。でも今回はそうしないとね。私、あそこで待っている熱に浮かれた小さな脳みその中をのぞいてやりたくて仕方がないの。	
カレン	：じゃあ…わかったわ。	

カレンは立ち上がり、イヴに会うためにレストランの中を歩き、アディソンのそばを通り過ぎる。アディソンはカレンに気がつき立ち上がってあいさつする。カレンは彼を無視して通り過ぎていく。

アディソン ： カレン！ けっこうなこった…

アディソンがグラスを掲げ、ビル、ロイド、それにマーゴがいる方に向け乾杯する。マーゴはアディソンに応えて野菜スティックを掲げると、一口食べる。

ビル ：実に効果的だ、でも何でこの僕まで当たられなきゃいけないんだ？

ビルが野菜スティックを手に取り、かじる。

屋内-化粧室-夜-カレンが化粧室に入ると、角のソファに座っているイヴを見つける。イヴが立ち上がる。

イヴ	：私、本当に来てくださるか心配していましたわ。	
カレン	：立たないで。それから私を皇太后のように扱わないで。	
イヴ	：ご機嫌が麗しいとは思っておりません。	
カレン	：そうなるつもりもないわよ。	
イヴ	：少しお座りになりませんか？ 私、お話ししたいことがたくさんあるんですが、どれも簡単なことではないし。	
カレン	：そんなにたくさんあるわけないわ。	
イヴ	：でも、あるんです。	
カレン	：簡単であろうとなかろうと、一言だって信じやしないわよ。	

■ fascinate
この場合強意の副詞には very, extremely は用いず absolutely, deeply などを用いる。

■ be busting to…
ここでの busting は bursting のこと。会話ではしばしば bursting に代わって busting が用いられる。

■ little
small が客観的に小さいことを言うのに対し、little はしばしば小さくてかわいいという愛情、同情、時に軽蔑の気持ちを含む。ここでは軽蔑。

■ acknowledge
ex. He acknowledged her greeting with a nod.（彼は彼女のあいさつにうなずいて答えた）

■ in the direction of…
ex. He went in the direction of the sound.（彼は音のする方へ向いていった）

■ respond
answer よりも堅い語。

■ take it out on…
「take out + O1 + on + O2」の型で「O1（怒りなど）を O2（人、物）に八つ当たりする」とも言う。
ex. She took her mistakes out on her racket.（彼女は自分のミスをラケットに八つ当たりした）

■ Don't get up.
「どうぞそのままで」
あいさつなどのため立ち上がろうとする人に使われる。

■ intend to be
文尾の pleasant が省略されたもの。

EVE : Why should you? Please sit down.

Karen and Eve sit on the sofa.

EVE : You know, I've always considered myself a very clever girl. Smart, good head on my shoulders, that sort of thing. Never the wrong word at the wrong time. But then I'd never met Addison DeWitt. I remember I had a tooth pulled once. They gave me some anesthetic. I don't remember the name. It affected me strangely. I found myself saying things I wasn't even thinking. As if my mind was some place outside of my body and couldn't control what I did or said.

KAREN : And you felt like that talking to Addison?

EVE : In a way. You find yourself trying to say what you mean, but somehow the words change. They become his words. And suddenly you're not saying what you mean, but what he means.

KAREN : Do you expect me to believe that you didn't say any of those things? That they were all Addison's?

EVE : I don't expect you to believe anything, except that the responsibility is mine...and the disgrace.

KAREN : Let's not get overdramatic.

EVE : You really have a low opinion of me, haven't you? I'll give you some pleasant news. I've been told off in no uncertain terms, all over town. Miss Channing should be happy to hear that. To know how loyal her friends are. How much more loyal than she had a right to expect me to be.

KAREN : Eve, don't cry.

---

smart 利口な, 賢い
good head on one's shoulders 良識, 分別
that sort of thing 〜など, そういったこと

have a tooth pulled 歯を抜かれる, 歯を抜いてもらう
anesthetic 麻酔剤

talking to Addison アディソンに話をしているときに

in a way ある意味で

That they...Addison's

disgrace 不名誉, 恥辱
overdramatic あまりにも劇的な, 非常に大げさな
have a low opinion of... 〜を見下げる, 〜を軽く見る
tell off 非難する, しかる, 説教する
in no uncertain terms きっぱりと, はっきりと
loyal 忠実な, 誠実な

イヴ : どうしてですの。お座りになって。

カレンとイヴはソファに座る。

イヴ : あの、私、これまでずっと自分のことをすごく賢い女性と思っていました。回転が速くて、分別がある、そんなふうに。決しておかしなことを間違ったときに言うこともない。でも、それはアディソン・ドゥイットに会ったことがなかったからだったんです。以前、歯を抜いたことがあるのですが、そのとき麻酔を打たれました。その名前は覚えていませんけど。その影響でおかしな感じになってしまって。ふと気づくと考えてもいないようなことを言っていました。まるで私の心が体から抜け出してしまって、自分の行動や発言をコントロールできなくなったみたいに。

カレン : それで、アディソンと話したときにそんな感じだったのね?

イヴ : ある意味で。自分の言いたいことを言おうとしているのですが、どうしてだか言葉が変わってしまうんです。彼の言葉になってしまって。そして突然、自分の言いたいことを言っているのではなく、彼の言いたいことを話しているんです。

カレン : 私に信じろっていうの、あなたはあんなこと言ってないって。全部アディソンが言ったことだって?

イヴ : 何も信じてもらえるとは思っていません。責任は私にあるっていうことと…恥ずべきことだということを除いては。

カレン : あまり大げさにするのはやめましょう。

イヴ : 本当に私のことを低く評価されてるんですね。いい知らせがあります。私、町中ではっきりと非難されていますすわ。ミス・チャニングがそれをお聞きになるときっと喜ばれることでしょう。あの方の友人がいかに忠実かということをお知りになって。あの方が私に期待して当然の忠実さよりもはるかに忠実さに満ちた方々だと知って。

カレン : イヴ、泣かないで。

■ **smart**
日本語で言う「(体型が)スマートな」は slim。

■ **good head on one's shoulders**
ex. He has a good head on his shoulders. (彼は分別がある)

■ **that sort of thing**
文末につけて曖昧さを表す。

■ **have a tooth pulled**
「S + have + O + done」の型で「SはOを〜させる、してもらう」の意を表す。
ex. I had my car washed. (私は車を洗ってもらった)

■ **talking to Addison**
when you talked to Addison のこと。

■ **in a way**
= in a kind of way; in a sort of way; to a certain extent; somewhat

■ **That they were all Addison's?**
文頭に Do you expect me to believe を補って考える。

■ **disgrace**
= loss of honor, respect or reputations; state of shame

■ **have a low opinion of...**
low に代わって bad とか poor も使われる。反対に「高く評価する」は have a high/good opinion of とする。

■ **tell off**
= scold; speak angrily to someone

■ **loyal**
= devoted; dutiful; faithful; steady; true; trustworthy

EVE	: I'm not crying.
KAREN	: Tell me, how did your luncheon turn out with the man from Hollywood?
EVE	: Some vague promises of a test, that's all. If a particular part should come along, one of those things.
KAREN	: But the raves about your performance...
EVE	: An understudy's performance.
KAREN	: Oh, well, I think you're painting the picture a little blacker than it is, really. If nothing else, and don't underestimate him, you have a powerful friend in Addison.
EVE	: He's not my friend. You were my friends.
KAREN	: He can help you.
EVE	: I wish I'd never met him. I'd like him to be dead. I want my friends back.
KAREN	: Eve... I don't think you meant to cause unhappiness. But you did. More to yourself perhaps, as it turned out, than to anyone else.
EVE	: I'll never get over it.
KAREN	: Oh, yes you will. You theater people always do. Nothing is forever in the theater. Whatever it is, it's here, it flares up, burns hot, and it's gone.
EVE	: I wish I could believe that.
KAREN	: Give yourself time. Don't worry too much about what people think. You're very young and very talented. And, believe it or not, if there's anything I can do...

Karen stands up.

EVE	: There is something.
KAREN	: I think I know.
EVE	: Something most important you can do.
KAREN	: You wanna play Cora. You want me to tell Lloyd I think you should play it.

イヴ	:	泣いてません。
カレン	:	ねえ、ハリウッドの人との昼食はどうなったの？
イヴ	:	テストを受けさせるっていう曖昧な約束だけです。もし、これという役があればという、よくある話ですわ。
カレン	:	でも、あなたの演技、大評判だったのに…
イヴ	:	代役の演技ですから。
カレン	:	あら、あなた、現実よりも少し暗く考えてると思うけど、ほんとに。それに、ほかはともかく彼のことを見くびっちゃだめよ、アディソンっていう強力な味方がいるじゃないの。
イヴ	:	彼は友達ではないです。あなたたちが友達でした。
カレン	:	彼ならあなたを助けられるわ。
イヴ	:	あんな人に会わなければよかった。死んでしまえばいいのに。私、友達を取り戻したいんです。
カレン	:	イヴ…あなたは、もともと不幸を引き起こそうなんてつもりじゃなかったと思うけど。でもそうなっちゃったのよ。それも、結果的にはたぶんほかの誰よりも自分自身に対してね。
イヴ	:	私、絶対に立ち直れません。
カレン	:	いいえ、立ち直れるわ。演劇界の人はいつもそうよ。演劇界に永遠のものなんてないの。それが何であっても、ここではね、パッと火がついて、燃え上がり、そして消えてしまうのよ。
イヴ	:	そう信じたいですわ。
カレン	:	時間をかけるのよ。人がどう思うかなんて気にしすぎないこと。あなたはとても若くて、それにすごく才能があるんだから。そして信じるかどうかわからないけど、もし私にできることがあったら…

カレンが立ち上がる。

イヴ	:	あります。
カレン	:	そうだと思った。
イヴ	:	あなたにしかできないとても大事なことです。
カレン	:	コーラの役をやりたいのね。ロイドにあなたが演じるべきだって言ってほしいのね。

■ vague
= not clear; without details; ambiguous; uncertain

■ that's all
that's all there is to it とか that's all she wrote ともする。

■ come along
突然、あるいは偶然に機会や人などが現れる際に使われる。

■ rave
形容詞としてもよく使われる。
ex. I went to see the movie after reading the rave review.（私は非常に好意的な評論を読んだので、その映画を観に行った）

■ black
グロテスクで絶望的なユーモアを black homor というように、black は very bad といった意味合い。

■ underestimate
ここでの under- は「劣った、より少ない」を意味する接頭辞。

■ friend in Addison
ここでの friend は「後援者、支持者、味方」の意。
ex. You will find a friend in me.（私はあなたの味方です）

■ cause
この語の基本的意味は、出来事、迷惑、事故、病気などを引き起こすこと。
ex. She has caused trouble to all of us.（彼女は我々みんなに迷惑をかけた）

■ You theater people…
you と theater people は同格表現で「あなたたち、演劇界の人たち」の意。my brother Tom と同じように、名詞句を２つ並べ、前者を後者が限定する構造になっている。

■ burn hot
ここでの hot は hotly のことで、with great heat の意。

■ believe it or not
「あなたが信じようが信じまいが、私がこれから言うことは本当ですよ」といったニュアンスで使われる。

EVE	: If you told him so, he'd give me the part. He said he would.	
KAREN	: After all you've said. Don't you know that part was written for Margo?	
EVE	: It might've been fifteen years ago. It's my part now.	
KAREN	: You talk just as Addison said you did.	
EVE	: Cora is my part. You've got to tell Lloyd it's for me.	
KAREN	: I don't think anything in the world will make me say that.	
EVE	: Addison wants me to play it.	
KAREN	: Over my dead body.	Over my dead body ◎
EVE	: That won't be necessary. Addison knows how Margo happened to miss that performance. How I happened to know she'd miss it in time to call him and notify every paper in town. It's quite a story. Addison could make quite a thing of it. Imagine how snide and vicious he could get, and still tell nothing but the truth. I had a time persuading him. You better sit down. You look a bit wobbly.	in time 間に合って, 遅れずに notify 知らせる, 通報する ◎ make quite a thing of... 〜を騒ぎ立てる, 問題にする ◎ snide 嫌味な, 皮肉な ◎ vicious 悪意のある, 敵意のある ◎ have a time 〜するのに苦労する persuade 説得する, 説きつける wobbly ふらつく, ぐらつく, 不安定な

Karen sits down as Eve talks to her.

EVE	: If I play Cora, Addison will never tell what happened, in or out of print. A simple exchange of favors. I'm so happy I can do something for you at long last. Your friendship with Margo, your deep, close friendship. What would happen to it, do you think, if she knew the cheap trick you played on her for my benefit? You and Lloyd, how long, even in the theater, before people forgot what happened and trusted you again? No. Be so much easier for everyone concerned if I were to play Cora. So much better theater, too.	in or out of print ◎ exchange 交換, やり取り favor 親切な行為, 好意 at long last やっとのことで, とうとう ◎ trick 策略, たくらみ, 計略 ◎ play ◎ for a person's benefit 〜のために ◎ much ずっと concerned 関係している, 携わっている ◎

イヴ ： もし言っていただけたら、あの方は、私にその役をくださいます。そう言ってくださったんです。

カレン ： あらいざらい話した挙げ句これなのね。知らないの、あの役はマーゴのために書かれたものよ。

イヴ ： 15年前ならそうだったかもしれません。でも今や私の役です。

カレン ： あなたの話し方、アディソンが言ってた通りだわ。

イヴ ： コーラは私の役です。是非ともロイドさんに私に、とおっしゃってください。

カレン ： そんなこと、何があったって言わないわよ。

イヴ ： アディソンは私に演じさせたがっています。

カレン ： 絶対にお断りよ。

イヴ ： その必要はないわ。アディソンは知ってるのよ、どうしてマーゴが例の舞台に来れなかったかを。どうして私が彼女が来れないことを知っていて、彼に電話して町中の新聞社に知らせることができたのかを。大したお話よね。アディソンならそれをすごい記事にするわ。考えてみて。彼が真実のみを語りながらも、どれだけ悪意に満ちた卑劣なものが書けるか。苦労して彼を説得したのよ。座った方がいいわね。少しふらついてる感じよ。

カレンが座る。イヴは彼女に話しかける。

イヴ ： 私がコーラを演じれば、アディソンは何が起こったかを決して記事にもしないし、話もしないわ。ちょっとした助け合いよ。やっとあなたのために何かできてとっても嬉しいわ。あなたとマーゴの友情、深く強い友情。あなたが私のために行った安っぽい小細工のことをマーゴが知ったら、その友情がどうなるかしらね？ あなたとロイドは、いくら演劇界とはいえ、人々が事件を忘れて、再びあなた方を信頼するようになるのにどれくらいかかるかしら？ 無理ね。もし私がコーラを演じれば、関係者みんなが楽になるわ。演劇界にもいいことよ。

■ Over my dead body
「生きている限りはだめ、私の目の黒いうちはさせない」
= Never; Not while I am alive.
「私の死体を乗り越えて」ということから、「絶対にだめ」という強い反対、拒絶の意を表す。

■ notify
= to give notice to someone; inform
ex. We notified the police about the accident.(我々は事故のことを警察に知らせた)

■ make quite a thing of...
of に代わって about ともする。

■ snide
= sarcastic; slyly insulting; cruel

■ vicious
= nasty; hateful; brutal; cruel; dirty; fierce; malicious; mean; venomous
この語は言葉や行為などに用いて「悪意のある」、人や気性、性格などについて「狂暴な、堕落した」、動物などについて「獰猛な、始末に負えない」などの意で使われる。

■ in or out of print
in print or out of print のこと。なお、in print とは「活字になって、印刷で」の意。また、ここでの out of print は「（書物など）絶版になって」の意を表す成句ではなく、「印刷以外で」、すなわち口で述べることをいったもの。

■ at long last
at last の強調形。

■ trick
通例、人を欺くずるい策略だが、時には本文中のように悪意のないいたずらや悪ふざけもいう。

■ play
いたずらなどをする場合は「play a trick on ＋ 人」、「play a practical joke on ＋ 人」とする。

■ for a person's benefit
for the benefit of a person ともする。

■ much
形容詞の比較級を強める much。

■ concerned
通例、名詞の後に置いて事件などに「関与している、関係している」の意を表す。

KAREN	: A part in the play? You'd do all that just for a part in a play?
EVE	: I'd do much more for a part that good.

that good　そんなに良い、あんなに素晴らしい ◎

Eve leaves the ladies' room.

『イヴの総て』が映し出す暗い影

　目に見えぬ不安と恐怖が支配するなか、暗闇に射し込む一条の陽光のごとく、物語に希望の光を与える主人公たちの固く結ばれた友情と信頼の絆を描いた『イヴの総て』がアカデミー賞で作品賞を含む6部門に輝いたとき、ハリウッドの関係者たちは狂喜した。それはこの作品が、1人の女優の体験を元にしながらも、実は、アメリカ社会を陰鬱に覆い尽くし、人々を神経症へと追い立てていた「疑惑の時代」を巧みに映し出していたからである。

　つまり、この作品が世に問われた時期は、1940年代後半から1950年代にかけてアメリカで吹き荒れていた共産主義に対する憎悪と敵意の真っ只中だったのだ。そしてそのことの真の恐怖は1947年頃から具体的な形をとって現れていく。1947年5月22日、FBIは連邦政府で働く200万人の職員の調査に乗り出し、彼らのいう「不穏な人物」の洗い出しを始めたのである。対象の人物に関して不利な情報が浮かび上がると、その人物は幼児期にまでさかのぼり、習慣、友人関係、思想傾向までが調べ上げられた。共産党員、その熱心な同調者、あるいは心情的な支持者とみなされれば、容赦なく解雇通知が送られたのだった。

　この愚かな魔女狩りは教職員にも及ぶことになる。だが、最大の被害を被ったのは娯楽産業、特にハリウッドの映画産業界であった。それは、とりもなおさず、ハリウッドがアメリカ国民に対して強大な影響力をもっていたからにほかならない。人気のある監督、プロデュー

カレン	：芝居の役？　あなた、たかが芝居の役のためにそこまでやるわけ？
イヴ	：あれほどいい役のためならもっとやるわ。

イヴは化粧室から立ち去る。

■ that good
ここでの that は量、程度を表す形容詞、副詞を限定して「それほど、そのくらい」を意味する副詞。

サー、作家たちがそこにいたからであり、左翼的な考えはアメリカ社会と彼らが大切にする価値観にとって極めて危険なものと信じられていたからである。1948年5月、積極的な3人のFBI職員が『反攻』(Counterattack)というパンフレットを出版したのも、そうした考えからだった。この中には彼らが共産党員と疑った監督、脚本家、俳優151人の名前が記載されており、業界にばらまかれた。そして、その2年後の1950年6月には疑わしい人物と考えられる芸能人およびアナウンサーの名前を収めた『赤いチャンネル』(Red Channels)という分厚い人名録を発行し、業界を震え上がらせたのだった。

共産主義者と疑われた彼らは、議会に設置された非米活動委員会により聴聞会にかけられて、犯罪とは全く無関係にもかかわらず、犯罪者のごとく扱われ、証言を強いられ、かつ疑わしい個人名を挙げるよう迫られた。これは議会が検察、判事、陪審員を務める常軌を逸した裁判だったのである。1949年6月、ワシントンの地方裁判所で、召還や証言を拒否し議会侮辱罪の罪に問われた主要な10人、いわゆる「ハリウッド・テン」に有罪判決が下され、最高裁に再審を要求するも却下されて、1950年4月に彼らの刑が確定した。『イヴの総て』が製作されたのはそんな赤狩りの恐怖が猛威を振るい、人々が猜疑と裏切りの恐怖に萎縮している暗黒の時代だったのである。

曽根田　憲三（相模女子大学教授）

9

You Belong to Me

INT. CUB ROOM - NIGHT - Eve returns to the table where Addison sits.

ADDISON : Hungry?

EVE shakes her head in response before drinking some coffee.

ADDISON	: I'm not surprised, after all that humble pie.
EVE	: Nothing of the kind. Karen and I had a nice talk.
ADDISON	: Heart to heart? Woman to woman? Including a casual reference to the part of Cora and your hopes of playing it?
EVE	: I discussed it very openly. I told her I'd spoken to Lloyd, and that he was interested.
ADDISON	: And Karen mentioned, of course, that Margo expects to play the part?
EVE	: Oddly enough, she didn't say a word about Margo. Just that she'll be happy to do what she can to see that I play it.
ADDISON	: Just like that?
EVE	: Just like that.
ADDISON	: You know, Eve, sometimes I think you keep things from me.
EVE	: I don't think that's funny.
ADDISON	: It wasn't meant to be.
EVE	: I confide in you and rely on you more than anyone I've ever known. To say a thing like that now, without any reason, when I need you more than ever.
ADDISON	: I hope you mean what you say. I intend to hold you to it. We have a great deal in common, it seems to me.

shake one's head 首を横に振る ◊

humble pie 屈辱 ◊
nothing of the kind そんなことではない、全然違うもの ◊
heart to heart 腹を割って、腹蔵なく ◊
woman to woman （2人の女性が）心を開いて対等に、女同士で
casual 何気ない、無関心そうな
reference to... ～への言及、～に触れること
openly ◊

oddly enough おかしなことに、妙な話だが ◊

to see that... ～するように気をつける、～できるように取り計らう
just like that そんなふうに、いとも簡単に ◊

confide in... ～に秘密を打ち明ける ◊
rely on... ～を頼る、当てにする

hold to... ～を固守する

君は私のものだ

TIME　01：47：54
□□□□□□

屋内-カブ・ルーム-夜-イヴはアディソンが座っているテーブルへと戻る。

アディソン：空腹か？

イヴは応えて頭を振り、コーヒーを飲む。

アディソン：驚きはせんよ。あれほど屈辱を受けたんだからな。
イヴ　　：そんなんじゃないわ。カレンと私、楽しくお話ししたのよ。
アディソン：腹を割ってかい？　女性同士の？　さりげなくコーラの役について、それからそれを君がやりたいっていうことも？
イヴ　　：そのことをズバリ率直に話したわ。ロイドと話したら、彼、乗り気だったってことを伝えたの。
アディソン：するとカレンは、もちろん、マーゴがその役をやるつもりだって言っただろう？
イヴ　　：奇妙なことだけど、彼女、マーゴのことは一言も言わなかったわ。私が役をやれるように喜んでできるだけのことはするって。
アディソン：そんなに簡単にかい？
イヴ　　：そんなに簡単に。
アディソン：なあ、イヴ。時々、私は君が隠し事をしてるんじゃないかと思うんだが。
イヴ　　：それっておかしくもなんともないわ。
アディソン：面白いことを言ったつもりはない。
イヴ　　：私、あなたのこと信頼してるし、知り合いでほかの誰よりも頼りにしてるわ。なのに、今さらそんなことを理由もなく言い出すなんて、今まで以上にあなたのことを必要としているときに。
アディソン：言ってる通りのことを思っていると願いたいね。その言葉を守ってもらおう。どうやら我々には多くの共通点がありそうだな。

■ shake one's head
この場合は不承認のジェスチャー。nod one's head とすると承認の意を表す。

■ humble pie
かつて狩猟後に猟人や従者たちに与えられたシカなどの臓物で作ったパイの意であったことから、humiliation を表して使われるようになった。

■ nothing of the kind
not anything of the kind ともする。また kind に代わって sort も使われる。

■ heart to heart
ここでは副詞だが、heart-to-heart（率直な、誠意のある）とすると形容詞。
cf. We had a heart-to-heart talk about her attitude.（我々は彼女の態度について率直に話し合った）

■ openly
= honestly; candidly; frankly; without pretense

■ oddly enough
「A + enough」で「Aであることに」を意味する。ここでのAは副詞で、一般に奇妙さ、驚き、興味などの意を表す副詞がよく用いられる。enough は、通例、省略可能。

■ just like that
in just the way it was stated とか without any discussion or comment ほどの意を表す。

■ confide in
confide の「秘密を打ち明けて相談する」から布衍して「信頼する、信任する」の意。

199

Addison and Eve look on as Karen passes by ignoring them on her way back the table with Margo, Bill and Lloyd.

LLOYD	: Well, what happened?
KAREN	: Nothing much. She apologized.
MARGO	: With tears?
KAREN	: With tears.
MARGO	: But not right away. First the business of fighting them back, chin up, stout fellow.
KAREN	: Check.
MARGO	: Very classy stuff. Lots of technique.
LLOYD	: You mean all this time she's done nothing but apologize? What did you say?
KAREN	: Not much.

Karen drinks up the entire content of her glass.

MARGO	: Groom.
BILL	: Mmm?
MARGO	: May I have a wedding present?
BILL	: What would you like? Texas?
MARGO	: I want everybody to shut up about Eve. Just shut up about Eve. That's all I want. Give Karen more wine.

Karen seems worried. Bill pours some more wine into Karen's glass.

MARGO	: Never have I been so happy. Isn't it a lovely room? The Cub Room. What a lovely, clever name. Where the elite meet. Never have I seen so much elite, all with their eyes on me, waiting for me to crack that little gnome on the noggin with a bottle. But not tonight. I'm forgiving tonight. Even Eve. I forgive Eve. There they go. There goes Eve.

Addison and Eve get up from their table to leave the restaurant.

アディソンとイヴが見守るなか、カレンはマーゴ、ビル、そしてロイドがいるテーブルへ戻る途中、2人を無視して通り過ぎる。

ロイド　：で、どうだった？
カレン　：特に何も。彼女、謝っただけよ。
マーゴ　：涙をためて？
カレン　：涙をためて。
マーゴ　：でも、すぐにじゃないわね。まずは何とか涙をこらえ、あごを上げて、たくましいやつだわ。
カレン　：その通り。
マーゴ　：一流の技ね。技巧派だわ。
ロイド　：その間ずっと謝ることしかしなかったって？ 君は何て言ったんだ？
カレン　：別に大したことは。

カレンはグラスの中身をすべて飲み干す。

マーゴ　：花婿さん。
ビル　：ん？
マーゴ　：結婚の贈り物をもらってもいいかしら？
ビル　：何がいい？ テキサス？
マーゴ　：みんなにイヴのことは黙ってほしいの。とにかくイヴの話はしないで。私が望むのはそれだけよ。カレンにもっとワインをあげて。

カレンは心配そうだ。ビルはカレンのグラスにさらにワインを注ぐ。

マーゴ　：こんなに幸せな気分はないわ。素敵な部屋じゃなくって？ カブ・ルームって。何て素敵で、うまい名前なんでしょう。エリートが集まる場所。こんなにわたくんのエリートを見たことがないし、みんな私を注目し、私が瓶であの小鬼の頭を割るのを待っているなんて。でも今夜はしない。今宵は許すの。イヴですらよ。イヴを許すわ。彼らが行くわよ。イヴが行くわ。

アディソンとイヴは、テーブルから立ち上がり、レストランを出る。

■ What happened?
「何があったの？、どうだった？」
事情を尋ねるときの表現で、What went wrong here? とか What's wrong? ほどの意。

■ right away
= right off; right off the bat; at once; straight away; immediately; without delay

■ chin up
元気を出す、勇気を持っていどむしぐさ。命令形で使われることが多い。

■ stout
体について用いられた場合は「どっしりした、肉付きのよい」だが、精神的なものに関して使われると determined, bold, brave を意味する。

■ check
主にアメリカ、カナダで使われる OK を意味する間投詞。

■ groom
結婚を宣言したばかりのマーゴは、婚約者のビルにこう呼びかけている。bridegroom ともいう。なお、「花嫁」は bride。

■ May I...?
相手の許可を求める表現で、丁寧でどちらかというと堅い言い方。さらに丁寧な表現になると Might I...? なお、一般的には Can I...? を用いる。

■ Texas
アメリカ南部に位置する。世界有数の産油地。天然ガスも産出する。牧畜も盛んで大牧場とカウボーイのイメージで知られる。近年ではヒューストンの NASA 宇宙基地でも有名。

■ want everybody to shut up
「S + want + O + to do」の型で「S は O に〜してほしい」の意を表す。shut up は「口を閉ざす、黙る」の意で、命令形で使うとかなり乱暴な表現になる。
ex. She wants me to apologize for being late.（彼女は私が遅刻したことを謝ってほしいと思っている）

■ gnome
伝説上の小人で、通例、老人の姿をしていて、地中の宝を守るとされている。

MARGO	: Eve Evil, little Miss Evil. But "the evil that men do..." How does that go, groom? Something about the good they leave behind. I, I played it once in rep in Wilkes-Barre.	Eve Evil, little Miss Evil ◎ the evil that men do... ◎ How does...,groom ◎ leave behind 後に残す rep レパートリー劇場 ◎ Wilkes-Barre ウィルクスバレ市 ◎
BILL	: You've got it backwards, even for Wilkes-Barre.	have got it backwards ◎
MARGO	: Do you know why I forgive Eve? She left good behind. The four of us here together. It's Eve's fault. I forgive her. And Bill, especially Bill. She did that too.	fault 間違い, 失敗
LLOYD	: You know, she probably means well, after all.	mean well 良かれと思う, 悪気はない ◎
MARGO	: She is a louse.	louse シラミ ◎
BILL	: Never try to outguess Margo.	outguess 先を読み取る, 出し抜く, 裏をかく
MARGO	: Groom?	
BILL	: Yes, dear.	
MARGO	: Do you know what I'm going to be?	
BILL	: A cowboy?	
MARGO	: A married lady.	
BILL	: With a paper to prove it.	paper 書類 ◎
MARGO	: I'm going to look up at six o'clock, and there he'll be. Remember, Karen?	
KAREN	: I remember.	
MARGO	: You'll be there, won't you?	
BILL	: Often enough to keep the franchise.	often enough to... ～するくらいは, ～する程度には keep the franchise
MARGO	: No more make-believe, offstage or on. Remember, Lloyd? I mean it now. Lloyd, will you promise not to be angry with me?	make-believe 見せかけ, 偽り ◎
LLOYD	: Well, that depends.	that depends ◎
MARGO	: No, I mean really, deeply angry.	
LLOYD	: I don't think I could be.	
MARGO	: Well, I don't want to play Cora.	
KAREN	: What?	
MARGO	: Now wait a minute, you're always so touchy about his plays. It isn't the part. It's a great part and a fine play. But not for me anymore. Not for a foursquare, upright, downright, forthright, married lady.	wait a minute ◎ touchy 神経質な, やっかいな foursquare 四角四面の, 断固とした, ゆるぎない upright 正直な, 正しく立派な downright 徹底的な, はっきりとした forthright 率直な, 決定的な

マーゴ	:	悪党イヴ。小悪党さん。でも「人が為す悪事は…」。続きはどうだったかしら、花婿さん？　後に残す善とか何とかよね？　ウィルクスバレのレパートリー劇場で1度演じたことがあるの。
ビル	:	君、それは反対だよ、いくらウィルクスバレだからといって。
マーゴ	:	私がなぜイヴを許すかわかる？　彼女はいいことを残したのよ。私たち4人がここに一緒にいる。それはイヴの失敗ね。彼女を許すわ。それにビルも、特にビル。それも彼女のおかげ。
ロイド	:	まあ、彼女に悪気があったわけじゃないんだろう。
マーゴ	:	あいつはクズよ。
ビル	:	マーゴの先を読み取ろうなんてやめとけ。
マーゴ	:	花婿さん？
ビル	:	何だね。
マーゴ	:	私が何になろうとしてるかわかる？
ビル	:	カウボーイ？
マーゴ	:	既婚婦人よ。
ビル	:	それを証明する書類付きでね。
マーゴ	:	6時に見上げるの、そうするとそこに彼がいるってわけ。覚えてる、カレン？
カレン	:	覚えてるわ。
マーゴ	:	そこにいてくれるでしょ？
ビル	:	その特権を維持できるくらいにはね。
マーゴ	:	舞台の外でも上でも、もう見せかけはなしよ。覚えている、ロイド？　今は本気よ。ロイド、私のこと怒らないって約束して？
ロイド	:	まあ、状況次第だね。
マーゴ	:	じゃなくて、本当の心底からの怒りという意味。
ロイド	:	そうなるとは思わないよ。
マーゴ	:	実は、私、コーラの役はやりたくないの。
カレン	:	何ですって？
マーゴ	:	まあちょっと待って。あなたは彼の芝居のことになるといつも敏感なのね。役のことじゃないの。素晴らしい役だし、いい芝居よ。でももう私の出る幕じゃないわ。掛け値なしの、立派な、全くの、見た目通りの既婚婦人はね。

■ Eve Evil, little Miss Evil
Eve の名前と evil をかけた悪口。なお、evil は「悪党、悪魔」の意。

■ the evil that men do...
シェークスピアの悲劇『ジュリアス・シーザー』(*Julius Caesar*、1623) 第3幕第2場 の The evil that men do lives after them; / The good is oft interred with their bones. (人の行う悪事はのちのちまで残るが、善い行いというのはしばしば骨とともに埋められてしまうものだ) より。

■ How does that go, groom?
go が「進む、進行する、続く」の意から、ここでは The evil that men do... の先がどのように続くのかを尋ねたもの。

■ rep
repertory theater の略。専属の劇団が一定数の演目を交互に上演する。

■ Wilkes-Barre
アメリカ、ペンシルバニア州北東部の都市。

■ have got it backwards
「それは反対だ」の意で、『ジュリアス・シーザー』から引用したセリフについて述べたもの。ウィルクスバレが芸術とはあまり関係がない都市であることから、見下した言い方。

■ mean well
ここでの mean は「気持ちを持っている」の意で、通例、well や ill を伴って使われる。

■ louse
ここでは他人に寄生するような卑劣な人間、倫理観のない人間のこと。複数形は lice。

■ paper
「紙、論文、新聞」などさまざまな意味があるが、ここでは「結婚の(正式な)証明書」。

■ keep the franchise
franchise は政府から個人や会社に与えられる「免許、特権」。「特権を維持する」とは、「結婚生活を維持する」、との意。

■ make-believe
= pretending

■ that depends
文尾の on the circumstances が省略された形。Depends. とだけいう場合もある。

■ Wait a minute.
「ちょっと待って」
Just a moment/a minute/a second. Wait a second/a sec などともする。

LLOYD	: What's your being married got to do with it?	(have)got to do with... ～と関係がある
MARGO	: It means I've finally got a life to live. I don't have to play parts I'm too old for just because I've got nothing to do with my nights. Oh, Lloyd, I know you've made plans. I'll make it up to you, believe me. I... I'll tour a year with this one, anything. Only, only you do understand, don't you?	just because... ～というだけの理由で make plans いろいろ計画を立てる make up 償う，埋め合わせる，補償する do understand

Karen bursts out laughing.

burst out... 突然～し出す

LLOYD	: What's so funny?
KAREN	: Nothing.
BILL	: Nothing?
KAREN	: Everything. Everything's so funny.

Karen can't stop laughing.

INT. THEATER GALLERY - DAY - Karen sits in one of the audience seats watching Eve and an actor rehearse the play. Bill is also on stage directing, while Lloyd and Max give advice from the gallery, which leads to an argument.

lead to... ～につながる，～を引き起こす

KAREN : (v.o.) **Lloyd never got around somehow to asking whether it was all right with me for Eve to play Cora. Bill, oddly enough, refused to direct the play at first...with Eve in it. Lloyd and Max finally won him over. Margo never came to rehearsal. Too much to do around the house, she said. I'd never known Bill and Lloyd to fight as bitterly and often, and always over some business for Eve, or a move, or the way she read a speech.**

get around to... ～に取りかかる，～する機会を見出す
somehow なぜか，どういうわけか

win over 打ち勝つ，征する，説得する
Too much...house

fight over ～をめぐって争う，～に関して争う
bitterly 痛烈に，激しく

Bill is about to walk out from the rehearsal, but Eve calms him down and leads him back.

ロイド	：君が結婚していることとそれと何の関係があるんだ？
マーゴ	：私がついに生きるべき人生を持ったということよ。夜に何もすることがないというただそれだけの理由で、自分の年齢よりずっと若い役をする必要はないの。ねえ、ロイド、あなたがいろいろ計画していることはわかってるわ。その埋め合わせはする、本当よ。私がこの芝居でも何でも１年巡業をするわ。ただ、ただ、わかってちょうだい、ね？

カレンがどっと笑い出す。

ロイド	：何がそんなにおかしい？
カレン	：何も。
ビル	：何も？
カレン	：すべてよ。何もかもがすごくおかしいの。

カレンは笑いを止めることができない。

屋内 – 劇場の桟敷席 – 昼 – カレンは客席の１つに座り、イヴと１人の男優が劇のリハーサルをしているのを眺めている。ビルもステージに立って演出している。一方、ロイドとマックスは桟敷から忠告を与え、それで議論になっている。

カレン	：（画面外）なぜかロイドはイヴがコーラをやることに私が同意するかどうかを尋ねることはなかった。妙な話だが、ビルは最初は、イヴが出る芝居の演出はしないと断ったが、最終的にはロイドとマックスに説得された。マーゴはリハーサルには来なかった。家事が山ほどある、と言っていた。私はビルとロイドがあんなに激しく、また頻繁に言い争うのを見たことがなかった。しかも、いつもイヴのこと、動きとか彼女のセリフの読み方に関してだった。

ビルはリハーサルから立ち去ろうとするが、イヴが彼を静め、連れ戻す。

■ (have) got to do with…
関係の度合いに応じて [have] got something to do with、[have] got nothing to do with のように使われる。

■ make plans
make に代わって draw up, formulate も使われる。ちなみに「計画を中止する」は cancel a plan、「計画を実行する」は carry out/execute a plan。

■ make up
ex. To make it up to you, I'll buy you beer.（この埋め合わせに、ビールをおごるよ）

■ do understand
主語の you があるが、この場合は命令形。命令形で動詞の前につく do は強い勧めや嘆願を表す。

■ burst out
本文の burst into laughing は、burst into laughter と書き換えることができる。なお、この -ing 形は主格補語の現在分詞。

■ lead to…
= bring about; cause

■ get around to…
本文中の例のように、通例、動名詞を伴って用いられる。

■ Too much to do around the house
I'm very busy with housework ほどの意。

■ bitterly
= sharply; harshly; nastily; fiercely; intensely; severely

KAREN : (v.o.) But then I'd never known Lloyd to meddle as much with Bill's directing, as far as it affected Eve, that is. Somehow Eve kept them going. Bill stuck it out. Lloyd seemed happy. And I thought it might be best if I skipped rehearsals from then on.

INT. HOTEL BEDROOM / HOTEL STAIRWELL - NIGHT - Karen lies in her bed, staring up at the roof.

KAREN : (v.o.) It seemed to me I had known always that it would happen. And here it was. I felt helpless. That helplessness you feel when you have no talent to offer, outside of loving your husband. How could I compete? Everything Lloyd loved about me, he'd gotten used to long ago.

The phone rings. Karen sits up to answer the call from a WOMAN.

KAREN : Hello? Who? Who's calling Mr. Richards?

WOMAN : My name wouldn't mean anything. I… I room across the hall from Eve Harrington. And she isn't well. She's, she's been crying all night and she's hysterical and she doesn't want a doctor and…

Lloyd wakes up and switches on a side lamp.

LLOYD : Who is it? What's it all about?
KAREN : Did Miss Harrington tell you to call Mr. Richards?
WOMAN : Oh, no. Eve didn't say to call him. But I remember that I saw Mr. Richards with her a couple of times, and well I thought, they being such good friends and…

Lloyd talks to the woman on another phone in the bedroom.

meddle	干渉する, よけいな世話をやく
as far as…	〜の範囲まで
keep…going	〜を続けさせる, 〜を動かし続ける
stick it out	我慢する, 辛抱する
be best if…	〜した方が一番いい, 〜するのが最もよい
skip	飛ばす, 休む, さぼる
from then on	そのときから先, そのとき以来
outside of…	〜以外では, 〜を除いては
compete	競争する, 対抗する
get used to	〜に慣れる
room	間借りする
across	向こう側に, 向かいに

カレン	: (画面外) しかしそのとき、私はロイドがあれほど、つまりイヴに影響を及ぼすほど、ビルの演出に口を挟むとは知らなかった。イヴが何とか彼らを続けさせていた。ビルは我慢していた。ロイドは満足そうだった。それで私は、そのときから先はリハーサルには来ないのが一番いいだろうと思った。

屋内－ホテルの寝室／ホテルの吹き抜け－夜－カレンはベッドに寝て、天井をじっと見上げている。

カレン	: (画面外) 私はそれが起こるだろうとずっと前からわかっていたように思う。そして今、それが起こったのだ。私は無力さを感じた。夫を愛する以外に差し出す能力など何もないと感じるときのあのどうしようもなさ。どうして私が競うことなどできるだろう？ ロイドが私を愛したいろんなことに、彼はとっくの昔に慣れっこになっていたのだ。

電話が鳴る。カレンは起き上がり、1人の女からの電話に答える。

カレン	: もしもし？ どなた？ リチャーズ氏に、どちら様？
女	: 私の名前はどうでもいいんです。私は…イヴ・ハリントンの向かいの部屋のものです。で、彼女は具合が良くありません。彼女…彼女は一晩中泣いていました。ヒステリックになっていて、医者はいらないと、それで…

ロイドは目を覚まし、サイドランプをつける。

ロイド	: 誰だい？ 何ごと？
カレン	: ミス・ハリントンがリチャーズ氏に電話するように言ったの？
女	: いえ、違います。イヴは電話するようにとは言っていません。でもリチャーズさんが彼女といるのを何度か見たことを思い出し、それで、えーと、私、2人はいい友人同士なんだと思って…

ロイドは寝室の別の電話器で女に話しかける。

■ meddle
ex. You have no right to meddle in my personal life. (君には私の私生活に口出しする権利なんてない)

■ as far as…
ここでは範囲、程度を表す。

■ keep...going
ここでの go は人間、機械、器官、機能などが「働く、正常に作動する、機能する」といった意味。

■ stick it out
= put up with it

■ from then on
since then とか from then onward ともする。

■ outside of…
この意味では、通例、疑問文、否定文で使われる。

■ get used to
ロイドが慣れてしまったのは Everything Lloyd loved about me で、目的語の部分が先に述べられた倒置表現。

■ room
「部屋」「空間」という名詞がまず頭に浮かぶが、本文中のように動詞で使われることもある。ここでは自動詞だが、他動詞で使うと「～を泊める」「～に部屋を貸す」の意味になる。
cf. Ms. Park roomed the students. (パークさんは学生を下宿させた)

■ across
平面的なもの「向かい側に、横切った所に」を意味する前置詞。

LLOYD : Hello. Hello. This is Lloyd Richards. Where is Eve? Let me talk to her.
WOMAN : Hello, Mr. Richards. Ah, she's upstairs in her room. I... I really hate to bother you this way, but the way Eve's been feeling, I... I've just been worried sick, what with her leaving tomorrow for New Haven and all.
LLOYD : Tell her not worry. Tell her I'll be right over.

Lloyd and Karen hang up the receivers. Lloyd gets out of bed to go to Eve. The woman hangs up the phone, then walks to the bottom of some stairs where Eve has been sitting, listening to the call. The woman makes an OK sign to Eve. Eve and the woman put their arms around each other and climb the stairs.

EXT. SHUBERT THEATER - DAY - The theater billboards advertise the new play by Lloyd and Max. One billboard reads, "MAX FABIAN PRESENTS FOOTSTEPS ON THE CEILING", while the other says, "OPENING TONIGHT A NEW PLAY BY LLOYD RICHARDS." Eve and Addison stop and admire the billboards as they walk along the sidewalk.

ADDISON : (v.o.) To the theater world, New Haven, Connecticut, is a short stretch of sidewalk between the Shubert Theater and the Taft Hotel, surrounded by what looks very much like a small city. It is here that managers have what are called out-of-town openings, which are openings for New Yorkers who want to go out of town.
EVE : What a day. What a heavenly day.
ADDISON : D-day.
EVE : Just like it.
ADDISON : And tomorrow morning, you will have won your beachhead on the shores of immortality.
EVE : Stop rehearsing your column. Isn't it strange, Addison? I thought I'd be panic-stricken, want to run away or something. Instead, I can't wait for tonight to come. To come and go.

ロイド	: もしもし。もしもし。ロイド・リチャーズだが。イヴはどこに？ 彼女と話したいんだが。
女	: もしもし、リチャーズさん。えっと、彼女は上の自分の部屋です。私…本当にこんなふうにご迷惑をおかけしたくはないのですが、でもイヴの気持ちの揺れが…明日ニュー・ヘイヴンへ発たれることなどいろいろあって、私とても心配でしたので。
ロイド	: 彼女に心配しないようにと、すぐ行くと伝えてくれ。

ロイドとカレンは受話器を置く。ロイドはイヴの所に行くためベッドから出る。女は電話機を置き、それからイヴが座って電話の話を聞いていた階段の下段へ歩いていく。女はイヴにオーケーの合図をする。イヴと女は腕をお互いの身に回して階段を上る。

屋外－シューバート劇場－昼－劇場の広告板がロイドとマックスによる新作の宣伝をしている。1つの広告板には「マックス・ファビアン上演、天井の足跡」とあり、もうひとつには「ロイド・リチャーズ新作、今夜、オープニング」とある。歩道を歩くイヴとアディソンは、立ち止まって広告板に見とれる。

アディソン	: （画面外）演劇界にとって、コネティカットのニュー・ヘイヴンとは、シューバート劇場とタフトホテル間に延びた短い歩道のことで、周囲はいかにも小都市のおもむきだ。経営者たちはいわゆる市街オープニングと呼ばれるものをここで行う。それは街を出たいニューヨーカーのためのオープニングなのである。
イヴ	: 何という日でしょう。何て素晴らしい日。
アディソン	: Dデイだね。
イヴ	: 本当にそっね。
アディソン	: そして明日の朝け不滅という岸の上陸拠点を確保しているだろう。
イヴ	: 自分のコラムの練習はやめて。変じゃない、アディソン？ 私、パニックになって、逃げ出したくなるなんて思ってたのに。逆に今晩が来るのが待ちきれないの。来て過ぎるのが。

■ this way
「あんなふうに」は that way。
cf. I don't know why she acts that way.
(彼女がどうしてあんなふうに振る舞うのか私にはわからない)

■ New Haven
コネティカット州の南部に位置する都市。兵器、時計、ミシンなどの機械工業で有名。また1701年創立のイェール大学の所在地でもある。

■ receiver
「送話器」は transmitter。

■ Connecticut
アメリカ北東部の州。夏は比較的涼しく、冬はかなり寒い。1776年にイギリスからの独立を宣言した13州の1つ。ニューイングランドで一番長いコネティカット川が流れている。

■ stretch of sidewalk
stretch は a stretch of road (一筋の道路)のように「とぎれなく広がっているもの」の意味。

■ What a day.
「何という日でしょう」
感嘆表現で、話し言葉の中ではやや気取った印象を与える。どちらかというと男性より女性が多く使う。

■ D-day
第2次世界大戦時の1944年6月、連合軍によるノルマンディ上陸作戦が決行された日のこと。大規模な上陸作戦で、300万人近い兵士が投入された。映画『史上最大の作戦』(The Longest Day、1962)は、このノルマンディ上陸作戦を描いた作品。なお、ここから「大事なことがある日」を意味する。

■ beachhead
何かことを始めるときの足がかり、出発地、すなわち starting point の意味もある。

■ immortality
反対に「死すべき運命」は mortality。

■ panic-stricken
= frightened; scared; panicked; petrified; terrified; shaken
panic-struck ともする。

ADDISON : Are you that sure of tomorrow?
EVE : Aren't you?
ADDISON : Frankly, yes.

INT. TAFT HOTEL / EVE'S ROOM - DAY - Eve and Addison get out of the hotel elevator and walk down the corridor to Eve's room.

EVE : It'll be a night to remember. It'll bring me everything I've ever wanted. The end of an old road, the beginning of a new one.
ADDISON : All paved with diamonds and gold?
EVE : You know me better than that.
ADDISON : Paved with what, then?
EVE : Stars. What time?
ADDISON : Almost four.
EVE : Plenty of time for a nice, long nap. We rehearsed most of last night.
ADDISON : You could sleep now, couldn't you?
EVE : Why not?
ADDISON : The mark of a true killer. Sleep tight, rest easy and come out fighting.
EVE : Why did you call me a killer?
ADDISON : Oh, did I say killer? I meant champion. I get my boxing terms mixed.
EVE : Addison, come in for a minute, will you? I've got something to tell you.

The two enter Eve's room. They remove their hats and jackets.

ADDISON : Suites are for expense accounts. Aren't you being extravagant?
EVE : Max is paying for it. He and Lloyd had a terrific row, but Lloyd insisted. Can I fix you a drink?
ADDISON : Also with the reluctant compliments of Max Fabian?
EVE : Lloyd, I never have any. He likes a few drinks after we finish, so he sent it up.
ADDISON : Some plain soda.

210

アディソン	：	そんなに自信があるのか、明日のこと？
イヴ	：	あなたはないの？
アディソン	：	はっきり言って、あるさ。

屋内-タフトホテル／イヴの部屋-昼-イヴとアディソンはホテルのエレベーターから出てきて、イヴの部屋に向かって廊下を歩く。

イヴ	：	記憶すべき夜になるわ。私が今まで望んでいたものすべてをもたらしてくれる。古い道の終わり、新しい道の始まりよ。
アディソン	：	ダイヤと金が敷きつめられた？
イヴ	：	私がその程度じゃないことは知っているはず。
アディソン	：	じゃあ、何を敷き詰めた？
イヴ	：	星よ。何時？
アディソン	：	もうすぐ４時だ。
イヴ	：	しっかり眠る時間は十分あるわね。昨晩はほとんどリハーサルだったの。
アディソン	：	こんなときに眠れるというわけか？
イヴ	：	できるわよ。
アディソン	：	本物の殺し屋の証だ。ぐっすり眠り、気楽に過ごし、戦闘状態で出てくる。
イヴ	：	何で私が殺し屋だというの？
アディソン	：	おっと、殺し屋だと言ったかい？ チャンピオンってことだ。ボクシング用語とごっちゃになってね。
イヴ	：	アディソン、ちょっと寄らない？ あなたに話すことがあるの。

2人はイヴの部屋に入る。彼らは帽子と上着を脱ぐ。

アディソン	：	スイートルームは経費で落とす。贅沢になってるんじゃないか？
イヴ	：	マックスが支払うわ。彼とロイドはひどい言い争いをしたんだけど、ロイドが譲らなかったの。飲み物作りましょうか？
アディソン	：	また、これもマックス・ファビアンがしぶしぶ贈ってくれたものか？
イヴ	：	ロイドよ。私は全然飲まないわ。終わったら、彼、1、2杯飲みたいのよ。それで寄こしたわけ。
アディソン	：	ソーダだけを。

■ frankly
= to be frank; to tell you the truth
frankly speaking のことだが、口語では単に frankly とすることが多い。

■ night to remember
to 不定詞の形容詞的用法。前の名詞を修飾して、「〜すべき、〜するための」の意味になる。

■ I've ever wanted
ここでの ever は条件節、疑問文、否定文などで用いられて「これまで、今まで」を意味する副詞。

■ Why not?
「もちろん」
この場合は「なぜ？」と理由を尋ねているのではなく、I cannot think of a reason not to..、つまり Yes. の意。

■ killer
ここではアディソンが説明しているようにボクシング用語で「チャンピオン」のこと。ほかにも「驚異的なもの」「おもしろいジョーク」「魅力的な異性」などの意味がある。

■ suite
ホテルで寝室、浴室のほかに、居間などがある豪華な部屋。

■ expense account
expense sheet のことで、雇用者が払い戻しをする旅費、宿泊費、食費、社用交際費などの所要経費。

■ extravagant
= luxurious; too much; affluent; indulgent; sumptuous

■ a terrific row
ここでの row は「やかましい口論」、すなわち a noisy quarrel の意。

■ reluctant
= unwilling; hesitant; unenthusiastic; hesitating; involuntary; uneager

Eve prepares some soda as Addison sits down on an arm chair.

ADDISON : Lloyd must be expecting a record run in New Haven.
EVE : That's for tonight. You're invited. We're having everyone up after the performance.
ADDISON : "We are"?
EVE : Lloyd and I.

Eve takes the soda to Addison. She sits down on the footstool close to him.

ADDISON : I find it odd that Karen isn't here for the opening, don't you?
EVE : Addison...
ADDISON : She was always so fanatically devoted to Lloyd. One would think only death or destruction could keep her...
EVE : Addison, just a few minutes ago, when I said this would be a night to remember, that it would bring me everything I ever wanted.
ADDISON : Oh, yes. Something about an old road ending and a new one starting, all paved with stars.
EVE : I didn't mean just the theater.
ADDISON : What else?
EVE : Lloyd Richards.

Eve stands up and walks to the window. She looks out into the street below.

EVE : He's going to leave Karen. We're going to be married.
ADDISON : So that's it. Lloyd. Still just the theater, after all.
EVE : It's nothing of the kind. Lloyd loves me. I love him.
ADDISON : I know nothing of Lloyd's and his loves. I leave those to Louisa May Alcott. But I do know you.
EVE : I'm in love with Lloyd.

イヴがソーダを用意している間、アディソンは肘掛け椅子に座る。

アディソン ： ロイドはニュー・ヘイブンでの記録的な興行を期待しているってわけだ。
イヴ ： それは今晩のためよ。あなたも招待するわ。私たち公演の後みんなを呼ぶつもりなの。
アディソン ： 「私たち」って？
イヴ ： ロイドと私よ。

イヴはソーダをアディソンに持っていく。彼女は彼のそばの足置きに座る。

アディソン ： カレンがオープニングなのにここにいないのは奇妙だと思うんだが？
イヴ ： アディソン…
アディソン ： 彼女はいつだって必死にロイドに尽くしていた。彼女を引き留めるのは死か破滅だけだろうと…
イヴ ： アディソン、数分前に私は、今日は記念すべき夜になる、望んでいたすべてをもたらしてくれると言ったわ。
アディソン ： ああ、そう。古い道は終わり、星を敷き詰めた新しい道が始まるとかなんとかね。
イヴ ： 演劇のことだけを言ってたわけじゃなかったの。
アディソン ： ほかに何が？
イヴ ： ロイド・リチャーズよ。

イヴは立ち上がり、窓に歩いていく。彼女は下の通りをのぞく。

イヴ ： 彼、カレンと別れるわ。私たち結婚するつもりよ。
アディソン ： そういことか。ロイドね。しかし、それも演劇がらみだ。
イヴ ： そんなんじゃないの。ロイドは私を愛しているし、私は彼を愛している。
アディソン ： ロイドのことや彼の恋愛のことは何も知らない。そんなことはルイザ・メイ・オルコットに任せるさ。しかし君のことはわかっている。
イヴ ： 私、ロイドに恋してるの。

■ have up
階上の人が階下の人を「呼ぶ」、地方の人を「招く」といった意味合いから。

■ don't you
= don't you think so?

■ fanatically
= enthusiastically zealously; devotedly; feverishly; madly; passionately

■ devote to
ex. He was devoted to studying. = He devoted himself to studying.（彼は研究に打ち込んだ）

■ would
従節における時制の一致で、過去の時点から見た未来。

■ leave
ここで leave は人や家庭について用いて「捨てる、去る」を意味する。

■ That's it.
「なるほど、そういうことか」
that is what is wanted. ほどの意。なお、この表現は That is the real problem., That is the end., That is the right way to do it., What you say is right, などの意を表して使われる。

■ nothing of the kind
ここでは相手の言ったことを否定するときの表現。陳謝、依頼などに対して用いた場合は「何でもないことです」の意。

■ Louisa May Alcott
アメリカの女性児童文学作家（1832-88）。南北戦争時を背景にした自伝的小説『若草物語』（*Little Women*, 1868-69）で有名になる。現在この作品は児童文学のみならず、フェミニズムの観点からも評価されている。

ADDISON	: Lloyd Richards is commercially the most successful playwright in America.	commercially 商業的に，商業上
EVE	: You have no right to say such thing.	have no right to... ～に対する権利はない，～する資格はない
ADDISON	: And, artistically the most promising. Eve, dear, this is Addison.	promising 将来を約束された，有望な

Eve comes back to the footstool in front of Addison.

EVE	: Oh, Addison, won't it be just perfect? Lloyd and I. There's no telling how far we can go. He'll write great plays for me. I'll make them great. You're the only one I've told, the only one who knows, except Lloyd and me.	There's no telling 何ともいえない，予想もつかない how far we can go ◎
ADDISON	: And Karen?	
EVE	: She doesn't know.	
ADDISON	: She knows enough not to be here.	know enough not to... 知っているから～しない ◎
EVE	: But not all of it. Not that Lloyd and I are gonna be married.	
ADDISON	: I see. And when was this unholy alliance joined?	unholy 神聖ではない，汚れた，不道徳な，とんでもない ◎ alliance 同盟，提携，結合，縁組み
EVE	: We decided night before last, before we came up here.	night before last 一昨夜，一昨日 ◎
ADDISON	: I trust the setting was properly romantic. Lights on dimmers and gypsy violins offstage.	dimmer 調光器，制光装置 ◎ gypsy ジプシー ◎
EVE	: The setting wasn't romantic, but Lloyd was. He woke me up at three o'clock in the morning, banging on my door. He couldn't sleep, he said. He'd left Karen. Couldn't go on with the play or anything else until I promised to marry him. We sat and talked until it was light. He never went home.	but Lloyd was ◎ bang ドンドンと叩く，激しく叩く ◎ go on with ◎
ADDISON	: You sat and talked until it was light?	
EVE	: We sat and talked, Addison. I want a run-of-the-play contract.	run-of-the-play contract 連続公演契約
ADDISON	: There never was, and there never will be, another like you.	

アディソン	：ロイド・リチャーズはアメリカで商業的に最も成功している劇作家だからね。
イヴ	：あなたにそんなこという権利はなくってよ。
アディソン	：しかも、芸術的には最も将来性がある。イヴ、このアディソンが言うんだ。

イヴはアディソンの前の足置きに戻ってくる。

イヴ	：ねえ、アディソン、完璧じゃなくって？ ロイドと私。私たちがどこまで行けるか予想もつかないわ。彼は私のために偉大な劇を書く。私がそれをすごいものにするの。話したのはあなただけよ。ロイドと私を除けば、知ってるのはあなただけ。
アディソン	：で、カレンは？
イヴ	：彼女は知らないわ。
アディソン	：知っているからここにいないんだ。
イヴ	：でもすべてじゃない。ロイドと私が結婚するってことは知らないわ。
アディソン	：なるほど。で、いつこの不浄な同盟は結ばれたんだ？
イヴ	：おとといの晩決めたの、ここに来る前に。
アディソン	：舞台は当然ロマンチックなものだったんだろうね。照明は落とされて、ジプシーのバイオリンが舞台裏で。
イヴ	：ロマンチックだったのは舞台じゃなくて、ロイドだったわ。彼はドアをたたいて、朝の3時に私を起こしたの。眠れなかったと言ったわ。カレンの元を去ったんだって。私が彼と結婚すると約束するまで、劇も何もかも手につかないと。私たち座って語り明かしたわ。彼は家に帰っていかなかった。
アディソン	：座って語り明かした？
イヴ	：私たち座って話したの、アディソン。私が欲しいのは連続公演契約よ。
アディソン	：君のような人はこれまでいなかったし、またこれからもいないだろう。

■ how far we can go
「私たちがどこまでいけるか」の意。
ex. How far have you read in this book?（この本をどこまで読みましたか）

■ know enough not to...
文字通りの訳「～しないほど知っている」から。なお「S + V + enough to do...」で「Sは～できるくらい十分にVする」を意味する。
ex. He worked enough to be hungly.（彼はお腹が空くほど働いた）

■ unholy
= outrageous; appalling; awful; dreadful; horrendous; shocking

■ night before last
the...before last で「一昨～、先々～」の意を表す。
ex. the month before last（先々月）、the year before last（一昨年）

■ dimmer
照明の光度を加減する加減抵抗器の類。

■ gypsy
北部インドから世界各国に広がった少数民族。流浪の民の代名詞であったが、現在では定住するものが多い。音楽や踊りを好み、祭礼などでは歓迎された。

■ but l loyd was
wasの後ろにromanticが省略されている。

■ bang
= to strike or hit something with a loud sharp noise

■ go on with
to continue with somethingの意で、go on doing somethingに同じ。

EVE : Well, say something. Anything. Congratulations. Skoal. Good work, Eve.

Addison stands up from the arm chair.

ADDISON : What do you take me for?
EVE : I don't know that I "take you" for anything.
ADDISON : Is it possible or even conceivable that you've confused me with that gang of backward children you've played tricks on? That you have the same contempt for me as you have for them?
EVE : I'm sure you mean something by that, Addison, but I don't know what.
ADDISON : Look closely, Eve. It's time you did. I am Addison DeWitt. I'm nobody's fool, least of all yours.
EVE : I never intended you to be.
ADDISON : Yes, you did, and you still do.

Eve stands and moves close Addison.

EVE : I still don't know what you're getting at. But right now I want to take my nap. It's important...
ADDISON : It's important right now that we talk, killer to killer.
EVE : Champion to champion.
ADDISON : Not with me, you're no champion. You're stepping way up in class.
EVE : Addison, will you please say what you have to say, plainly and distinctly, and then let get out so I can take my nap.
ADDISON : Very well. Plainly and distinctly. Although I consider it unnecessary, because you know as well as I do what I'm going to say. Lloyd may leave Karen, but he will not leave Karen for you.

イヴ	：	じゃあ、何か言ってよ。何でもいいわ。「おめでとう」とか「乾杯」とか「よくやった、イヴ」とか。

アディソンは肘掛け椅子から立ち上がる。

アディソン	：	私を何だと思っている？
イヴ	：	何だと思えばいいのかわからないわ。
アディソン	：	ひょっとして君がいたずらをしかけた知恵遅れの子どもらと私を混同してるんじゃないか？彼らを見下していると同じように私を見下しているということかね？
イヴ	：	それって、きっと何か言いたいんでしょうけど、アディソン、でも私には何のことだかわからないわ。
アディソン	：	よく見るんだ、イヴ。そうしてもいい頃だ。私はアディソン・ドゥイットだぞ。誰にもだまされるような男ではない、とりわけ君にはな。
イヴ	：	そうしたことは一度もないわ。
アディソン	：	いや、したさ。そして今でもしている。

イヴは立ってアディソンに近づく。

イヴ	：	あなたが何を言おうとしているのかまだわからないわ。でも今は、眠りたいの。大事なこと…
アディソン	：	今が大事なんだ。私たち、殺し屋と殺し屋と話すことがな。
イヴ	：	チャンピオンとチャンピオンでしょ。
アディソン	：	私にとっては、君はチャンピオンなんかじゃない。階級をのし上がっている途中さ。
イヴ	：	アディソン、言いたいことは、はっきり、わかるように言って、それから出ていって。そしたら私、眠れるから。
アディソン	：	よろしい。はっきりとわかるようにな。その必要はないと思うがね。なぜならこれから私が言うことは君も私同様によくわかっているからだ。ロイドはカレンの元を去るだろうが、君のためにカレンから去るわけじゃない。

■ skoal
健康、幸福、繁栄、成功などを祈ったり祝して toast（乾杯）の意で使われる間投詞。skol ともする。

■ Good work.
「よくやった、お見事」
相手のやったことを褒めるときの表現。同様の表現に well done がある。

■ conceivable
= understandable; comprehensible; believable; imaginable; possible; supposable

■ backward
= slow; retarded

■ children
本来は「子どもたち」を指すが、転じて「子どもっぽい人、経験の浅い人間」の意味に使われる。

■ That you have...
That は前文の that you've confused... と同じく、仮主語 It の内容を示している。

■ closely
= carefully; heedfully; intently; searchingly; sharply; thoughtfully

■ did
代動詞。直前に出た動詞を指し、ここでは look のこと。

■ nobody's fool
= a person who can not be duped or taken advantage of

■ least of all...
least は little の最上級。比較級は less。

■ get at
= imply; suggest; mean; aim at; hint at

■ killer to killer
ここでの to は man to man（マンツーマン）、face to face（面と向き合って）のように対向、対立を表す前置詞で、「～と向かい合って」の意。

■ step way up
way は「ずっと、すごく」を意味する副詞。

■ plainly
= clearly; obviously; apparently; distinctly; evidently; unmistakably

■ very well
やむを得ない同意、承諾を表す。

217

EVE : What do you mean by that?

ADDISON : More plainly and more distinctly? I have not come to New Haven to see the play, discuss your dreams, or pull the ivy from the walls of Yale. I've come here to tell you that you will not marry Lloyd, or anyone else for that matter, because I will not permit it.

EVE : What have you got to do with it?

ADDISON : Everything. Because after tonight you will belong to me.

EVE : Belong? To you? I can't believe my ears.

ADDISON : A dull cliche.

EVE : "Belong" to you? That sounds medieval. Something out of an old melodrama.

ADDISON : So does the history of the world for the past twenty years. I don't enjoy putting this as bluntly as this. Frankly, I'd hoped that you would have taken it for granted that you and I...

EVE : "Taken it for granted"? "That you and I."

Eve starts laughing. Addison slaps Eve across the face.

ADDISON : Now remember, as long as you live, never to laugh at me. At anything or anyone else, but never at me.

Eve opens the door for Addison to leave, but he shuts it.

EVE : Get out.

ADDISON : You're too short for that gesture. Besides, it went out with Mrs. Fiske.

Eve is about to pick up the phone.

EVE : Then if you won't get out, I'll have you thrown out.

ADDISON : Don't pick up that phone. Don't even touch it. Something told you to do what I said, didn't it? That instinct is worth millions.

イヴ ： それってどういう意味よ？
アディソン ： もっとはっきり、わかるようにかね？ 私は芝居を見たり、君の夢を論じたり、イェール大学の壁のツタを引きちぎりにニュー・ヘイブンへ来たわけじゃない。君はロイドとは結婚しないし、そもそも誰とも君は結婚しないということを言うためにここへ来たのだ。なぜなら私がそれを許さんからだよ。
イヴ ： あなたとこのこと何の関係があるの？
アディソン ： すべてさ。今夜以後は君は私のものだからだ。

イヴ ： のもの？ あなたの？ 耳を疑うわ。
アディソン ： つまらない決まり文句だな。
イヴ ： あなたの「もの」？ まるで中世だわ。古いメロドラマから抜け出したみたいな。
アディソン ： この20年間世界の歴史はそんなものさ。こんなにあからさまに言うのを楽しんでいるわけじゃない。正直なところ、君は当然のことと受け取ってくれるだろうと期待していた、君と私が…

イヴ ： 「当然のことと受け取る」？ 「君と私が」？

イヴは笑い出す。アディソンはイヴの顔に平手打ちを喰らわす。

アディソン ： いいか、覚えておけ、生きている限り、私を決して笑うんじゃないぞ。ほかの何を、あるいは誰を笑おうと構わないが、絶対に私にはだめだ。

イヴはアディソンに出るようドアを開けるが、彼はそれを閉める。

イヴ ： 出てって。
アディソン ： 君はその身振りをするすでにけ違いていない。おまけに、それはフィスク夫人で消滅した。

イヴは受話器を取ろうとする。

イヴ ： じゃあ、出ていかないんだったら、放り出してもらうわ。
アディソン ： 受話器を取るな。触ってもだめだ。虫の知らせかな、私が言った通りにするとは。その本能は何百万ドルもの価値がある。

■ ivy
アメリカ東部の名門大学グループ、アイビーリーグ(Ivy League)の象徴。イェール、ハーバート、プリンストン、コロンビア、ダートマス、コーネル、ペンシルバニア、ブラウンの8大学。

■ Yale
上記アイビーリーグの1つ。ニューヘイブンにあり、1701年に組合教会派によって創立された。ハーバード、ウィリアム・アンド・メアリー大学に次ぎアメリカで3番目に古い大学。

■ for that matter
通常 or や and の後で、先に述べたことにさらに付け加えて何かを言うときに使われる。

■ dull
= boring; unexciting; colorless; uninteresting; stupid

■ enjoy putting
ここでの put は考えなどを言葉や文章で「表現する、述べる」、すなわち express の意。

■ bluntly
= rudely; without reserve; explicitly; frankly; candidly; gruffly

■ slap
slap someone on the face、また on にかわって in にもする。なお、本文中の例のように across を使った場合は、この語が方向や運動に用いられて「平面的なものを横切って」を意味することから、「張り倒す」といったニュアンスになる。

■ short
ここでは目標などに達していない、ほどの意。

■ go out with...
主語の it はイヴの「出ていって」という身振りを指している。

■ Mrs. Fiske
= Minnie Maddern Fiske (1865-1932)
19世紀後半から20世紀の初頭にかけて活躍したアメリカのリアリズム演劇の代表的女優。サッカレーの『虚栄の市』(Vanity Fair, 1847-48) を元にした『ベッキー・シャープ』(1899) に出演して脚光を浴びた。ほかの舞台演作は『テス』(1897)、『人形の家』(1902) など多数。

ADDISON : You can't buy it, Eve. Cherish it. When that alarm goes off, go to your battle stations. To begin with, your name is not Eve Harrington. It's Gertrude Slescynski.

EVE : What of it?

ADDISON : It's true your parents were poor. They still are. They would like to know how you are and where. They haven't heard from you for three years.

EVE : What of it?

ADDISON : A matter of opinion, granted. It's also true you worked in a brewery. But life in the brewery was apparently not as dull as you pictured it. In fact, it got less and less dull, until your boss's wife had your boss followed by detectives.

EVE : She never proved a thing! Not a thing!

ADDISON : But the five hundred dollars you got to get out of town brought you straight to New York, didn't it?

Eve runs into the bedroom and slams the door. Addison walks straight into the bedroom.

ADDISON : That five hundred dollars brought you straight to New York, didn't it?

EVE : She was a liar. She was a liar!

ADDISON : Answer my question. Weren't you paid to get out of town?

Eve falls onto the bed crying. Addison sits beside her.

ADDISON : There was no Eddie, no pilot. You've never been married. That was not only a lie, it was an insult to dead heroes and the women who loved them. San Francisco has no Shubert Theater. You've never been to San Francisco. That was a stupid lie, easy to expose, not worthy of you.

アディソン : それは買えるもんじゃない、イヴ。大事にするんだ。その警報が鳴ったときは戦闘位置につくんだ。まず第一に、君の名前はイヴ・ハリントンではない。ガートルード・スレジンスキーだ。

イヴ : それがどうしたの？

アディソン : 君の両親が貧しいのは本当だ。いまだにな。彼らは君がどうしているか、どこにいるか知りたいと思っている。3年間君からの便りはないからね。

イヴ : それがどうしたのよ？

アディソン : 見解の相違か、認めるよ。ビール会社で働いていたことも事実だ。だが会社での生活は明らかに君が描いていたほど退屈なものじゃなかった。実際ますます退屈どころではなくなって、ついには社長の妻が社長を探偵に尾行させるまでになった。

イヴ : 彼女は何ひとつ証明できなかった！ 何ひとつよ！

アディソン : だが町を出るために手に入れた500ドルで、ニューヨークへ直行できたというわけだ、違うかな？

イヴは寝室に駆け入り、ドアをバタンと閉める。アディソンはまっすぐ寝室に入る。

アディソン : その500ドルでニューヨークに直行できたというわけだろ？

イヴ : あの女は嘘つきだわ。嘘つきよ！

アディソン : 私の質問に答えるんだ。町を出るお金をもらわなかったか？

イヴはベッドに倒れ伏して泣く。アディソンは彼女のそばに座る。

アディソン : エディも、パイロットもいなかった。君は結婚したことは一度もない。それは嘘であるばかりか、亡くなった英雄、そして彼らを愛した女性に対する侮辱でもある。サンフランシスコにシューバート劇場はない。君はサンフランシスコに行ったことなんてないんだよ。それはすぐに露呈する、君らしからぬ愚かな嘘だった。

■ can't buy it
ここでの it は that instinct。

■ cherish
= raise; foster; grow; nourish

■ go to one's battle station
battle station とは「戦闘部署、戦闘配置」の意。

■ What of it?
「それがどうした？、だからどうだというのか？」
So what? に同じ。無関心、嫌気、軽蔑などを表して使われる。

■ hear from
手紙、電話、伝言など、その方法は問わない。

■ granted
相手の弁解、言い訳を認めて使われる。

■ less and less dull
less and less は「次第に～でなくなって」。つまり、ここでは more and more fun とか more and more exciting ほどの意。

■ your boss's wife...by detectives
「S + have + O + done」の型で「S は O を～させる」の意を表す。

■ straight
この語の基本的な意味は「曲がっていない、一直線の」。ここから比喩的に物事について用いられて「整然とした、きちんとした」、人や態度について「正直な、公明正大な」、また「混じりけのない、純粋な」など多くの意味を表して使われる。

■ slam
shut とは異なり、荒っぽく、乱暴に閉めること。すなわち、shut something forcefully and with a loud noise の意。

■ dead heroes
ここでは戦死した兵士たちのこと。

■ stupid
= silly; ridiculous; dumb; ludicrous; idiotic; foolish

EVE : I had to get in to meet Margo. I had to say something, be somebody. Make her like me!

ADDISON : And she did like you. She helped and trusted you. You paid her by trying to take Bill away.

EVE : That's not true!

ADDISON : I was there. I saw you and heard you through the dressing-room door. You used my name and column to blackmail Karen into getting you the part of Cora and you lied to me about it.

EVE : No! No! No!

ADDISON : I had lunch with Karen not three hours ago. As always with women who try to find out things, she told more than she learnt. Now do you want to change your story about Lloyd beating at your door the other night?

EVE : Please, please.

ADDISON : That I should want you at all suddenly strikes me as the height of improbability. But that in itself is probably the reason. You're an improbable person, Eve, and so am I. We have that in common. Also a contempt for humanity, an inability to love and be loved. Insatiable ambition...and talent. We deserve each other. Are you listening to me? Then say so.

EVE : Yes, Addison.

ADDISON : And you realize and you agree how completely you belong to me?

EVE : Yes, Addison.

ADDISON : Then take your nap, and good luck for tonight.

EVE : I won't play tonight. I couldn't. Not possibly. I couldn't go on.

イヴ ： マーゴに会うためにそうしなければならなかったのよ。何か言わなきゃならなかったし、ちょっとした人物になりたかったの。彼女に気に入られるために。

アディソン ： で、彼女は君を気に入った。君を援助し、信頼した。君はビルを奪い取ろうとすることで彼女に報いたわけだ。

イヴ ： それは違うわ！

アディソン ： 私はそこにいたんだ。私は、楽屋のドア越しに君を目にしたし、君の声も聞いた。君は私の名前と記事を持ち出し、カレンを脅し、コーラの役が自分に来るようにした。そしてそのことについて私に嘘をついたというわけだ。

イヴ ： 違う！ 違う！ 違う！

アディソン ： 私は3時間もしない前にカレンと昼食を取った。いろいろと聞き出そうとする女性がいつもそうであるように、彼女は知っている以上のことを語ってくれたよ。さあ、この前の晩、ロイドが君のドアを叩いた話を変えたいかね？

イヴ ： お願い、お願いよ。

アディソン ： 私が君を求めるということが、突然、最もあり得ないことだと気づいた。しかしそれこそが理由かもしれない。君はあり得ない人間だよ、イヴ、そして私もそうだ。それが我々の共通点だよ。人類に対する軽蔑、愛し愛されることができないところもそうだ。飽くなき野心…それに才能。我々はお似合いだ。聞いているのか？ そうならそうと言え。

イヴ ： ええ、アディソン。

アディソン ： では、君が全く私のものであることを認識し、同意するかね？

イヴ ： ええ、アディソン。

アディソン ： では、一眠りして、今夜の幸運を祈ろう。

イヴ ： 今夜は舞台に立たないわ。できない。無理よ。とても続けられない。

■ **get in**
単純に建物や部屋の中に入るのではなく、相手の懐に「入り込む、取り入る、かかわりを持つ」の意。

■ **make**
「S + make + O + do」の型で「SはOに強制的に〜させる」の意を表す。この語は使役動詞で「(人などに)〜させる」。ほかに have、let、get to などがあるが、make は強制的に「〜させる」という意味合いが強い。

■ **take away**
ex. Do you really think you can take her away from me?（君は本気で僕から彼女を奪えると思っているのか？）

■ **blackmail...into doing**
blackmail は「恐喝する、人に〜するよう強要する」の意。

■ **learnt**
learn の過去形、過去分詞形でここでは過去形。learned ともする。

■ **strike...as...**
ここでの strike は「印象づける、思わせる、感じさせる」の意で、「S + strike + O + as + C」の型で、「SはOにCの印象を与える」の意を表す。ここでのCは名詞、分詞、形容詞。
ex. That struck me as a good idea.（それは私には名案のように思えた）

■ **inability**
ability（できること、能力）の派生語。なお in- は not の意を表す接頭辞。

■ **insatiable**
= gluttonous; greedy; ravenous; unsatisfied; voracious; wanting

■ **not possibly**
ここでの possibly は否定文で使われて「到底、とても」の意を表す。

■ **go on**
= continue; carry on

ADDISON : "Couldn't go on"? You'll give the performance of your life.

of one's life 一世一代の

Addison picks up his jacket, cane and hat to leave. Eve falls back onto the bed in tears.

in tears 泣いて，涙を流して

『イヴの総て』の魅力について

　「女優」という言葉は、「俳優」という言葉より、遥かに複雑なイメージを喚起する。他人になりきって演ずるというだけではない。美しさ、圧倒的オーラ、憧れや称賛といったポジティブなイメージだけではなく、衣装や化粧といった虚飾、過剰なまでの性的アピール、主役の座や若さへの執着といった、人間の生々しく、ネガティブな面を思い起こさせる。一般人に対しての「彼女は女優だ」という表現は、ほとんどの場合後者の意味を込めて使われるのではないだろうか。

　『イヴの総て』は、「女優」が具現する二面的な人間性を描いた作品である。舞台裏の人間模様を取り上げた、いわゆる「バックステージ・ドラマ」は数あれど、ここまで辛辣かつ巧妙に人間心理の舞台裏を映像化した作品はない。脚本、演技、演出といった映画の構成要素が優れているのは当時のアカデミー賞を独占したことでも明らかだが、特に傑出しているのは、マンキーウィッツ監督自身による見事な脚本と、名優たちの熱演である。ブロードウェイの舞台裏を暴き出した演劇の作品であるにもかかわらず、演劇のシーンは一切描かれず、俳優たちのセリフのみで物語が進行する。大女優マーゴの貫録の演技、そしてイヴの「音楽と炎」の演技力を見たい欲求に駆られるが、そこはあえて隠して見る者の想像をかき立てる。舞台はあくまで虚構であり、舞台裏こそ真実である、という監督の強い意図が働いている。『イヴの総て』とは舞台を下りた現実の世界での彼女であり、それ

アディソン：「続けられない」？　一世一代の演技をするんだ。

アディソンは上着と杖と帽子を取り上げ、立ち去る。イヴは涙にくれてまたベッドに打ち伏す。

■ in tears
「涙」は、通例、tears とする。
ex. She was moved to tears.（彼女は感動して泣いた）

はひたむきで純粋な娘と狡猾で策略に長けた野心家を演じ分けるイヴなのである。

　物語の構成も巧妙だ。複数の人物によるモノローグやフラッシュバックによって映画の鑑賞者が感情移入するべき人物や立場が複雑に入れ替わる脚本は見事というしかない。また、現実的で成熟した物語の展開も素晴らしい。我々はイヴの策略を目の当たりにし、ドゥイットによって彼女の正体を知らされる。しかし、陰謀は阻止されてしかるべしという期待は裏切られる。イヴの成功に一種の後味の悪さを覚えるのだが、それこそ、明快な勧善懲悪を旨とするほかの作品と一線を画すところであろう。ラストシーンでポーズを取る鏡の中の無数の虚像 ─ 第2のイヴの登場に、我々は近い未来の因果応報を予感する。傑作にふさわしい演出だ。更に、この映画を観賞するもう1つの喜びは、女優たちの白熱した演技である。彼女たち自身をモデルにしたのではないかと錯覚するほどのキャスティング、とりわけベティ・デイビスの有名な目の表情、仕草、毒を吐く声音は退廃的なマーゴ像そのものである。アン・バクスターがこの映画主演で一躍スターの座に踊り出たが、その後は代表作に恵まれなかったこと、端役で出演した当時無名のマリリン・モンローが数年後に大ブレイクを果たした事実などを踏まえてこの作品を見直すと、何とも不思議な感覚を覚えてしまう。

　　　　　　　　　　　　　　宮本　節子（相模女子大学専任講師）

10

Succession

INT. DINING HALL OF THE SARAH SIDDONS SOCIETY - NIGHT - *The chairman hands over the trophy to Eve at the awards ceremony as the audience applauds and cheers. Eves gives her acceptance speech to the audience.*

ADDISON : (v.o.) And she gave the performance of her life. And it was a night to remember, that night.
AUDIENCE: Bravo! Bravo!
EVE : Honored members of the Sarah Siddons Society, distinguished guests, ladies and gentlemen. What is there for me to say? Everything wise and witty has long since been said by minds more mature and talents far greater than mine. For me to thank you as equals would be presumptuous. I am an apprentice in the theater, and have much to learn from all of you. Let me say only that I am proud and happy, and that I regard this great honor not so much as an award for what I have achieved, but as a standard to hold against what I have yet to accomplish. And, further, that I regard it as bestowed upon me only in part. The larger share belongs to my friends in the theater, and to the theater itself, which has given me all I have. In good conscience, I must give credit where credit is due.

Eve looks to Max.

hand over	手渡す, 引き渡す
acceptance speech	受賞スピーチ
wise	賢い, 思慮深い ◐
long since	ずっと以前に ◐
mind	知性の持ち主, 人
equal	同等のもの, 対等の人 ◐
presumptuous	生意気な, 厚かましい ◐
regard...as...	〜を〜とみなす ◐
not so much...as...	〜というよりはむしろ〜だ
standard	旗, 軍旗
have yet to do	いまだ〜していない, これから〜しなければならない
accomplish	成し遂げる, 果たす, 成就する ◐
further	さらにまた, その上, それから
bestow	授ける, 与える ◐
in good conscience	正直に言って, 良心にかんがみて ◐
give credit...due	栄誉を与えられてしかるべきところに与える ◐

継承

TIME 02:05:41
□□□□□□

屋内－サラ・シドンズ協会のダイニングホール－夜－表彰式で、会長がイヴにトロフィーを手渡す。聴衆は拍手し、歓声を上げる。イヴは聴衆に受賞のスピーチを行う。

アディソン ： (画面外) そうして彼女は人生最高の演技をした。かくしてその夜は、記念すべき夜となった。

聴衆 ： ブラボー！ ブラボー！

イヴ ： サラ・シドンズ協会名誉会員の皆様、ご来賓の皆様、並びに紳士淑女の皆様。私が何を言うことがあるでしょうか？ 賢明にして才知に満ちたことは、私よりも円熟した知性、はるかに偉大な才能を持った人々によってずっと昔に語られています。私があなた方に同等の者として感謝を述べるのはおこがましいことでしょう。私は演劇界では見習いですし、皆様方から習うべきことが多々あります。私は次のことだけを言わせていただきます。私は誇りに、また喜ばしく思っております。そして、この偉大な栄誉は私が達成したことへの賞ではなく、これから私が為さなければならないことに向かって掲げる軍旗だと考えているということを。さらに、それは私に単に部分的に与えられたものと考えております。より多くの部分は演劇界の私の友人たちのものであり、また演劇界自体のものであり、それが私にあるものすべてを与えてくれたのです。正直なところ、名誉は名誉が与えられるべきところに与えなければなりません。

イヴはマックスの方を見る。

■ **wise**
= clever; bright; smart; intelligent; insightful; entertaining; ingenious; penetrating; piercing

■ **long since**
not long since とすると「つい先頃」。

■ **mind**
ex. He was one of the greatest minds in the 20th century. (彼は 20 世紀最大の知性人の 1 人だった)

■ **equal**
地位、能力などが同等の人の意。

■ **presumptuous**
= impudent; cheeky; arrogant; audacious; conceited; fresh; insolent; rude

■ **regard...as...**
regard は人、物、事を「～とみなす、考える」の意で、進行形は不可。

■ **accomplish**
= fulfill; achieve; attain; carry out; make it; realize; win

■ **bestow**
= to give or present something, especially as a gift or an hour

■ **in good conscience**
conscience は「良心、分別」。
ex. I have a clear conscience. (私は心にやましいことはない)

■ **give credit where credit is due**
credit は「功績、手柄、名誉」で、be due は「当然与えられるべき」の意。

EVE : To Max Fabian. Dear Max. Dear sentimental, generous, courageous Max Fabian, who took a chance on an unknown, untried amateur.

The audience applauds the people Eve mentions. Eve turns to Karen.

EVE : To my first friend in the theater, whose kindness and graciousness I shall never forget, Karen. Mrs. Lloyd Richards. It was Karen who first brought me to one whom I'd always idolized, one who became my benefactress and champion.

Eve turns to Margo who looks on with mistrust.

EVE : A great actress and a great woman, Margo Channing.

Bill lights up a cigarette as Eve gives thanks for his support.

EVE : To my director, who demanded always a little more than my talent could provide, but who taught me patiently and well, Bill Sampson.

Eve turns to Lloyd. Addison looks on smugly as he inhales from his long cigarette pipe.

EVE : And one without whose great play and faith in me, this night could never have been. How can I repay Lloyd Richards? How can I repay the many others, so many, I couldn't possibly name them all, whose help, guidance, and advice have made this, the happiest night of my life, possible. Although I am going to Hollywood next week to make a film, do not think for a moment that I am leaving you. How could I? My heart is here in the theater, and three thousand miles are too far to be away from one's heart.

イヴ ： マックス・ファビアンに。親愛なるマックス。情に厚く、寛大で、勇気あるマックス・ファビアン。彼は見知らぬ、経験のない素人に賭けてくれたのです。

聴衆はイヴが名を挙げる人々に拍手する。イヴはカレンの方を向く。

イヴ ： 演劇界の最初の友人に。その親切と寛大さを私は決して忘れることはないでしょう、カレン。ロイド・リチャーズ夫人です。私がずっと崇敬してきた方、私の恩人であり、擁護者である方に最初に引き合わせてくれたのはカレンでした。

イヴはマーゴの方を向くが、彼女は疑いの顔つきで見る。

イヴ ： 偉大な女優にして、偉大な女性であるマーゴ・チャニング。

イヴがビルの支援に感謝を述べると、彼はタバコに火をつける。

イヴ ： 私の演出家に。彼はいつも私が出せる才能より少し多くを要求しましたが、辛抱強く適切に私を指導してくれました。ビル・サンプソンです。

イヴはロイドの方を向く。アディソンは長い巻きたばこ用パイプを吸い込んで、満足げに見ている。

イヴ ： そしてその偉大な芝居と私への信頼がなければ、今夜はあり得なかったでしょう。どのようにロイド・リチャーズに報いたらよいのでしょうか？そのほかの多くの方々にどのように報いたらよいのでしょう。あまりに多すぎて、すべての方々の名前を挙げることはできません。援助、指導、忠告がこれを、私の人生でもっとも幸せな夜を、可能にしてくれたのです。映画作りのために、来週私はハリウッドへ行きますが、あなた方から去るとは一瞬たりとも考えないでください。どうしてそんなことができましょうか？私の心はここ、この演劇界にあるのです。3000マイルは人の心から離れているには遠すぎます。

■ sentimental
= wet; emotional; romantic; loving; maudlin; sweet; tender

■ generous
= broad-minded; tolerant; benevolent; big; charitable; honorable; unselfish

■ courageous
= brave; bold; audacious; daring; gallant; manly; tough; valiant

■ untried
= inexperienced; green; unpolished; unskilled; untrained

■ graciousness
特に社会的に下の者に対して喜んで差し伸べる親切、優しさをいう。

■ shall
アメリカでは will が普通で、shall を用いるのは形式ばった場合。

■ idolize
= worship; adore; revere; think very highly of; reverence; venerate

■ benefactress
男性の場合は benefactor。なお、-ess は actress, hostess, waitress のように職業名の女性形を作る接尾辞。ただし -ess 語尾の語はアメリカ英語からは急速に消えつつある。

■ champion
優勝者のイメージが強いが、主義や主張のために戦う闘志、擁護者の意味もある。

■ smugly
= conceitedly; self-sufficiently; self-contentedly; complacently

■ name
ここでは「名指して言う」という他動詞で使われている。
ex. Can you name all of them?(彼ら全員の名前を言えますか？)

■ this
次の the happiest night of my life と同格。

EVE : I'll be back to claim it…and soon. That is, if you want me back.

The audience applauds as cameramen come forward to take photos. Eve gives the chairman a kiss. She walks away with the trophy.

AUDIENCE: Bravo! Bravo!
CHAIRMAN: Good night to you all, and to all, a good night.

Lloyd takes his small trophy to show Karen.

LLOYD : For services rendered beyond the…whatever it is of duty, darling.

Karen gives him a kiss. Max comes to tell Lloyd and Karen that they must leave. Members of the society congratulate Eve as they depart from the hall.

MAX : Come on, I'm the host. I got to get home before my guests start stealing the liquor.

Karen giggles at Max's remark. Carrying Lloyd's trophy, she makes her way through the hall where she comes across Eve and Addison.

KAREN : Congratulations, Eve.
EVE : Thank you, Karen.
MAN : Congratulations, Miss Harrington.
EVE : Oh, thank you so much.

As Addison puts Eve's jacket across her shoulders, she bows to acknowledge the man who just congratulated her. Margo and Bill come up to Eve. Margo puts her hands on Eve's arms as she gives a patronizing compliment.

MARGO : Nice speech, Eve. But I wouldn't worry too much about your heart. You can always put that award where your heart ought to be.
EVE : I don't suppose there's a drink left?
ADDISON : You can have one at Max's.
EVE : I don't think I'm going.

All About Eve

イヴ	:	私はそれを取り戻しに帰ってまいります…それもすぐに。つまり、もし皆様が私に戻ることを望んでくださればです。

聴衆は拍手喝采をし、カメラマンたちは前に進み出て写真を撮る。イヴは会長にキスをし、トロフィーを持って歩き去る。

聴衆	:	ブラボー！　ブラボー！
会長	:	お休みなさい、皆様。皆様、お休みなさい。

ロイドはカレンに見せるために小さなトロフィーを取る。

ロイド	:	何であれ、妻の役目…以上の働きをしてくれたことに。

カレンは彼にキスをする。マックスがロイドとカレンに出ようと言いにやってくる。協会の会員たちは会場から出ていくときにイヴにお祝いの言葉をかける。

マックス	:	行こう、私が主催者だ。客が酒をこっそりとくすね出す前に家に戻らないとな。

カレンはマックスの言葉にくすくす笑う。ロイドのトロフィーを持ちながら、彼女が会場を進んでいくと、イヴとアディソンに出会う。

カレン	:	おめでとう、イヴ。
イヴ	:	ありがとう、カレン。
男	:	おめでとう、ミス・ハリントン。
イヴ	:	ええ、ありがとうございます。

アディソンがイヴの肩に上着をかけるとき、彼女にたった今お祝いを言った男に気づき腰をかがめる。マーゴとビルがイヴの所にやってくる。マーゴは両手でイヴの両腕をつかんで、庇護者ぶってお世辞を言う。

マーゴ	:	いいスピーチだったわ、イヴ。でもあなたの心のことはそれほど心配しないわよ。その賞をいつもあなたの心のあるべき所に置いておくことね。
イヴ	:	お酒は残っていないわよね？
アディソン	:	マックスの所で飲めるさ。
イヴ	:	行くつもりはないわ。

■ claim
この語はHe claimed the right to vote.（彼は投票の権利を主張した）のように、「当然のものとして要求する」といった意味合いを持つ。

■ render
= to give something; provide
ex. That store renders good service to its customers.（あの店はお客に対して良いサービスを提供する）

■ beyond
ここでは程度について言及して「〜を越えて」の意で、妻としての責務を越えて、ほどの意。

■ start...ing
「S + start + O」の型で「SはOを始める」の意。ここでのOは名詞、動名詞。
ex. He started reading the book.（彼は本を読み始めた）

■ liquor
この語は、ウイスキーのような特にアルコール分の強い酒を指す。そのほか「酒」を表す場合はalcoholic drink、alcoholic beverage、alcoholとする。ちなみに、alcoholic beverageはalcoholic drinkより格式ばった言葉。

■ thank you so much
very muchではなくso muchとすると女性的、あるいは優しい言い方になる。

■ acknowledge
ex. He acknowledged me by nodding.（彼は私に気づいて軽くうなずいた）

■ ought to be
ought toは義務、道徳的責任、至当性、忠告などを表して「〜すべきだ、〜する義務がある、〜するのが当然だ、〜するのがよい」などを意味する。

■ You can have one
oneは代名詞。ここでは直前の名詞、a drinkを指す。

ADDISON	: Why not?	Why not ↻
EVE	: Because I don't want to.	

A WOMAN comes up to congratulate Eve.

WOMAN	: I'm so happy for you, Eve.	I'm so happy for you ↻
EVE	: Thank you so much.	
ADDISON	: Well, Max has gone to a great deal of trouble. This is going to be an elaborate party and it's for you.	a great deal of たくさんの、大量の ↻ elaborate 手の込んだ、凝った ↻
EVE	: No, it isn't. It's for this.	It's for this ↻
ADDISON	: It's the same thing, isn't it?	

Eve gives her trophy to Addison.

EVE	: Exactly. Here, take it to the party instead of me.	exactly 確かに、その通り ↻ here ほら、はいこれ ↻ instead of... ～の代わりに
ADDISON	: You're being very childish.	childish 子どもっぽい、おとなげない
EVE	: I'm tired. I want to go home.	
ADDISON	: Very well. I'll drop you off. I shall go to the party alone. I have no intention of missing it.	drop...off （人を乗り物から）途中で降ろす

EXT. / INT. TAFT HOTEL / EVE'S ROOM - NIGHT - Many cars roll down the street. A taxi pulls up outside the hotel. Addison and Eve step out of the taxi. Eve enters the hotel as Addison gets back in the taxi. Eve goes to her room. While pouring herself a drink, she is startled when she notices a young girl named PHOEBE asleep in an armchair, which makes Eve drop her drink on the floor.

roll down （車が）ゆっくりと進む

be startled びっくりする、ぎくっとする、はっとして飛び上がる
make ～させる ↻

EVE	: Who are you?	
PHOEBE	: Miss Harrington.	
EVE	: What are you doing here?	
PHOEBE	: I... I guess I fell asleep.	guess 推測する、思う ↻ fall asleep 寝入る ↻

Eve tries to use the telephone.

PHOEBE	: Please don't have me arrested. Please. I didn't steal anything. You can search me.	have me arrested ↻ search くまなく探す、調べる ↻
EVE	: How did you get in here?	

アディソン	：	なぜ？
イヴ	：	だって行きたくないからよ。

1人の女性がイヴにお祝いを言うために近づいてくる。

女性	：	本当に良かったわね、イヴ。
イヴ	：	ありがとうございます。
アディソン	：	いいか、マックスはずいぶんと手間をかけたんだ。手の込んだパーティになるぞ。それも君のためだ。
イヴ	：	いえ、そうじゃないわ。これのためよ。
アディソン	：	同じ事じゃないか、え？

イヴはアディソンにトロフィーを渡す。

イヴ	：	その通り。ほら、私の代わりにこれをパーティに持っていって。
アディソン	：	あまりにも、子どもじみてるぞ。
イヴ	：	私、疲れてるの。帰りたいわ。
アディソン	：	いいだろう。君を送っていくよ。1人でパーティに出よう。そいつをみすみす逃すつもりはないからね。

屋外／屋内－タフトホテル／イヴの部屋－夜－多くの車が通りを走っている。1台のタクシーがホテルの外に止まる。アディソンとイヴはタクシーを降りる。イヴはホテルに入るが、アディソンはタクシーに戻る。イヴは自分の部屋に行く。彼女が酒を注いでいるときに、フィービーという名の若い女性が肘掛け椅子で眠っているのに気づき、ハッと驚く。そのためイヴは飲み物を床に落とす。

イヴ	：	あなたは誰？
フィービー	：	ミス・ハリントン。
イヴ	：	ここで何してるの？
フィービー	：	私…私眠ってしまったようです。

イヴは電話をかけようとする。

フィービー	：	どうか通報しないでください。お願いです。私は何も盗んでいません。調べてみてください。
イヴ	：	どうやってここに入ったの？

■ Why not?
ここでは Please explain your negative answer. ほどの意。

■ I'm so happy for you.
「本当に良かったわね」
be happy for では目的語には、通例、人がくる。

■ a great deal of
a good deal of ともする。

■ elaborate
= elegant; extravagant; fancy; luxurious; painstaking; sophisticated

■ It's for this
it は party、this は trophy を指している。

■ exactly
同意して返答したり、相づちを打つときの言葉。

■ here
ここでは相手に何かを手渡す際に使われる言葉。

■ make
使役動詞。主語が人間ではないときは、強制力は強くない。
ex. Her sad story made us cry.（彼女の悲しい話を聞いて、我々は涙を流した）

■ guess
= reckon; think; imagine; believe; dare say; suppose

■ fall asleep
drop asleep ともする。

■ have me arrested
「S + have + O + done」の型で「S は O を～させる、してもらう」の意を表す。文字通りの訳「どうか（警察に）逮捕させないでください」から本文中の訳になる。なお、arrest は「逮捕する」の意。

■ search
ここでは隠されている物を求めて注意深く人、体の部分、場所などを調べる、検査すること。

PHOEBE	: I hid outside in the hall till the maid came to turn down your bed. She must have forgot something. When she went to get it, she left the door open. I sneaked in and hid till she'd finished. And then I just looked around. Pretty soon I was afraid that someone would notice the lights were on, so I turned them off. And then I guess I fell asleep.	turn down 折りたたむ，(ベッドを)整える sneak in... ～に忍び込む ◎ look around 見回す be afraid that... ～するのではないかと心配する ◎
EVE	: You were just looking around?	
PHOEBE	: That's all.	That's all ◎
EVE	: What for?	
PHOEBE	: You probably won't believe me.	
EVE	: Probably not.	
PHOEBE	: It was for my report.	
EVE	: What report? To whom?	
PHOEBE	: About how you live, what kind of clothes you wear, what kind of perfume and books, things like that. You know the Eve Harrington Clubs that they have in most girls' high schools?	perfume 香水
EVE	: I've heard of them.	hear of... ～の噂を聞く
PHOEBE	: Ours was one of the first. Erasmus Hall. I'm the president.	
EVE	: Erasmus Hall. That's in Brooklyn, isn't it?	Brooklyn ブルックリン ◎
PHOEBE	: Lots of actresses come from Brooklyn. Barbara Stanywck and Susan Hayward. Of course, they're just movie stars. You're going to Hollywood, aren't you?	come from... ～出身である ◎ Barbara Stanywck バーバラ・スタンウィック ◎ Susan Hayward スーザン・ヘイワード ◎
EVE	: Ah, hmm.	
PHOEBE	: From the trunks you're packing, you must be going to stay a long time.	from... ～から ◎
EVE	: I might.	might ～かもしれない，～であり得る ◎
PHOEBE	: That spilled drink's gonna ruin your carpet.	ruin だめにする，台なしにする fix 処理する，片付ける clean up きれいにする，掃除する
EVE	: Maid'll fix it in the morning.	mess こぼしたもの，ちらかしたもの
PHOEBE	: I'll just clean up the mess.	

フィービー	:	メイドがベッドを整えにくるまで外の廊下で隠れていたんです。彼女はきっと何か忘れたんです。それを取りに行った時、ドアを開けたままでした。私はこっそり忍び込んで、彼女が仕事を終えるまで隠れていました。そして、それからただ見回していたんです。間もなく誰かが明かりがついているのに気づくだろうと思って、それで明かりを消しました。そしたら眠ってしまったみたいで。
イヴ	:	見回してただけって？
フィービー	:	それだけです。
イヴ	:	何のために？
フィービー	:	たぶん信じてもらえないでしょう。
イヴ	:	たぶんね。
フィービー	:	私のレポートのためです。
イヴ	:	何のレポート？　誰に出すの？
フィービー	:	あなたの生き方、どんな服を着るのか、どんな香水や本、そういったことについてです。ほとんどの女子高校にはイヴ・ハリントン・クラブがあるのをご存じですか？
イヴ	:	聞いたことあるわ。
フィービー	:	私たちのは最初にできたうちの１つなんです。エラスムス・ホール高校で、私はその会長をしています。
イヴ	:	エラスムス・ホール。それブルックリンよね？
フィービー	:	女優の多くはブルックリン出身です。バーバラ・スタンウィックやスーザン・ヘイワード。もちろん彼女たちは映画スターですけど。あなたもハリウッドへいらっしゃるんですよね？
イヴ	:	ええ、まあ。
フィービー	:	荷造りしてあるトランクからすると、長く滞在されるんですね。
イヴ	:	かもしれないわね。
フィービー	:	あのこぼれたお酒でカーペットが台無しになってしまうわ。
イヴ	:	朝になったら、メイドが処理するわよ。
フィービー	:	私がキレイにします。

■ sneak in...
sneak とは to go or move in a quiet secretive way の意。

■ be afraid that...
that は一般に省略が可能。

■ That's all.
「それだけです」
= That's all there is to it; That's all she wrote

■ Brooklyn
アメリカ、ニューヨーク州の自治区の１つ。ロングアイランド島の西部に位置する。市内最大の住宅地。

■ come from...
「出身」を言い表す場合 be from と come from があるが、I'm from New York. (私はニューヨーク出身です)のように、be from の方が一般的。なお、come from を用いる場合は現在形であることに注意。

■ Barbara Stanywck
コーラスダンサーをしているところをスカウトされる。『ステラ・ダラス』(Stella Dallas、1937)、『教授と美女』(Ball of Fire、1941)、『私は殺される』(Sorry Wrong Number、1948)でアカデミー賞主演女優賞にノミネートされるが、無冠に終わる。1939年にロバート・テイラーと結婚、1951年に離婚。TVプロデューサーとしても活躍した。

■ Susan Hayward
モデルとしてキャリアをスタート。1937年、ハリウッドに出る。『私は死にたくない』(I Want to Live!、1958)でアカデミー賞主演女優賞。

■ from...
ここでの from は観点、根拠を表して「〜から見て、判断して」を意味する前置詞。

■ might
仮定法条件節の内容を言外に含んだ控えめな表現で、推量、可能性を表して「ひょっとしたら〜かもしれない」の意を表す。

EVE	: Don't bother. How'd you get up here from Brooklyn?	Don't bother ⊙ get up here ここへ来る

Phoebe picks up the broken glass and pours a new drink for Eve.

PHOEBE	: Subway.	subway 地下鉄 ⊙
EVE	: How long does it take?	How long does it take ⊙
PHOEBE	: Oh, with changing and everything, a little over an hour.	changing （電車やバスなどの）乗り換え and everything その他何もかも
EVE	: It's after one now. You won't get home till all hours.	all hours 深夜, 早朝, 尋常でない時間 ⊙
PHOEBE	: I don't care if I never get home.	

The door bell rings.

EVE	: That's the door.

Phoebe passes a drink to Eve as she goes to answer the door.

PHOEBE	: You rest. I'll get it.	answer the door 玄関に出る ⊙ I'll get it ⊙ rest 休む ⊙

Addison stands outside the door with Eve's award trophy.

ADDISON	: Hello. Who are you?	
PHOEBE	: Miss Harrington's resting, Mr. DeWitt. She asked me to see who it is.	
ADDISON	: Oh, well, we won't disturb her rest. It seems Miss Harrington left her award in the taxi cab. Will you give it to her?	disturb じゃまする, 妨げる ⊙ seem ～のように思われる, ～のようだ ⊙

Addison gives Eve's award trophy to Phoebe.

ADDISON	: Tell me, how did you know my name?

PHOEBE	: It's a very famous name, Mr. DeWitt.	famous 有名な, 名高い ⊙
ADDISON	: And what's your name?	
PHOEBE	: Phoebe.	
ADDISON	: Phoebe?	
PHOEBE	: I call myself Phoebe.	

All About Eve

イヴ ：いいのよ。ブルックリンからどうやってここへ来たの？

フィービーは割れたグラスを拾い上げ、イヴのため新しい酒を注ぐ。

フィービー ：地下鉄です。
イヴ ：時間はどのくらいかかるの？
フィービー ：ええ、乗り換えやら何やらで、1時間ちょっとです。
イヴ ：もう1時過ぎよ。早朝まで帰れないわね。

フィービー ：帰れなくても構いません。

ドアの呼び鈴が鳴る。

イヴ ：ドアよ。

フィービーは飲み物をイヴに渡し、出るためにドアの方へ行く。

フィービー ：休んでください。私が出ます。

アディソンがイヴの受賞トロフィーを持ってドアの外に立っている。

アディソン ：こんばんは。君は誰？
フィービー ：ミス・ハリントンはお休みです、ドゥイットさん。彼女が私にどなたか見てくるようにとおっしゃって。
アディソン ：そう、休んでいるのを邪魔するつもりはない。ミス・ハリントンがタクシーに受賞トロフィーを忘れてしまってね。これを彼女に渡してくれるかな？

アディソンはフィービーにイヴの受賞トロフィーを渡す。

アディソン ：ところで、どうして君は私の名前を知っているのかね？
フィービー ：とても有名なお名前ですから、ドゥイットさん。
アディソン ：それで君の名前は？
フィービー ：フィービーです。
アディソン ：フィービー？
フィービー ：自分のことはフィービーって呼んでいます。

■ Don't bother
ここでは Don't bother to clean up the mess のこと。婉曲的な断りの表現。

■ subway
イギリスでは underground または tube という。

■ How long does it take?
どれだけ時間がかかるかを尋ねるときの表現。
ex. How long does it take to get there? (そこへ行くのにどれくらい時間がかかりますか？)

■ all hours
夜遅すぎるか朝早すぎるなど。

■ answer the door
ここでの answer は「応じる、応答する」の意。
ex. I'll answer the telephone. (電話は私が出る)

■ I'll get it
ここでの get は answer に同じ。

■ rest
人が眠ったり、横になったりして休むこと。ここから He rested from his work. (彼は仕事を休んだ)のように「仕事などを休む」。また婉曲的に「永眠する」の意とも表して使われる。
cf. May he rest in peace! (彼の霊が安らかに眠りますように)

■ disturb
= interrupt, interfere
この語は静観、休息、平和などを妨げる、乱すという意味。
ex. Don't disturb. (起こさないでください)

■ seem
it seems that... の構文で、that が省略された形。くだけた会話では主語の it が省略されることもある。

■ famous
広く知られている人や物について用いられる一般的な語。類似した語の celebrated は功績、業績などで広く知られた人や物について使われる。eminent は職業、技術などで抜きん出る人物に用いられる。

ADDISON : And why not? Tell me, Phoebe, do you want someday to have an award like that of your own?
PHOEBE : More than anything else in the world.
ADDISON : Then you must ask Miss Harrington how to get one. Miss Harrington knows all about it.

Addison closes the door. After the door closes, Eve calls out.

EVE : (v.o.) Who was it?
PHOEBE : Just a taxi driver, Miss Harrington. You left your award in his cab, and he brought it back.
EVE : (v.o.) Oh. Put it on one of the trunks, will you? I wanna pack it.
PHOEBE : Sure, Miss Harrington.

Phoebe puts the trophy on one of Eve's large trunks, then tries on the jacket Eve wore to the award ceremony. She picks up the trophy and looks at herself in the mirror, imaging it was her who won the award. She bows to an imaginary audience.

アディソン　：　なるほどね？　ところで、フィービー、いつか君もこういった賞が欲しいのかな？

フィービー　：　この世の何よりも。
アディソン　：　それじゃその取り方をミス・ハリントンに聞きたまえ。ミス・ハリントンはそのすべてを知っている。

アディソンはドアを閉める。ドアが閉まるとイヴが叫ぶ。

イヴ　：　（画面外）誰だったの？
フィービー　：　ただのタクシーの運転手です、ミス・ハリントン。タクシーの中に受賞トロフィーをお忘れになったので、彼が届けてくれたんです。
イヴ　：　（画面外）そう。トランクのどれかの上に置いておいてくれる？　それ、梱包したいから。
フィービー　：　わかりました、ミス・ハリントン。

フィービーはイヴの大きなトランクの1つの上にトロフィーを置き、それからイヴが授賞式に着て行った上着を着る。彼女はトロフィーを手に取り、鏡の中の自分を見て、受賞した自分を想像する。彼女は想像上の聴衆にお辞儀をする。

■ must
二人称主語の場合は懇請、要望、忠告を表して「ぜひ〜してほしい、〜しておくべきだ、〜した方がいい」を意味する。

■ will you
本文中の例のように命令文に付加して依頼、勧誘を表す。
■ Sure.
「いいですよ、もちろん」
依頼、勧誘などに対する同意の表現で、Yes, of course. と同じ。Sure thing. ともする。
■ try on
ex. Can you try this on?（これ、試着してもいいですか？）

スクリーンプレイ出版物のご案内（スクリーンプレイ・シリーズ）

アイ・アム・サム
7歳程度の知能しか持たないサムは、娘のルーシーと幸せに暮らしていたが、ある日愛娘を児童福祉局に奪われてしまう。

中級
A5判 199ページ
【978-4-89407-300-5】

赤毛のアン
アンは、孤児院から老兄妹に引きとられる。美しい自然の中でアンは天性の感受性と想像力で周りの人を魅了していく。

最上級
A5判 132ページ
【978-4-89407-143-8】

アナスタシア
ロマノフ一族の生き残り、アナスタシアが、怪僧ラスプーチンの妨害を乗り越え、運命に立ち向かうファンタジー・アニメーション。

初級
A5判 160ページ
【978-4-89407-220-6】

アバウト・ア・ボーイ
お気楽な38歳の独身男が情緒不安定な母親を持つ12歳の少年に出会い、2人の間にはいつしか奇妙な友情が芽生える。

中級
A5判 160ページ
【978-4-89407-343-2】

インデペンデンス・デイ
地球に巨大な物体が接近。正体は異星人の空母であることが判明し、人類への猛撃が始まる。人類の史上最大の作戦とは。

中級
A5判 216ページ
【978-4-89407-192-6】

ウエストサイド物語
ニューヨークの下町ウエストサイド。不良たちの縄張り争いの中、出会うマリアとトニー。名曲にのせて送るミュージカル。

上級
A5判 124ページ
【978-4-89407-105-6】

ウォルター少年と、夏の休日
夏休みに大叔父の家で過ごすウォルター少年。2人の老人の昔話から、退屈な日々が魅惑に満ちたものへ変わっていく。

中級
A5判 158ページ
【978-4-89407-367-8】

麗しのサブリナ
ララビー家の運転手の娘サブリナ、その御曹司でプレイボーイのデヴィッドと仕事仲間の兄ライナスが繰り広げるロマンス。

初級
A5判 120ページ
【978-4-89407-135-3】

エバー・アフター
王子様を待っているだけなんて耐えられない。そんな強くて、賢く、さらに美しい主人公を描いたシンデレラ・ストーリー。

上級
A5判 156ページ
【978-4-89407-237-4】

エリン・ブロコビッチ
カリフォルニアの実際の公害訴訟で全米史上最高額の和解金を勝ち取ったシングル・マザー、エリンの痛快な成功物語。

上級
A5判 174ページ
【978-4-89407-291-6】

オズの魔法使 改訂板
ドロシーと愛犬トトは竜巻に巻き込まれ、オズの国マンチキンに迷い込んでしまう。時代を超えて愛されるミュージカル映画。

初級
A5判 172ページ
【978-4-89407-427-9】

カサブランカ
第2次大戦中、モロッコの港町カサブランカでカフェを営むリックの元に昔の恋人イルザが現れる。時代に翻弄される2人の運命は…。

中級
A5判 200ページ
【978-4-89407-419-4】

風と共に去りぬ
南北戦争前後の動乱期を不屈の精神で生き抜いた女性、スカーレット・オハラの半生を描く。

上級
A5判 272ページ
1,890円（税込）
【978-4-89407-422-4】

キャスト・アウェイ
FedExのシステムエンジニアを務めるチャックは、飛行機事故で絶海の孤島に漂着。生きることの意味を問う人間ドラマ。

中級
A5判 141ページ
【978-4-89407-266-4】

クリスティーナの好きなコト
クリスティーナは仕事も遊びもいつも全開。クラブで出会ったピーターに一目惚れするが…。女同士のはしゃぎまくりラブコメ。

上級
A5判 157ページ
【978-4-89407-325-8】

価格表示のないものは 1,260 円 (税込)

交渉人

映画『交渉人』を題材に、松本道弘氏が英語での交渉術を徹底解説。和英対訳完全セリフ集付き。

上級

A5 判 336 ページ
1,890 円 (税込)
【978-4-89407-302-9】

幸福の条件

自分の妻を 100 万ドルで一晩貸したがたい、信頼しあっていた 2 人の関係は揺れ、徐々に崩れていく…。

中級

A5 判 168 ページ
【978-4-89407-165-0】

ゴースト ニューヨークの幻

恋人同士のサムとモリーを襲った悲劇。突然のサムの死には裏が。サムはゴーストとなり愛する人を魔の手から守ろうとする。

中級

A5 判 114 ページ
【978-4-89407-109-4】

ゴスフォード・パーク

イギリス郊外のカントリーハウス『ゴスフォード・パーク』。そこで起きた殺人事件により、階級を超えた悲しい過去が明らかに。

上級

A5 判 193 ページ
【978-4-89407-322-7】

13 デイズ

全世界を核戦争の恐怖に震え上がらせた「キューバ危機」を、徹底したドキュメンタリータッチで描いた緊迫感溢れる作品。

上級

A5 判 200 ページ
【978-4-89407-257-2】

サウンド・オブ・ミュージック

尼僧に憧れるマリアは、トラップ家の家庭教師に。7 人の子どもたちと大佐の心をほぐし、明るい歌声を一家にもたらす。

初級

A5 判 200 ページ
【978-4-89407-144-5】

幸せになるための 27 のドレス

花嫁付き添い人として奔走するジェーン。新聞記者のケビンは、取材先で出会った彼女をネタに記事を書こうと画策する。

中級

A5 判 208 ページ
【978-4-89407-423-1】

ジャッキー・ブラウン

フライト・アテンダントのジャッキーは、絶体絶命の状況を利用して一発逆転を狙う。タランティーノ監督の軽快な作品。

上級

A5 判 160 ページ
【978-4-89407-220-7】

シャレード

パリを舞台に、夫の遺産を巡って繰り広げられるロマンチックなサスペンス。

中級

四六判変形 228 ページ
DVD 付
1,575 円 (税込)
【978-4-89407-430-9】

17 歳のカルテ

"境界性人格障害" と診断されたスザンナは、精神科に入院することに。そこで出会った風変わりな女性たちの青春物語。

中級

A5 判 179 ページ
【978-4-89407-327-2】

JUNO / ジュノ

ミネソタ州在住の 16 歳の女子高生ジュノは、同級生のポーリーと興味本位で一度だけしたセックスで妊娠してしまう。

上級

A5 判 166 ページ
【978-4-89407-420-0】

シンデレラマン

貧困の中、家族の幸せを願い、命を懸けて戦い抜いた男の半生を描く。実在のボクサー、ジム・ブラドックの奇跡の実話。

中級

A5 判 208 ページ
【978-4-89407-381-4】

スチュアート・リトル

リトル家に養子に来たのは何としゃべるネズミ。兄のジョージや猫のスノーベルらと冒険活劇を繰り広げる。

初級

A5 判 256 ページ
1,890 円 (税込)
【978-4-89407-244-2】

スナッチ

ロンドンの下町にうごめくハングリーで滑稽な犯罪者たちを、スピーディな展開で描き出した新感覚クライム・ムービー。

上級

A5 判 176 ページ
【978-4-89407-268-8】

スーパーサイズ・ミー

1 日 3 食、1 か月間ファーストフードを食べ続けるとどうなる? 最高で最悪な人体実験に挑むドキュメンタリー映画。

上級

A5 版 192 ページ
【978-4-89407-377-7】

※ 2009 年 11 月現在

スクリーンプレイ出版物のご案内（スクリーンプレイ・シリーズ）

スピード
時速80キロ以下に減速すると、自動的に爆発する爆弾を仕掛けられたバスに乗り込んだSWAT隊員の活躍を描く。

中級
A5判 176ページ
【978-4-89407-168-1】

スラムドッグ＄ミリオネア
インドのスラム出身のジャマールは「クイズ＄ミリオネア」に出場し最終問題まで進む。オスカー作品賞に輝く感動作。

上級
A5判 168ページ
【978-4-89407-428-6】

ダイ・ハード
妻の勤めるLAの日本商社がテロリストに占拠される。NYの刑事マクレーンは妻と人質救出のため決死の戦いに挑む。

中級
A5判 120ページ
【978-4-89407-075-2】

ダイ・ハード3
ニューヨークを震え上がらせる連続爆破事件の犯人、サイモンと名乗る男にマクレーン刑事が挑む、シリーズ第3弾。

中級
A5判 218ページ
【978-4-89407-189-6】

ダイ・ハード4.0
全米のインフラ管理システムがハッキングされた。マクレーン警部補は史上最悪のサイバーテロに巻き込まれていく。

上級
A5判 176ページ
【978-4-89407-417-0】

チャーリーズ・エンジェル
謎の億万長者チャーリーが率いる、3人の美人私立探偵エンジェルズが披露する、抱腹絶倒の痛快アクション。

中級
A5判 144ページ
【978-4-89407-264-0】

ドリーム キャッチャー
幼なじみのヘンリー、ジョンジー、ピート、ビーヴァ。ある日山で遭難した男性を助けたことから、異生物との対決に巻き込まれる。

上級
A5判 173ページ
【978-4-89407-346-3】

ナイアガラ
ローズは、浮気相手と共謀し夫を事故に見せかけ殺害しようと企むが…。

中級
四六判変形136ページ
DVD付
1,575円（税込）
【978-4-89407-433-0】

ナイト ミュージアム
何をやっても長続きしないダメ男ラリーが斡旋されたのは博物館の夜警の仕事。だがその博物館には秘密が隠されていた。

初級
A5判 176ページ
【978-4-89407-415-6】

バック・トゥ・ザ・フューチャー
高校生のマーティは30年前にタイムスリップし、若き日の両親のキューピットに。息もつかせぬ不滅の人気SFストーリー。

初級
A5判 184ページ
【978-4-89407-195-7】

ヒューマン ネイチュア
人間の本質とは何か？ 奇抜で極端なキャラクターたちがおりなす、シニカルでスマートなコメディー作品。

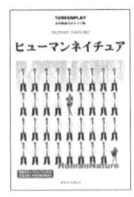

上級
A5判 141ページ
【978-4-89407-298-5】

評決
法廷は弱者にチャンスを与えるものという信念を胸に、権力を利用する相手に立ち向かう弁護士フランク。正義はどこに…。

上級
A5判 122ページ
【978-4-89407-012-7】

ザ・ファーム 法律事務所
ミッチはハーバード法律学校を首席で卒業、ある法律事務所から破格の待遇で採用を受けるが、陰謀劇に巻き込まれる。

上級
A5判 216ページ
【978-4-89407-169-8】

フィールド・オブ・ドリームス
アイオワ州で農業を営むレイは、ある日、天の声を聞く。以来、彼は、えも言われぬ不思議な力に導かれていくのであった。

中級
A5判 96ページ
【978-4-89407-082-0】

プラダを着た悪魔
ジャーナリスト志望のアンディの仕事は、一流ファッション誌のカリスマ編集長ミランダのアシスタントだった…。

中級
A5判 160ページ
【978-4-89407-413-2】

価格表示のないものは 1,260 円 (税込)

ブラック・レイン

NYの刑事とジャパニーズマフィアの死闘。大阪を舞台にNYと日本の刑事の間に芽生えた友情を描くアクション大作。

上級
A5 判 102 ページ
【978-4-89407-023-3】

ミセス・ダウト

ダニエルは子煩悩なパパ。妻から離婚を言い渡された彼は、愛する3人の子どもたちに会うため家政婦に変身する。

中級
A5 判 138 ページ
【978-4-89407-133-9】

ミッション・インポッシブル

不可能な任務を可能にするスパイ集団IMP。人気TVドラマ「スパイ大作戦」をベースにした傑作サスペンス・アクション。

中級
A5 判 164 ページ
【978-4-89407-148-3】

ミルク

アメリカで初めてゲイと公表し、公職についた男性ハーヴィー・ミルク。だが、その翌年最大の悲劇が彼を襲う…。

中級
四六判変形 192 ページ
【978-4-89407-435-4】

メイド・イン・マンハッタン

マンハッタンのホテルで客室係として働くマリサ。ある日次期大統領候補のクリスが宿泊に来たことでラブストーリーが始まる。

中級
A5 判 168 ページ
【978-4-89407-338-8】

モナリザ・スマイル

1953 年のアメリカ。美術教師のキャサリンは保守的な社会に挑戦し、生徒らに新しい時代の女性の生き方を問いかける。

中級
A5 判 200 ページ
【978-4-89407-362-3】

リトル・ミス・サンシャイン

フーヴァー家は、美少女コンテスト出場のため、おんぼろのミニバスでニューメキシコからカリフォルニアまで旅をする。

中級
A5 判 184 ページ
【978-4-89407-425-5】

レイン マン

チャーリーは父の遺産300万ドルを目当てに帰郷したとき、初めて自閉症の兄レイモンドの存在を知る。

最上級
A5 判 140 ページ
【978-4-89407-041-7】

ローマの休日

ヨーロッパ某国の王女アンは、過密スケジュールに嫌気がさし、ローマ市街に抜け出す。A・ヘプバーン主演の名作。

中級
A5 判 172 ページ
【978-4-89407-412-5】

ロミオ&ジュリエット

互いの家族が対立しあうロミオとジュリエットは、許されぬ恋に落ちていく。ディカプリオが古典のリメイクに挑む野心作。

最上級
A5 判 171 ページ
【978-4-89407-213-8】

若草物語

19 世紀半ばのアメリカ。貧しいながら幸せに暮らすマーチ家の四姉妹の成長を描く。

中級
四六判変形 224 ページ
DVD 付
1,575 円 (税込)
【978-4-89407-434-7】

ワーキング・ガール

NYの証券会社に勤めるOLテスと、上司のエグゼクティブ・キャサリンの仕事と恋をめぐる戦いを描いたコメディー。

中級
A5 判 104 ページ
【978-4-89407-081-3】

ギャング・オブ・ニューヨーク

『ギャング・オブ・ニューヨーク』のすべてがわかるメイキング写真集。映画製作中に撮られた150点余りの貴重な写真とともに、監督や出演者たちの撮影中の秘話などがインタビュー形式で綴られる。巻末にオリジナルのスクリーンプレイを掲載。

A4 判変形 288 ページ
2,940 円 (税込)
【978-4-89407-324-1】

グラディエーター

第73回アカデミー作品賞受賞作『グラディエーター』のメイキング写真集。200点以上の写真や絵コンテ、ラフ・スケッチ、コスチューム・スケッチ、セットの設計図、デジタル画像などのビジュアル素材に加え、製作陣への膨大なインタビューを掲載。

A4 判変形 160 ページ
2,940 円 (税込)
【978-4-89407-254-1】

※ 2009 年 11 月現在

スクリーンプレイ出版物のご案内（その他出版物）

映画英語シャドーイング

英語の音を徹底的に脳に覚えさせる学習法「シャドーイング」。映画のセリフで楽しく学習できます。

岡崎 弘信 著
A5判 216 ページ
CD-ROM 付
1,890 円（税込）
【978-4-89407-411-8】

音読したい、映画の英語

声に出して読みたい映画の名セリフを、50 の映画から厳選してピックアップ。

映画英語教育学会 /
関西支部 著
藤江 善之 監修
B6判 224 ページ
1,260 円（税込）
【978-4-89407-375-3】

武士道と英語道

テストのスコアアップだけではない、いわば効果性に強い英語道のすべてを、武士道を通して解説。

松本 道弘 著
四六判変形 208 ページ
【サムライの秘密】DVD付
3,990 円（税込）
【978-4-89407-379-1】

映画の中のマザーグース

176 本の映画に見つけた、86 編のマザーグース。英米人の心のふるさとを、映画の中に訪ねてみました。

鳥山 淳子 著
A5判 258 ページ
1,365 円（税込）
【978-4-89407-142-1】

もっと知りたいマザーグース

『映画の中のマザーグース』に続く第2作。映画だけでなく文学、ポップス、漫画とジャンルを広げての紹介。

鳥山 淳子 著
A5判 280 ページ
1,260 円（税込）
【978-4-89407-321-0】

映画でひもとく風と共に去りぬ

『風と共に去りぬ』のすべてがわかる『読む映画本』。世界中が感動した名セリフを英語と和訳で解説。裏話も紹介。

大井 龍 著
A5判 184 ページ
1,260 円（税込）
【978-4-89407-358-6】

映画の中の星条旗（アメリカ）

アメリカの現代社会について 100 のテーマを選びそれぞれについて関係の深い映画の場面を紹介・解説しています。

八尋 春海 編著
A5判 240 ページ
1,575 円（税込）
【978-4-89407-399-9】

映画で学ぶ アメリカ文化

文化というとらえがたいものでも、映画を観ながらでも楽しんで学ぶことができます。アメリカ文化を解説した1冊。

八尋 春海 編著
A5判 264 ページ
1,575 円（税込）
【978-4-89407-219-0】

アメリカ映画解体新書

もう一度聴きたいあのセリフ、もう一度逢いたいあのキャラクターに学ぶ、人間・文化&口語表現。

一色 真由美 著
A5判 272 ページ
1,575 円（税込）
【978-4-89407-167-4】

イギリスを語る映画

イギリスを舞台にした 30 本の映画を取り上げ、スクリーンに何気なく映し出される光景から感じられる文化や歴史を解説。

三谷 康之 著
B6判 172 ページ
1,575 円（税込）
【978-4-89407-241-1】

映画（シナリオ）の書き方

いいシナリオには秘密があります。アカデミー賞受賞映画を分析し、優れた映画シナリオの書き方をお教えします。

新田 晴彦 著
A5判 304 ページ
1,365 円（税込）
【978-4-89407-140-7】

スクリーンプレイ学習法

映画のセリフは日常で使われる生きた英語ばかり。本書では、映画シナリオを使った英会話学習法を全面解説。

新田 晴彦 著
A5判 212 ページ
1,835 円（税込）
【978-4-89407-001-1】

今どこにある危機

憲法改正、日米関係、イラク問題…今日本が直面している問題にナットクする！さらに素朴な疑問にも答えるQ&Aも。

舛添 要一 著
四六判変形 192 ページ
840 円（税込）
【978-4-89407-361-6】

映画で学ぶアメリカ大統領

国際政治学者である筆者が、11 本もの大統領映画を通じてアメリカの大統領制や政治、社会の仕組みを解説します。

舛添 要一 著
B6判変形 272 ページ
1,000 円（税込）
【978-4-89407-248-0】

映画を英語で楽しむための 7 つ道具

40 本の映画をコンピュータで分析。Give、Get など、7 つの単語で映画の英語のほとんどを理解・運用することができます。

吉成 雄一郎 著
B6判 208 ページ
1,260 円（税込）
【978-4-89407-163-6】

使える！英単語

『ダイハード』をドキドキ楽しみながら、英単語を身につけよう。単語帳では覚えられなかった単語もバッチリ定着。

山口 重彦 著
A5判 200ページ
1,325円（税込）
【978-4-89407-128-5】

映画で学ぶ英語熟語 150

重要英語表現150項目が、おもしろいほどよくわかる！ ロッキー・シリーズで覚える、全く新しい英語熟語攻略法。

山口 重彦 著
A5判 148ページ
1,325円（税込）
【978-4-89407-013-4】

海外旅行の必修英会話 120

映画だからできる海外旅行疑似体験。そこで交わされる会話をマスターすれば、もう海外旅行も恐くない。

萩原 一郎 著
B6判 248ページ
1,325円（税込）
【978-4-89407-010-3】

映画で学ぶ中学英文法

本書は「スターウォーズ」シリーズ（エピソード4～6）から100シーンを選び、それぞれの中学重要英文法を詳しく解説。

内村 修 著
A5判 222ページ
1,835円（税込）
【978-4-89407-006-6】

中学生のためのイディオム学習

中学3年間でマスターしておきたい重要イディオム171項目を映画からの実例を合わせ、詳しく解説しました。

山上 登美子 著
B6判 217ページ
1,325円（税込）
【978-4-89407-011-0】

高校生のためのイディオム学習

教科書だけではピンとこなかったイディオムも、映画で確認すれば、よくわかる！ 頻出イディオムなんて恐くない？

山上 登美子 著
B6判 209ページ
1,325円（税込）
【978-4-89407-017-2】

ビジネスマンの英会話

ビジネスにおける様々な状況を映画の中から選び、日本人が積極的に使いこなしたい極めた表現を集めました。

木村 哲也 編著
B6判 196ページ
999円（税込）
【978-4-89407-090-5】

映画英語教育のすすめ

英会話オーラル・コミュニケーション教育に「映画」を利用することが注目されています。全国の英語教師必読の書。

スクリーンプレイ編集部 著
B6判 218ページ
1,325円（税込）
【978-4-89407-111-7】

英語ことわざ慣用表現辞典

英米人が日常的に用いることわざや慣用表現は、会話を色彩やユーモアで満たします。127のことわざ・慣用表現を解説。

曽根田 憲三 著
B6判 280ページ
1,835円（税込）
【978-4-89407-008-0】

これでナットク！ 前置詞・副詞

日本人にはなかなか理解しづらい前置詞・副詞を、映画での用例を参考に、図解を用いてわかりやすく解説。

福田 稔 著
B6判 180ページ
1,325円（税込）
【978-4-89407-108-7】

フリーズの本

聞き取れないと危険な言葉、ぜひ覚えたい表現を、アメリカ英語から集めた1冊。

木村 哲也／
山田 均 共著
B6判 184ページ
999円（税込）
【978-4-89407-073-8】

アメリカ留学これだけ覚えれば安心だ

「フリーズの本」の続編知らないと危険な単語や表現、アメリカで安全に生活するための情報を満載。

新田 晴彦 著
B6判 236ページ
1,325円（税込）
【978-4-89407-101-0】

プリウス or インサイト

国産エコカーの両雄がガチンコ勝負の真っ最中！ 迷っている人のために60日間乗り比べ、完全比較。

福田 将宏 監修
B6判 208ページ
998円（税込）
【978-4-89407-438-5】

エコカーこの一台

エコカーを買うなら新グリーン税制と補助金も受けられる今。国産エコカーすべてを完全一覧。

久保 鉄男 監修
B6判 248ページ
998円（税込）
【978-4-89407-432-3】

ビッグスリー崩壊

世界自動車産業を30年にわたって調査研究してきた著者が、そもそもの震源地で、いったい何が起こっているのか、を解明。

久保 鉄男 著
A5判 304ページ
1,890円（税込）
【978-4-89407-429-3】

※ 2009年11月現在

クラシック・スクリーンプレイ (CLASSIC SCREENPLAY) について
　クラシック・スクリーンプレイは著作権法による著作権保有者の保護期間が経過して、いわゆるパブリック・ドメイン (社会全体の公共財産の状態) になった映画の中から、名作映画を選んでスクリーンプレイ・シリーズの一部として採用したものです。

名作映画完全セリフ集
スクリーンプレイ・シリーズ 142
イヴの総て

2009年11月4日初版第1刷

監　　　修	曽根田　憲三
翻　　　訳	塩川 千尋／中林 正身／宮本 節子／宮津 多美子／清水 友子／渡辺 幸倫／滝口 晴生／曽根田 純子／曽根田 憲三
語句解説	曽根田 憲三／高橋 順子／阿部 佳子／三井 敏朗／草野 暁子／大月 敦子
協　　　力	Gary Bourke
英文構成	Mark Hill／スクリーンプレイ事業部
編 集 者	岸本 和馬
発 行 者	鈴木 雅夫
発 売 元	株式会社フォーイン　スクリーンプレイ事業部
	〒464-0025　名古屋市千種区桜が丘292
	TEL:(052) 789-1255　FAX:(052) 789-1254
	振替:00860-3-99759
写　　　真	アフロ
印刷・製本	中部印刷株式会社

定価はカバーに表示してあります。
無断で複写、転載することを禁じます。
乱丁、落丁本はお取り替えいたします。

Printed in Japan
ISBN978-4-89407-436-1

付属 DVD について

<再生上のご注意>
- DVD ビデオは映像と音声を高密度に記録したディスクです。DVD ビデオ対応のプレーヤーで再生してください。詳しくは、ご使用になるプレーヤーの取扱説明書をご覧ください。
- メイン・メニュー画面で「チャプター」を選択すれば、チャプター・メニュー画面が表示され、特定のチャプターを再生することができます。

<取扱い上のご注意>
- ディスクは、両面共に指紋、汚れ、キズなどをつけないように取り扱ってください。
- ディスクが汚れたときは、メガネふきのような柔らかい布で内周から外周に向かって放射状に軽くふき取ってください。レコード・クリーナーや溶剤などは使用しないでください。
- ディスクは両面共に、鉛筆、ボールペン、油性ペンなどで文字や絵を書いたり、シールなどを貼ったりしないでください。
- ひび割れや変形、または接着剤などで補修したディスクは、危険ですから絶対に使用しないでください。

<保管上のご注意>
- ご使用後は必ずディスクをプレーヤーから取り出し、直射日光の当たる所や高温・多湿の場所を避けて保管してください。

<おことわり>
- クラシック作品のため、一部映像・音声の乱れ、ノイズがあることがあります。あらかじめご了承ください。
- この DVD ビデオは日本国内における一般家庭での私的視聴に用途を限定しています。したがって、この DVD ビデオの一部または全部を無断でレンタル、販売、複製、改変、放送、インターネットによる公衆送信、上映等の行為を行うことは法律によって一切禁止されています。

SPC-05	138min	片面1層	モノクロ	MPEG-2	複製不可
DVD VIDEO	4:3 スタンダードサイズ	NTSC 日本市場向	DOLBY DIGITAL		